国家自然科学基金青年项目

"多重嵌入视角下城市群网络演化、驱动机制与空间效应研究
——以黄河流域为例"（批准号:42401215）

中国区域经济网络演化及增长效应研究

周宏浩 ◎ 著

经济管理出版社

ECONOMY & MANAGEMENT PUBLISHING HOUSE

图书在版编目（CIP）数据

中国区域经济网络演化及增长效应研究 ／ 周宏浩著.
北京：经济管理出版社，2024. -- ISBN 978-7-5096
-9774-0

Ⅰ. F127

中国国家版本馆 CIP 数据核字第 2024XJ7706 号

组稿编辑：谢　妙
责任编辑：谢　妙
责任印制：张莉琼
责任校对：陈　颖

出版发行：经济管理出版社
　　　　　（北京市海淀区北蜂窝 8 号中雅大厦 A 座 11 层　100038）
网　　　址：www. E-mp. com. cn
电　　　话：（010）51915602
印　　　刷：唐山玺诚印务有限公司
经　　　销：新华书店
开　　　本：720mm×1000mm/16
印　　　张：13. 25
字　　　数：253 千字
版　　　次：2024 年 8 月第 1 版　　2024 年 8 月第 1 次印刷
书　　　号：ISBN 978-7-5096-9774-0
定　　　价：88. 00 元

前　言

中国正处于经济发展转型的关键时期，区域空间联系和相互作用不断加强，区域经济空间结构逐渐从点轴驱动演变为网络驱动，区域经济网络成为区域联系的主要形式，反映了区域经济在不同规模、尺度、层级和维度上的新变化。因此，顺应区域经济空间结构变化新趋势，进一步优化区域经济网络化空间组织模式，推进各板块之间的高效畅通互联，已成为破解区域发展不平衡、不充分难题的迫切要务。本书在中国进入新发展阶段、构建新发展格局的背景下，探讨区域经济网络演化具有何种特征和趋势，其对经济增长具有何种影响，以及通过哪种机制产生影响，进而提出优化区域经济网络发展模式和驱动经济增长的机制路径，对中国区域经济高质量发展和区域协调发展具有重要的理论意义和现实意义。

本书遵循"研究基础→理论分析→现状分析→实证检验→机制分析→结论展望"的研究思路，对中国区域经济网络演化及经济增长效应展开研究。在研究基础部分，系统总结了国内外有关区域经济增长、区域经济网络和集聚经济的基础理论，界定了区域经济增长和区域经济网络等核心概念，对区域经济网络描述测度、演化机制及其经济增长效应的研究文献进行了梳理评述。在理论分析部分，借鉴内生增长理论、集聚和网络外部性理论，并在新经济地理学的框架下构建了包含知识溢出和环境污染的内生增长模型，采用数理模型分析法，探讨区域经济网络与经济增长的理论关系。在现状分析部分，从区域知识溢出网络（隐性）和交易成本网络（显性）两个方面对区域经济网络进行表征与测度，揭示了中国区域经济网络的整体演化特征和社团演化特征，从多维邻近性视角分析区域经济网络演化机制。在实证检验部分，基于2011~2019年中国地级以上城市的面板数据，采用空间计量模型、分组回归和交互项模型等方法，实证检验本地知识溢出、跨区域知识溢出、贸易自由度对经济增长的影响，并从区位条件、规模等级和环境污染水平等方面揭示了其异质性特征。在机制分析部分，采用空间计量模型等方法，从集聚效应和效率提升效应等方面揭示了区域经济网络对经济增长影响的机制路径。在结论与展望部分，概述了本书的主要结论、政策建议以及不足与展望。本书的主要结论如下：

第一，中国区域经济网络密度逐渐提高，联系路径有所缩短，集聚成团趋势明显，倾向于多中心化发展，呈现典型的幂律分布和无标度特性。中国区域经济网络呈现出明显的社团演化特征，逐渐由以京津冀、长三角和珠三角为核心集聚的"三大社团"及以西安、郑州为核心的"两小社团"，演化为以京津冀、长三角、珠三角以及成渝社团为核心的稳定新格局。地理邻近性、经济邻近性、社会邻近性、组织邻近性和制度邻近性均对区域经济网络演化产生正向促进作用。

第二，区域经济网络主要通过本地知识溢出、跨区域知识溢出和贸易自由度对经济增长产生影响。本地和跨区域知识溢出对经济增长具有正向促进作用，贸易自由度的提升会促进经济增长，具有先增强、后减弱、再增强的"N"形非线性特征。从区位条件、规模等级和环境污染的异质性来看，区位条件较好城市的本地和跨区域知识溢出对经济增长的促进作用较大，区位条件较差城市的贸易自由度促进经济增长的边际效应更大；大城市本地知识溢出对经济增长的促进作用较大，中小城市跨区域知识溢出的经济增长效应更加显著，大城市贸易自由度的提高能够促进经济增长；低污染城市的本地知识溢出对经济增长的促进作用更大，高污染城市跨区域知识溢出的经济增长效应更强，低污染城市贸易自由度对经济增长的影响存在正向促进作用和空间溢出效应。

第三，本地知识溢出促进专业化集聚和经济集聚并抑制多样化集聚，跨区域知识溢出抑制专业化集聚并促进多样化集聚和经济集聚。贸易自由度与专业化集聚和经济集聚之间存在显著的倒"N"形非线性关系，而与多样化集聚之间存在显著的"N"形非线性关系。效率提升效应是区域经济网络影响经济增长的重要路径，本地和跨区域知识溢出能够通过提升信息化水平、技术创新水平和绿色创新效率来促进经济增长。

第四，本书围绕多维邻近性机制、区域经济网络演化的经济增长效应及机制路径，提出增强区域之间的多维邻近性、提高知识溢出网络的节点中心性和联系强度、提升区域贸易自由度和促进区域经济一体化发展等方面的政策建议。

周宏浩

2023 年 12 月

目　录

第一章　绪　论 / 1

　　第一节　研究背景 / 1

　　　　一、实践背景 / 1

　　　　二、理论背景 / 3

　　第二节　研究目标与意义 / 6

　　　　一、研究目标 / 6

　　　　二、研究意义 / 6

　　第三节　研究思路与内容 / 7

　　　　一、研究思路 / 7

　　　　二、研究内容 / 8

　　第四节　创新之处与研究贡献 / 10

第二章　基础理论与文献综述 / 12

　　第一节　基础理论 / 12

　　　　一、区域经济增长相关理论 / 12

　　　　二、区域经济网络相关理论 / 14

　　　　三、集聚经济相关理论 / 25

　　第二节　文献综述 / 30

　　　　一、区域经济网络的描述测度 / 30

　　　　二、区域经济网络的演化机制 / 37

　　　　三、区域经济网络的经济增长效应 / 41

　　　　四、研究述评 / 43

第三章　区域经济网络对经济增长影响的理论分析 / 45

　　第一节　模型假设 / 47

一、消费者行为 / 48

二、生产者行为 / 49

第二节　短期均衡 / 51

一、农业部门 / 51

二、制造业部门 / 52

三、资本收益率 / 52

四、相对市场规模 / 53

五、最优跨期支出 / 54

第三节　长期均衡 / 54

一、长期均衡条件 / 54

二、长期均衡特征 / 55

三、长期均衡区位 / 58

四、长期均衡稳定性 / 64

第四节　模型特征 / 74

一、对称均衡时的经济增长 / 74

二、核心—边缘均衡时的经济增长 / 76

三、空间分布模式与经济增长 / 76

本章小结 / 77

第四章　中国区域经济网络的演化特征及机制分析 / 79

第一节　数据来源与研究方法 / 80

一、数据来源 / 80

二、研究方法 / 86

第二节　中国区域经济网络的演化特征 / 89

一、区域经济网络的整体演化特征 / 89

二、区域经济网络的社团演化特征 / 96

第三节　中国区域经济网络的演化机制 / 104

一、区域经济网络演化机制的理论分析 / 105

二、区域经济网络演化机制的实证检验 / 108

本章小结 / 117

第五章 中国区域经济网络对经济增长影响的实证检验 / 119

　　第一节　理论假说与研究设计 / 119

　　　　一、理论假说 / 119

　　　　二、计量模型设定 / 121

　　　　三、变量选取与数据来源 / 123

　　第二节　计量结果分析 / 126

　　　　一、基准回归 / 126

　　　　二、稳健性检验 / 132

　　　　三、内生性检验 / 135

　　第三节　异质性分析 / 140

　　　　一、区位条件异质性 / 140

　　　　二、规模等级异质性 / 144

　　　　三、环境污染异质性 / 147

　　本章小结 / 151

第六章 中国区域经济网络对经济增长影响的机制分析 / 153

　　第一节　基于集聚效应的机制分析 / 154

　　　　一、集聚效应的理论分析 / 154

　　　　二、集聚效应的实证检验 / 159

　　第二节　基于效率提升效应的机制分析 / 171

　　　　一、基于效率提升效应的理论分析 / 171

　　　　二、基于效率提升效应的实证检验 / 174

　　本章小结 / 178

第七章 结论与展望 / 180

　　第一节　主要结论 / 180

　　第二节　政策建议 / 181

　　第三节　研究不足与展望 / 185

参考文献 / 186

第一章 绪 论

第一节 研究背景

2019 年 8 月中央财经委员会第五次会议指出，中国经济发展的空间结构正在发生深刻变化，中心城市和城市群正在成为承载发展要素的主要空间形式。新形势下应发挥各地区比较优势，促进各类要素合理流动和高效集聚，推动形成优势互补、高质量发展的区域经济布局。2020 年 4 月中央财经委员会第七次会议强调，完善城市化战略，推进以人为核心的城镇化，增强中心城市和城市群等经济发展优势区域的经济和人口承载能力，因地制宜推进城市空间布局形态多元化。2021 年 3 月发布的《中华人民共和国国民经济和社会发展第十四个五年规划和2035 年远景目标纲要》指出，构建高质量发展的区域经济布局，推动绿色发展，促进人与自然和谐共生。党的二十大报告指出，构建优势互补、高质量发展的区域经济布局和国土空间体系。在我国进入新发展阶段、坚持新发展理念和构建新发展格局的战略背景下，绿色是高质量发展的鲜明底色。中国正处于经济发展转型的关键时期，区域空间联系和相互作用不断加强，区域经济空间结构逐渐从点轴驱动到网络驱动，区域经济网络逐渐成为区域联系的主要形式，反映了国家空间发展战略在不同规模、尺度和层级上的新变化，以及从行政主导到多元力量参与空间治理的新模式。因此，顺应区域空间结构变化新趋势，进一步优化区域经济空间组织结构，推进各板块之间高效畅通互联，促进区域经济高质量与可持续发展，已成为破解区域发展不平衡、不充分难题的迫切要务。

一、实践背景

在世界范围内，经济全球化、工业化和城市化等进程加快，导致了巨大的环境变化，主要包括全球气候变暖、碳排放增加和污染加剧等，特别是区域要素交流与互动改变了城市化、工业化对经济增长和环境污染影响的空间尺度（贺灿飞和周沂，2016），由此产生了更具有革命性的区域经济空间结构变化（陈晓红和周宏浩，2018，2019）。2018年，全球范围内55%的人口居住在城市地区。据联合国预测，到2050年，68%的世界人口将是城市人口。城市化地区的范围在不断扩大，人口向城市中集聚（Tong et al.，2019），城市贡献了全球能源消耗中75%左右的二氧化碳排放量（Wang H K et al.，2019），城市化提升居民福祉的同时造成了显著的环境变化，正在给人类的生存和发展带来巨大压力（Tong et al.，2019；Wang H K et al.，2019）。区域要素流与关系网络构成的流动空间日益重要（沈丽珍等，2012），网络化、交通与数字化通信技术的发展，缩短了经济地理的空间距离（Proost and Thisse，2019），也因此重塑了区域经济空间网络格局，进而改变了区域经济网络和经济增长之间交互效应的空间尺度，影响了区域经济高质量和可持续发展。改革开放以来，中国经济飞速发展，城镇化水平快速提高。而在经济高增长、区域经济空间结构不断演进的背后，存在环境污染严重、环境承载能力有待提高等问题，区域经济增长与可持续发展面临着多重矛盾和挑战。区域经济网络结构优化是否有助于实现经济增长，尚待进一步讨论。

近年来，随着中国城镇化过程的快速推进，人口、经济等要素不断向东南沿海、城市群、都市圈和大城市流动和集聚（樊杰和王亚飞，2019），已然给生态环境系统带来巨大压力，人地关系矛盾日益凸显，环境污染已成为影响中国城市可持续发展的严重问题（Guo et al.，2019），给经济社会发展和居民健康带来不利影响（秦蒙等，2016），严重制约经济转型和高质量发展。此外，随着全球化、信息化和网络化以及中国经济社会的发展，中国区域经济空间结构不断演进并受到各种冲击与重塑，在"新时代"和区域经济高质量发展背景下逐渐显现新的特点，如大规模、高密度和网络化等（席强敏和李国平，2018），区域经济空间形态由单中心化向多中心化发展，向分散化、破碎化以及网络化发展演进（席强敏和李国平，2018；周春山和叶昌东，2013）。基于美国哥伦比亚大学社会经济数据与应用中心（SEDAC）的人口密度历史数据[①]，从2000～2020年人口密度的演化格局来看，20年来中国人口密度进一步增大，主要城市群地区的人口密度栅格点块数量明显增多，中国人口主要在城市范围内集聚，城市群、都市圈和中心城市构成了主要空间载体，基本形成了相对稳定的区域经济空间格局。

---

① 参见 https：//sedac. ciesin. columbia. edu/。

从中国城市网络化发展格局来看（周宏浩和谷国锋，2022），中国城市网络化格局具有显著的空间指向性，网络联系的高强度区域主要分布在"胡焕庸线"东侧。其中，京津冀、长三角、珠三角和成渝城市群组成的菱形结构之间的联系最为紧密，形成了分层多极的网络化空间结构。度数中心性高值区在城市网络中具有较高的权力、地位和影响力，主要分布在京津冀、长三角和珠三角等地区以及省会城市，如北京、上海、广州和深圳等；而中介中心性较高的地区在地方性区域中具有较高的中介调节和资源控制能力，主要分布在直辖市、省会城市以及区域性中心城市。中国城市网络密度逐渐提高，城市之间集聚成团的倾向明显，城市之间的联系路径有所缩短，使得城市网络的通达度和可达性有所改善，网络关联性进一步增强，网络格局逐渐向多中心和分散化演化。

二、理论背景

区域经济网络演化及其增长效应研究长期以来受到区域与城市经济学、经济地理学和城市地理学等学科的广泛关注，日益成为研究的热点与前沿领域。但是现有研究没有充分认识到区域经济网络的重要性，环境要素被主流研究所忽视；区域经济网络演化及其经济增长效应如何，尚未取得一致共识；缺乏系统且严谨的实证检验以支撑核心结论，致使学术理论指导区域发展实践的有效性被质疑。

（一）空间的重要性并没有得到充分认识和足够重视，区域经济网络和环境要素被主流研究所忽视

经济学研究中的空间问题长期被主流所忽视（孙久文和原倩，2015），从经济学的发展脉络来看，主流经济学长期忽视空间、网络和环境因素，多探讨资本、制度、文化等因素对经济增长的作用。沃尔特·艾萨德曾抨击"没有空间维度"的"空中楼阁"式的一般均衡分析，反对将经济系统假定发生在一个理论的"点"上。[1] 传统经济学理论隐含着假定空间是均质的，抽象掉了空间因素，而空间不可能定理指出，在均质空间里，不存在包含运输成本和区域间贸易的竞争均衡。只有在外生的非均质空间、规模收益递增和不完全竞争以及存在空间外部性的完全竞争这几种情况下，这种"空间不可能"才能成为"可能"（孙久文和原倩，2015）。[2] 由于主流经济学无法在既有理论框架下对空间进行建模，以

---

[1] 沃尔特·艾萨德. 区位与空间经济——关于产业区位、市场区、土地利用、贸易和城市结构的一般理论 [M]. 杨开忠，沈体雁，方森，等译. 北京：北京大学出版社，2011.

[2] 藤田昌久，雅克-弗朗斯瓦·蒂斯. 集聚经济学：城市、产业区位与全球化（第二版）[M]. 石敏俊，等译，曾道智，校. 上海：格致出版社，2016.

克鲁格曼等为代表的学者在新经济地理学（NEG）理论模型构建方面做出了突出贡献，推动了空间经济学的发展（孙久文和原倩，2015；安虎森等，2009）。

既往研究在新经济地理学框架下主要探讨的是经济集聚的问题，虽然可以解释集聚的微观机制，但是与其他要素相结合方面的研究不足，缺乏对环境因素和经济增长问题的重视，致使理论推导所得到的结论与现实存在偏差。此外，虽然企业、知识、信息等流要素的空间分布及其相互作用而形成的关系网络存在空间溢出效应，对推动区域经济空间演化具有重要作用，但当前学者尚未提出如何将网络纳入模型，导致网络溢出效应在经济空间结构演化及其对经济增长的影响分析中缺失，未能深入探究其背后的经济机制。

（二）对于区域经济网络不同维度的演化特征及演化机制缺乏系统性探讨，在研究维度和研究方法方面有待丰富和拓展

由于区域经济网络是由包括交通网络、企业网络、知识网络、技术网络和信息网络在内的多个维度构成的综合网络，具有多重维度的属性和区域异质性，可能导致不同维度的区域经济网络演化特征及演化机制的不一致。当前研究成果对于区域经济网络的不同维度演化特征的关注和研究不足，缺乏系统性的探讨和实证检验。现有研究成果多涉及区域之间单一要素网络的演化机制研究，不同维度的区域经济网络演化机制存在异质性，有待进行严格的动态演化机制分析以及系统的实证检验。鉴于目前缺乏对不同维度网络演化机制的重点关注，由此带来的区域经济网络异质性问题亟待解决，所得结论对网络化的空间发展模式的参考借鉴价值有限。

从上述分析可知，区域经济网络的多重维度属性普遍存在且不容忽视。虽然企业、交通、知识和信息等流要素作用下的区域经济网络得到了城市和区域经济学的关注，但是缺乏对其背后形成机理和作用机制的深入探讨，可根据区域经济网络类型和演化特征等方面来设计不同层面的演化机制，从不同维度构建区域经济网络演化特征和机制的研究框架。综上所述，从区域经济网络化发展的实践和理论背景来看，对区域经济网络演化机制的有效性检验提出了迫切的需求，但现有成果尚未建立完整的分析框架，更无法为未来区域网络化实践提供科学引导。

（三）区域经济网络的经济增长效应如何，现有研究尚未取得共识，缺乏严格的理论支撑和系统的实证检验，致使学术理论指导实践的有效性被质疑

区域经济网络对经济增长影响的研究已得到了丰富的理论认知和实证检验，研究成果主要从城市网络、多中心网络以及技术和创新网络等方面，来刻画区域经济网络的经济增长效应。但区域经济网络具有丰富的内涵以及多维度的属性，

现有研究将各个维度之间相互分离，不利于从整体上把握区域经济网络演化的总体特征。同时，区域经济网络的经济增长效应不应该只包含本地溢出，还应该考虑跨区域溢出效应，在思考环境污染因素对经济增长影响的基础上，更加注重集聚外部性和网络外部性对经济增长的影响。总体而言，区域经济网络的增长效应研究储备匮乏，现有研究无法全面把握区域经济网络的经济增长效应，使得其对区域空间发展战略、高质量与可持续发展的实践支撑乏力。主要体现在以下两个方面：

第一，现有研究无法明确回答区域经济网络演化是否能够促进经济增长的问题。区域经济网络的各维度之间是一个相互联系的统一整体，目前区域经济网络的各个维度之间相互分离、各个尺度之间相互独立，导致无法得到一致的结论。由于现有研究对区域经济网络的外部性缺乏关注，使得基于社会网络分析与空间计量模型相结合的区域经济网络测度及增长效应的计量检验尤为缺失。具体来说，以往研究往往只关心区域经济网络多维度属性的某一个方面，分析维度较为单一，致使对于这种增长效应在哪种维度的作用路径下有效，尚不能得到准确测度和具体体现，不利于从整体角度对区域经济网络的增长效应进行合理的测度。此外，已有部分研究成果的实证结果具有不确定性，测度、评价以及计量检验等方面的研究方法存在改进空间。

第二，已有成果无法解释区域经济网络通过何种路径作用于经济增长。区域经济网络的经济增长效应研究需要一个统一的理论机制框架，对其增长路径和机制进行综合研究。现有研究对于异质性分析关注不足，区域经济网络对经济增长的影响是否因区位条件、规模等级和环境污染水平不同而存在显著差异，到底何种特征的区域更有利于区域经济网络的经济增长效应的发挥，有待全面系统的实证检验。现有研究缺乏对理论模型所得到结论的合理延伸，探究理论模型暗含的机制路径，实证研究手段和方法相对单一，不利于全面地揭示区域经济网络对经济增长影响的具体作用机制及路径，亟须通过严格的理论论证和严谨的计量检验进行验证。

综上所述，本书将借鉴集聚和网络外部性的研究思路，在新经济地理学框架下构建包含知识溢出和环境污染的内生增长模型，建立分析区域经济网络对经济增长影响的理论框架。从多维度视角分析区域经济网络的演化特征及机制，对区域经济网络的经济增长效应进行实证检验并分析其异质性特征，揭示区域经济网络影响经济增长的作用路径及机制，进而提出区域经济网络驱动经济增长的实现路径。

第二节　研究目标与意义

一、研究目标

在理论模型上，本书借鉴内生增长理论、新经济地理学理论、集聚外部性和网络外部性等相关理论和研究成果，将知识溢出和环境污染纳入理论模型，在新经济地理学框架下建立包含知识溢出和环境污染溢出的内生增长模型，拓展理论分析框架，构建区域经济网络影响经济增长的理论模型。

在现状分析上，围绕中国区域经济网络化的空间背景与区域经济网络内涵特征，从区域知识溢出网络（隐性）和交易成本网络（显性）角度对区域经济网络进行整合。分析区域经济网络的整体演化特征、空间演化特征和社团演化特征，并从多维邻近性视角出发，探究区域经济网络演化路径与形成机制，得到对区域经济网络的系统认识。

在实证检验上，构建区域经济网络对经济增长影响的实证分析框架，实证检验区域经济网络的经济增长效应及异质性特征，并揭示区域经济网络影响经济增长的传导机制，对区域经济网络演化及经济增长效应研究的若干方法进行拓展。

在政策建议上，根据理论分析和实证检验的结论，提出区域经济网络的优化策略，以及区域经济网络驱动经济增长的实现路径及政策建议。

二、研究意义

（一）理论意义

第一，开阔区域经济增长理论的研究视角，拓展新经济地理学模型构建的研究思路，促进区域经济网络研究与集聚经济、区域经济增长等理论相结合。既往研究在新经济地理学框架下主要探讨的是经济集聚的问题，对集聚外部性和网络外部性带来的知识溢出和环境污染因素缺乏足够重视，致使理论推导所得结论与现实存在差距。本书遵循内生增长理论和新经济地理学框架，将区域经济网络纳入理论模型，揭示区域经济网络如何影响经济增长，以及这种影响存在何种作用机制。

第二，补充区域经济网络的分析视角，丰富区域经济增长理论的研究领域，完善区域经济学理论体系和实证研究内容。从经济关系和区域关系视角引入区域经济网络的概念与内涵，从区域知识溢出网络（隐性）和交易成本网络（显性）角度对区域经济网络进行整合，使区域经济网络演化特征的研究得以延伸。从多维异质性视角揭示区域经济网络演化的关键驱动因素及路径机制，试图拓展区域经济网络的研究范围；实证检验区域经济网络对经济增长的影响及其异质性特征，揭示区域经济网络影响经济增长的传导机制。

（二）实践意义

第一，提升区域经济网络联系，优化区域经济网络化格局。通过揭示区域经济网络演化的关键驱动因素，挖掘区域经济网络的演化机制。在此基础上，优化区域经济网络结构和空间发展模式，构建要素合理流动和资源优化配置的支撑平台和关键载体，为实现区域之间融合互动和优势互补的新发展格局提供优化提升途径。

第二，拓宽原有的区域经济增长路径，培育新的区域经济增长机制，促进区域经济高质量发展。通过探究区域经济网络对经济增长影响的异质性和作用机制，提出差异化的区域经济网络驱动经济增长的可行途径和对策建议，为开创新发展格局和促进区域协调发展提供科学依据，同时为提升环境质量、跨区域环境协同治理以及缓解区域发展矛盾提供重要借鉴，对区域经济高质量和可持续发展具有重要现实指导意义。

第三节　研究思路与内容

一、研究思路

本书基于"提出问题—研究问题—解决问题"的总体研究逻辑，遵循"研究基础→理论分析→现状分析→实证检验→机制分析→结论与展望"的研究思路，开展中国区域经济网络演化及经济增长效应研究。首先，通过详细介绍区域经济增长相关理论、区域经济网络相关理论和集聚经济相关理论，界定区域经济增长和区域经济网络等核心概念，梳理国内外有关区域经济网络描述测度、演化特征、演化机制及其经济增长效应的研究进展，以此作为本书的研究基础。其次，在理论分析部分，在新经济地理学框架下建立区域经济网络影响经济增长的理论模型，构建区域经济网络影响经济增长的理论分析框架。在现状分析部分，测度分析中国区域经济网络的演化特征，揭示中国区域经济网络的演化机制。在实证检验部分，检验区域经济网络对经济增长的影响，并从区位条件、规模等级和环境污染等方面进行异质性分析。在机制分析部分，从集聚效应和效率提升效应等方面，开展区域经济网络对经济增长影响的作用机制分析。最后，依据理论分析和实证检验所得出的主要结论，提供区域经济空间发展模式优化策略和区域经济网络驱动经济增长的政策建议。技术路线如图1-1所示。

二、研究内容

依据以上研究思路，本书主要包括七章，各章具体安排如下：

第一章，绪论。阐述研究背景、研究目标和意义，概述研究思路和主要研究内容，厘清技术路线，指出创新之处与贡献。

第二章，基础理论与文献综述。采用文献分析法，系统总结国内外有关区域经济网络、区域经济增长和集聚经济的基础理论，并对区域经济增长和区域经济网络等概念进行定义。对区域经济网络描述测度、演化机制及其经济增长效应的研究文献进行梳理，总结了当前国内外文献对区域经济网络测度和演化机制的相关研究，归纳概括了区域经济网络对经济增长的影响研究，并进行相应的研究述评。

第三章，区域经济网络对经济增长影响的理论分析。采用数理模型分析法，基于内生增长理论、集聚外部性和网络外部性理论，将区域经济网络纳入新经济地理学分析框架，通过对理论模型的合理假设，构建了包含知识溢出和环境污染溢出的内生增长模型，探讨了理论模型的短期和长期均衡，揭示了理论模型的基本特征，理顺了区域经济网络影响经济增长的理论解释框架，并阐述了本地知识溢出、跨区域知识溢出和贸易自由度与经济增长之间的理论关系。

第四章，中国区域经济网络的演化特征及机制分析。基于 Python、Stata 和 UCINET 软件的数据采集与处理，通过多种途径获取了代表区域经济网络不同维度的关系数据，采用对称化和标准化等方式将其整合。采用社会网络分析等方法，在测度区域经济网络的基础上，从区域经济网络整体以及交易成本网络（显性）和知识溢出网络（隐性）两个方面，描绘了区域经济网络整体演化特征和社团演化特征。从多维邻近性视角，对区域经济网络的演化机制进行理论分析，并采用二次指派程序，对区域经济网络的多维邻近性机制进行实证分析。

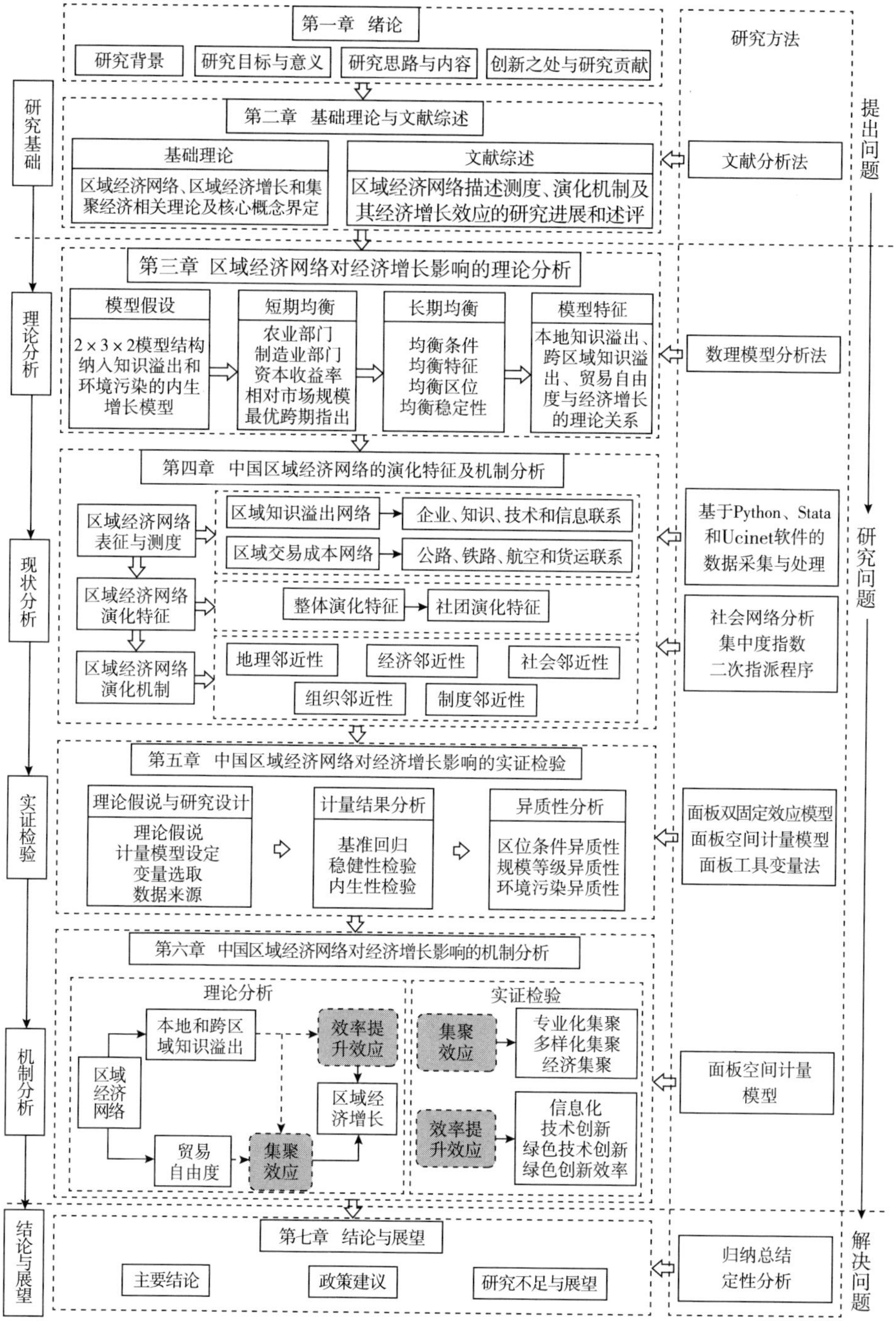
第一章 绪论
研究背景
研究目标与意义
研究思路与内容
创新之处与研究贡献
研究方法
研究基础
第二章 基础理论与文献综述
基础理论
区域经济网络、区域经济增长和集聚经济相关理论及核心概念界定
文献综述
区域经济网络描述测度、演化机制及其经济增长效应的研究进展和述评
文献分析法
提出问题
第三章 区域经济网络对经济增长影响的理论分析
理论分析
模型假设
2×3×2模型结构纳入知识溢出和环境污染的内生增长模型
短期均衡
农业部门
制造业部门
资本收益率
相对市场规模
最优跨期指出
长期均衡
均衡条件
均衡特征
均衡区位
均衡稳定性
模型特征
本地知识溢出、跨区域知识溢出、贸易自由度与经济增长的理论关系
数理模型分析法
第四章 中国区域经济网络的演化特征及机制分析
现状分析
区域经济网络表征与测度
区域知识溢出网络
企业、知识、技术和信息联系
区域交易成本网络
公路、铁路、航空和货运联系
基于Python、Stata和Ucinet软件的数据采集与处理
研究问题
区域经济网络演化特征
整体演化特征
社团演化特征
区域经济网络演化机制
地理邻近性
经济邻近性
社会邻近性
组织邻近性
制度邻近性
社会网络分析
集中度指数
二次指派程序
第五章 中国区域经济网络对经济增长影响的实证检验
实证检验
理论假说与研究设计
理论假说
计量模型设定
变量选取
数据来源
计量结果分析
基准回归
稳健性检验
内生性检验
异质性分析
区位条件异质性
规模等级异质性
环境污染异质性
面板双固定效应模型
面板空间计量模型
面板工具变量法
第六章 中国区域经济网络对经济增长影响的机制分析
机制分析
理论分析
本地和跨区域知识溢出
效率提升效应
区域经济网络
区域经济增长
贸易自由度
集聚效应
实证检验
集聚效应
专业化集聚
多样化集聚
经济集聚
效率提升效应
信息化
技术创新
绿色技术创新
绿色创新效率
面板空间计量模型
第七章 结论与展望
结论与展望
主要结论
政策建议
研究不足与展望
归纳总结
定性分析
解决问题

图 1-1 本书的技术路线

第五章，中国区域经济网络对经济增长影响的实证检验。首先，根据理论模型所显示出的变量之间的关系进行理论分析并提出研究假说；其次，基于2011~2019年中国地级以上城市的面板数据，采用空间计量模型、分组回归、交互项模型和工具变量法等方法，分别实证检验本地知识溢出、跨区域知识溢出、贸易自由度对经济增长的影响；最后，从区位条件、规模等级和环境污染水平等方面，揭示了本地知识溢出、跨区域知识溢出、贸易自由度对经济增长影响的异质性特征。

第六章，中国区域经济网络对经济增长影响的机制分析。对理论模型所得到的结论进行合理延伸，探究模型暗含的机制路径并提出相应的研究假说，采用空间计量模型等方法，分别从集聚效应和效率提升效应两方面，分析区域经济网络对经济增长影响的作用机制。

第七章，结论与展望。对本书的研究内容进行总结并提出相应的政策建议，并结合自身研究的不足探索未来研究的方向。

第四节　创新之处与研究贡献

第一，运用多维视角分析区域经济网络演化特征及机制，主要表现在知识溢出网络（隐性）和交易成本网络（显性）两个方面，对区域经济网络进行整合，并分析其整体演化特征、空间演化特征和社团演化特征，揭示了区域经济网络演化的时空规律。从地理、经济、社会、制度和组织等多维邻近性视角出发，探究了区域经济网络演化的关键驱动因素，揭示了区域经济网络演化的邻近性机制。

第二，构建区域经济网络对经济增长影响的理论框架，实证检验了区域经济网络的经济增长效应，主要表现为：一是拓展理论建模的新思路，在新经济地理学框架下建立纳入知识溢出和环境污染的内生增长模型，开展区域经济网络对经济增长影响的理论分析，并揭示了区域经济网络如何通过知识溢出网络和交易成本网络对经济增长产生影响。二是探索实证分析的新方法，实证检验了区域经济网络对经济增长的影响，并从区位条件、规模等级和环境污染等异质性视角，拓展分析了区域经济网络影响经济增长的区域异质性，回答了区域经济网络在何种区域、产生何种影响的问题。

第三，对理论模型所得到的结论进行合理延伸，探究模型暗含的机制路径并提出相应的研究假说，分别从集聚效应和效率提升效应等方面，开展了区域经济网络对经济增长影响的机制分析与实证检验，并回答了这种影响是通过何种路径产生的问题，探索了区域经济网络驱动经济增长的新路径，丰富了区域经济网络影响经济增长的研究内容、政策启示和实践应用，并提出新观点与新结论。

第二章 基础理论与文献综述

本章主要从三个部分展开相关研究：一是对所涉及概念的基本内涵、主要特点、具体对象等进行阐述，主要对区域经济增长、区域经济网络和区域经济网络的增长效应等核心概念进行界定；二是对相关理论进行回顾，主要对区域经济增长相关理论、区域经济网络相关理论和集聚经济相关理论进行梳理，为后文研究奠定坚实的理论基础；三是对研究内容进行文献梳理，主要对区域经济网络描述测度、区域经济网络演化机制和区域经济网络的经济增长效应进行文献述评。

第一节 基础理论

一、区域经济增长相关理论

（一）区域经济增长的定义

经济活动存在于特定的时空中，不仅具有动态阶段性变化的时间特征，而且表现出依赖于某一特定区域的空间特征。首先，在时间维度上，经济增长是指财富增加或提供产品和服务的能力提升，但假设发生在均质的空间，这不符合不同国家或地区的经济增长现实。其次，在空间维度上，经济增长受到生产要素不完全流动、经济活动不完全可分、创新能力区位锁定和局部知识溢出等因素的影响，表现出在空间上不连续的块状特征（安虎森等，2020）。因此，将时间维度上的经济增长和空间维度上的区域经济块状特征相结合，可以给出区域经济增长的定义如下：区域经济增长是在一定时期内，一个区域内社会总财富的增加。其中，区域是一个在功能上同质且相对独立的经济地域单元，而经济增长从货币角度表现为国内生产总值的增加，从实物的角度则表现为各类产品和服务等产出量的提高，体现了区域经济发展能力和经济实力的变化。广义上，区域经济增长也涉及区域中人口数量和规模因素，指的是人均国内生产总值和国民收入的提高。区域经济增长问题是区域间和区域内资源优化配置问题，将经济增长转换到区域尺度上，不仅要考虑要素的区内供给，还要考虑要素的区际流动。

（二）区域经济增长理论的发展脉络

区域经济增长理论的产生是出于对区域经济增长源泉的思考，关注区域经济增长的来源以及如何促进区域经济增长。区域经济增长理论旨在探索区域经济增长的原因、区域经济增长的内在机制及实现区域经济可持续增长的途径。现代经济增长理论从新古典增长理论发展到内生增长理论，而区域经济增长理论的探索也主要经历了从新古典框架下的区域经济增长理论到内生增长框架下的区域经济增长理论的发展历程，以及从完全竞争框架到不完全竞争框架的思想转变（严成樑，2020；左大培和杨春学，2007）。

1. 新古典框架下的区域经济增长理论

新古典经济增长理论以 Solow 模型为代表。将凯恩斯的总量分析和完全竞争框架下的生产理论相结合，探索出新的动态均衡模型，得到了经济长期将趋于稳态增长并保持不变结论的同时，基于外生给定的技术进步假设，证明了长期经济增长率等于技术进步率，经济增长在短期内会受到资本积累的影响，而长期人均收入增长率会与技术进步率趋同，因而技术进步会影响经济的长期增长。新古典区域经济增长模型是将新古典增长模型转换到区域尺度。在新古典区域经济增长模型中，假设生产要素具有完全的流动性，区内和区际的要素转移是驱动区域经济增长的关键因素。由于资本—劳动力比率高的区域会有较高的工资和较低的投资收益，而最大利润的驱使会使得资本和劳动力出现反向流动，因此最终区域之间会趋向均衡发展，其政策含义是区际增长差异趋向收敛。相关学者从空间外部性角度改进了 Solow 模型和 MRW 模型，提出了空间增广 Solow 模型和空间 MRW 模型，认为技术进步的空间依赖性使得长期增长过程具有空间溢出效应（Ertur and Koch，2007；Fischer，2011）。但新古典区域经济增长理论未考虑集聚经济和规模经济对增长差异的影响。此外，新古典增长模型强调技术进步是经济增长的引擎，但并没有解释技术进步的原因。

2. 内生增长框架下的区域经济增长理论

内生增长框架下的经济增长理论主要针对新古典模型中的规模收益不变、要素边际收益递减以及外生技术进步等方面进行了改进，可分为完全竞争条件下的内生增长理论和不完全竞争条件下的内生增长理论。第一，Romer 和 Lucas 等在完全竞争框架下，从外部性和凸性生产技术角度分析了经济增长的内生性问题。[①] Romer（1986）创建了内生增长理论的知识溢出模型，认为知识溢出是持续推动经济增长的动力；Lucas（1988）创建了人力资本溢出模型，认为人力资本的积累而非人口增长是经济增长的源泉。第二，不完全竞争框架下的内生增长模型主要是在 D-S 垄断竞争模型的基础上演变而来，Romer（1987，1994）基于产品种类增加类型构建了 D-S 垄断竞争框架的增长模型，认为知识积累降低了企业创新成本，产品多样化提高了经济系统中的生产率水平，最终实现了产品在规模收益递增条件下的生产。Grossman 和 Helpman（1991）、Howitt 和 Aghion（1998）在 Romer 模型的基础上，将研究视角引申到了消费品领域，发现创新活动会降低研发部门的创新成本，消费品领域的多样化消费会提高消费者的效用水平。但未将空间因素纳入模型，因而未能揭示知识和技术的空间溢出效应以及区域经济的块状特征。

内生增长理论扩展到空间上就得到了新经济地理学框架下的知识溢出增长模型。主要的代表模型是 Martin 和 Ottaviano（1999）以及 Baldwin 等（2001）提出的全域溢出模型和局部溢出模型。Martin 和 Ottaviano（1999）根据内生经济增长理论，详细讨论了空间因素对经济增长的影响。模型中资本存量产生的溢出效应影响新资本的形成成本，从而促进了资本积累，并且由于创新部门技术溢出效应的存在，企业更愿意在创新部门所在的区位投资。因此，持续的投资使得工业品种类增加，这将导致价格指数下降，在名义支出和收入一定的条件下，使得实际产出和实际收入水平提高，经济体实现内生增长（安虎森等，2020；Martin and Ottaviano，1999）。Baldwin 等（2001）在全域溢出理论模型的基础上，引入知识和技术空间溢出衰减规律，建立了更贴近实际的局部溢出理论模型。该模型强调，只有本地知识资本溢出完全可以被本地资本创造所利用，而外地知识资本对本地的溢出强度随着空间距离的增加而减弱，因此该理论模型被称为局部溢出模型。该模型把溢出效应与空间结合起来，分析了知识溢出效应对经济活动空间分布的影响，以及对内生经济增长的影响（安虎森等，2020；Baldwin et al.，2001）。

二、区域经济网络相关理论

（一）区域经济网络的溯源与定义

区域经济网络的概念可以从经济关系和区域关系两个方面进行溯源。有关经

---

① 罗伯特·J. 巴罗，夏威尔·萨拉-伊-马丁. 经济增长（第二版）[M]. 夏俊，译. 上海：格致出版社，2010.

济关系的研究是从网络角度对经济关系和经济活动主体的行为展开的，经济活动主体之间的行为产生了经济关系，这种经济关系常被看作经济组织或社会组织（Karlsson and Westin，1994），而经济关系的演化促使了网络的形成，如企业间组织（企业总部与分支机构之间的经济关系）、产业集群和产业间贸易关系（产业联系、双边贸易联系形成的经济关系）等（Aoyama et al.，2010；Balassa and Bauwens，1988；Williamson，1979）。对于区域关系的研究是区域经济网络的另一个渊源。中心地理论阐述了中心地的空间等级和空间分布，推动了区域之间的关系研究（Capello，2000）。20 世纪 90 年代以来，复杂网络理论、社会网络理论以及流空间与城市网络理论的出现，为区域关系的研究提供了新视角，促使区域关系的研究由中心地体系转向以"中心流"为代表的网络体系（Meijers，2007），进一步扩展了区域关系的研究范式。Camagni 和 Salone（1993）认为城市网络由专业化分工的城市通过横向非等级联系所构成；Batten（1995）提出了若干邻近的、联系紧密的城市所组成的网络型城市概念；Capello（2000）认为城市网络跨越本地而建立了远距离的关系网络，网络外部性属于外部经济但在网络中城市之间共享；Taylor 等（2010）将城市外部关系看作水平的双向网络关系，提出的中心流理论补充了中心地理论。

对于如何定义区域经济网络，学术界尚未有统一界定。Hakansson（1987）认为经济网络是各种经济行为主体在经济活动中所形成的经济关系总和。Yeung（1994）将网络定义为一种关系和过程，使得行动者和组织相互联系并获得更多收益，从而形成网络化的结构和模式。Aoyama 等（2010）认为网络是一种社会经济结构，将人、企业和区域相互联系起来，使知识、资本和商品能够在区域内和区域间自由流动，用于解释经济活动如何跨空间组织以及经济关系如何影响区域经济增长。司明（2014）认为空间经济网络是一种网络空间结构形态，包含城市内部各种经济主体的关系总和及其相互作用。桑曼乘（2015）认为区域经济网络是各种经济行为主体之间在经济活动过程中建立的各种联系的总和及其所表现出的结构形式。区域经济中存在着各种各样的网络关系，如产业集群网络、贸易联系网络、技术合作网络、基础设施网络、信息联系网络等。区域经济网络中的经济行为主体具有多样化特征，网络性质也存在许多不同之处，说明区域之间存在着多样复杂的经济关系。因此，将区域经济网络定义为由某种单一要素流动而形成的网络或某种单一尺度上的网络是片面的。

基于以上分析，本书将区域经济网络定义为：区域内部各种经济行为主体之间要素流的空间分布及其相互作用与联系所形成的网络化空间组织模式，是区域经济长期发展过程中经济活动及其空间区位选择的结果（司明，2014；桑曼乘，2015）。经济学中的区域经济网络研究具有更加丰富的内涵，其中，经济行为主体成为网络中的节点，而节点之间的相互作用与联系构成了网络中的链接，二者共同组成区域经济网络，如图2-1所示。因此，具体来说，区域经济网络有以下内涵：一是区域经济网络反映了网络中节点之间的经济关系，表征区域之间各类要素联系的桥梁与通道，如经济主体之间通过经济活动组织及其相互关系形成的企业网络、研发网络、贸易网络等。二是区域经济网络反映了网络中节点之间的区域关系，表征区域之间经济行为主体的空间联系，如区域和城市之间的空间相互作用及其相互关系构成的网络联系。区域经济网络节点既可以是个人、企业、组织等微观经济主体，也可以是城市和省份等区域经济主体；链接表示节点之间的关系，这种关系既可以是具体的交通基础设施线路等"显性网络"关系，也可以是抽象的知识交流与信息联系等"隐性网络"关系。因此，经济行为主体之间通过各种不同的要素流动而相互连接，形成了具有多维性质的区域经济网络（Zhang et al.，2019）。

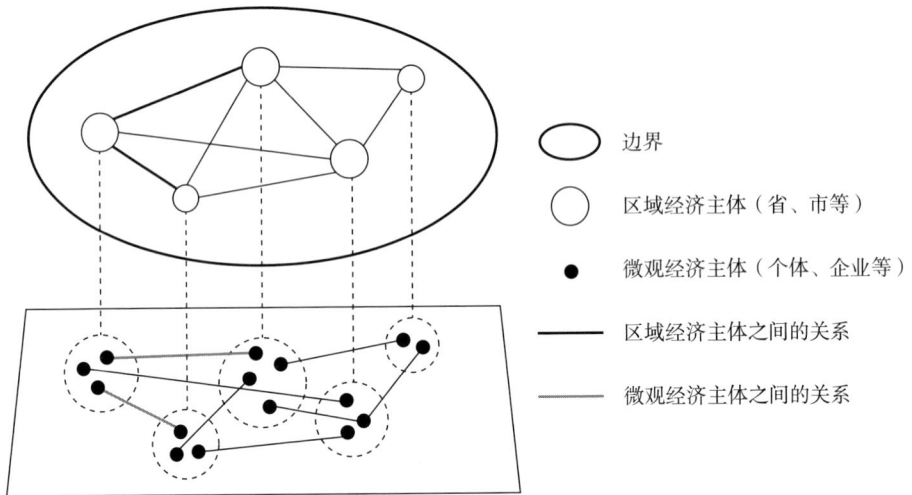

图 2-1　区域经济网络的简化示意图

（二）复杂网络与社会网络理论

网络是节点的集合，节点之间由边相连接，可以用抽象的图来表征，网络和图多被当作同义词来使用（Barabási，2016）。复杂网络和社会网络的研究基础指向数学的图论分支，研究涉及多种学科的交叉融合，为不同领域的科学研究提供了丰富的研究视角和分析工具。

1. 复杂网络理论

复杂网络表示复杂系统中的各组成部分（节点）及其连接关系（边），展现了复杂系统的拓扑结构特征（Barabási，2016），如图2-2所示。现实世界是一个复杂系统，存在很多不同类型的网络，如社会网络、交通网络、贸易网络等，均可以将其作为复杂网络进行研究，复杂网络理论为认知和理解现实世界提供了崭新的视角和丰富的分析方法。

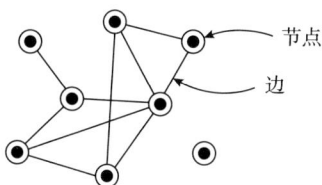

图 2-2 复杂网络简化示例

资料来源：Newman（2003）。

20世纪60年代，数学家Erdos和Renyi提出了一种新的网络建模方法，认为网络中节点之间的连边是由一个概率决定的。他们建立了随机图理论（也称为ER随机图），以此为标志，学界开启了复杂网络理论的系统性研究，ER随机图在相当长的时间内成为复杂网络研究的基本理论（汪小帆等，2012）。然而，现实中大多数的复杂网络结构并非完全随机。20世纪末，随着计算机软硬件的发展、学科交叉融合以及各类网络数据的广泛应用，复杂网络理论迎来了重要转变，先后出现了具有代表性的开创性研究。Watts和Strogatz（1998）提出了小世界网络模型，揭示了复杂网络的小世界特征及发生机理；Barabási和Albert（1999）提出了BA无标度网络模型，揭示了复杂网络的无标度性质及其网络生长和偏好依附机制。以上研究丰富和充实了复杂网络理论知识和相关研究方法。

复杂网络的基本特征主要包括节点复杂性、结构复杂性和多重复杂性因素的交互影响等（汪小帆等，2012）。节点复杂性主要体现为复杂网络中的节点可能存在多种不同类型，节点之间的不同组合和构成形成了复杂网络类型差异；结构复杂性表现为节点数量多，边可能具有不同的方向和权重（见图2-3所示），而且随着时间的变化，节点和边还可能新增或消失，使得网络结构不断变化，呈现复杂性的特征。多重复杂性因素交互影响的原因在于现实中复杂系统变化多样，表现出非线性动力学系统特征，同时节点与节点之间、节点与边之间、不同结构之间、不同网络之间存在相互影响。复杂网络的典型模型主要有随机网络、小世界网络、无标度网络等，不同的网络统计性质差异决定了不同的网络结构，常用的统计性质包括度和度分布、平均路径长度和聚集系数。

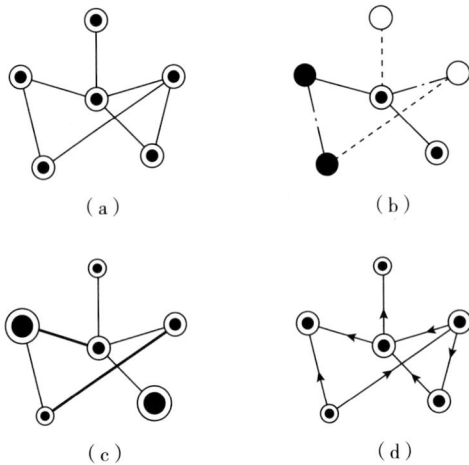

（a）　　　　　　　　　　　　（b）

（c）　　　　　　　　　　　　（d）

图 2-3　各种类型网络示例

资料来源：Newman（2003）。

2. 社会网络理论

社会网络理论采用网络结构研究范式，研究不同社会成员、群体之间的社会关系。通过研究社会行动者及其之间的关系，社会网络理论将各式各样的关系描述成节点与边相连的网络结构（Brass，2022）。其中，节点表征社会系统中存在的各个行动者，可以是个人，也可以是组织，如企业和城市等；而边则表征社会行动者之间通过各种联系而存在或多或少的关系，这种关系包括相似性（如位置、身份或性别等）、社会关系（如亲属关系、朋友关系等）和互动关系（如人员之间沟通或提供建议等）以及流（如信息流、技术流等）等多种类型，不同类型的链接将呈现出不同的网络（Brass，2022；Borgatti and Halgin，2011）。学者们从不同的研究框架和视角提出了不同的观点，逐渐形成了以关系观、结构观和资本观为核心的社会网络理论。

关系观主要体现为弱关系强度和嵌入性理论，是对社会网络关系定义的一种丰富和完善。Granovetter 最早提出弱关系强度理论，将社会网络关系强度划分为强关系和弱关系，认为弱关系的分布范围和充当跨越社会边界桥梁的可能性大于强关系（岑咏华等，2016）。在进一步研究的基础上，批判吸收经济行为相互联系并嵌入社会制度中的观点，深入阐述和确立了社会网络的嵌入性理论，认为经济行为不是孤立的，而是依托并嵌入于社会结构之中，社会行动者通过嵌入社会网络而反映出其在网络中的位置及其与其他社会行动者之间的相互关系。嵌入性理论更加强调信任而不是信息，认为经济交换的基础是信任，更倾向于出现在相互认识的个体之间，信任源自并嵌入社会网络之中（Granovetter，1985）。但由于嵌入性的概念隐含着强关系的重要性，有学者认为强关系更有利于传递情感、信任和影响力，是对弱关系理论的一种补充和完善（岑咏华等，2016）。

结构观的代表性理论是1992年社会学家Burt提出的结构洞理论（Burt，1992），它给出了市场竞争行为的社会学解释，将社会网络抽象为三元关系。Burt认为，当社会网络中某个行动者所连接的其他行动者之间不存在直接联系（关系中断）时，那么该行动者所占据的网络位置就是结构洞，如图2-4所示。图2-4a中的结构洞是指节点D与A、B、C之中的任意二者之间的关系结构，由于D与A、D与B和D与C均有关系，但A、B、C之间不存在关系，说明对于D来说，D与A、D与B和D与C的关系是非冗余的。但图2-4b中d把信息传递给a，a可以把信息传递给b，那么对于d来说，d与a、d与b的关系则是冗余的。图2-4a中的节点D被称作社会网络结构洞中的中间人，中间人通过控制其他两个行动者形成社会资本，能够利用社会网络中的信息资源而获取经纪人收益，与网络中其他位置的行动者相比更具竞争优势。结构洞理论通过假设个体可以通过处于网络中结构洞的位置而获得竞争优势，这种优势是关系优势而不仅仅是资源优势（Burt，1992；刘军，2014）。

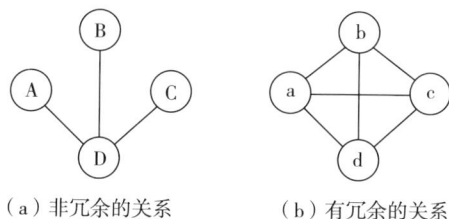

（a）非冗余的关系　　（b）有冗余的关系

图2-4　结构洞示意图

资本观主要体现为社会资本理论，在经济学研究领域强调资本在经济增长中的重要作用，资本通常包括物质资本和人力资本，而人力资本概念的延伸为社会资本理论提供了灵感（Lin，2001）。社会学研究领域提出并使用的社会资本概念，来源于 Bourdieu、Coleman、Putnam 和 Lin 等代表性学者的贡献。Bourdieu 在社会学的框架下将社会资本与社会网络相结合，按照组成不同将资本划分为经济资本和社会资本等形式，其中，经济资本是其他类型资本的根源，社会资本被视为社会网络或群体成员所拥有的一种资本形式（Richardson，2011）。Coleman（1988）认为社会资本对人力资本的积累具有重要意义，考察了三种形式的社会资本：一是义务和期望，如果 A 为 B 做某事并相信 B 会在未来回报，这就建立了 A 的期望和 B 的义务，这是社会资本的一种基础形式，其中包含了信任的内容；二是信息渠道，社会资本的另一种重要形式是社会关系中固有的信息潜力，而获取信息的一种方式是利用为其他目的而维持的社会关系；三是社会规范，当规范存在并有效时就构成了一种强大但有时脆弱的社会资本形式。

以上学者的观点及其他早期有关社会资本的研究主要是针对个人而言的微观社会资本，而且主要限制在社会学领域传播。Putnam（1993）将个人层面的概念提升到一个群体或整个社会拥有的资源（宏观社会资本），并将其引入政治学相关研究领域，认为社会资本是指社会组织的信任、规范以及网络等特征，这些特征通过促进合作行为来提高社会效率。社会资本与常规资本类似，属于生产性质，但一般认为社会资本属于公共用品。信任是社会资本的重要表现形式，在社会组织、互惠规范和参与网络中提高信任，有利于节省交易费用并能够促进合作，进而提升经济绩效。随着社会资本理论的广泛传播，其逐渐开始向经济学研究领域拓展，受到一些经济学家的关注并推动了相关研究的经济学分析，得到了社会科学领域的广泛关注。

社会网络理论对应的主流研究方法是社会网络分析。随着研究的深入和学科交叉融合以及社会网络分析软件的流行，社会网络理论延伸到各个领域，逐渐被经济学、管理学等多个研究领域所借鉴和应用，推动了社会网络理论的不断发展（Brass，2022；Borgatti et al.，2002）。当前，单一学科的社会网络理论研究相对较少，借鉴社会网络理论视角或在社会网络分析的基础上，跨学科交叉进行实证研究是当前研究的主要形式。

（三）流空间与城市网络理论

1. 流空间理论

信息技术快速发展推动了经济全球化和空间网络化，信息社会背景下各种类型的流动要素构成了经济社会活动的基础，如交通流、知识流、技术流和信息流等，这些流动要素的空间组织形成了流动空间，同时促使信息时代网络社会兴起。

（1）流空间的定义和层次。1989 年 Castells 提出了流空间（Space of Flows）的概念，并将其定义为"通过流进行运作的时间共享型社会实践的物质组织"，网络社会中社会生活的主导活动是围绕流空间的逻辑组织的（Castells，2010）。其中，对于时间共享型社会实践，本书的理解就是将社会实践类比于计算机系统，分时系统可以同时连接多个终端并动态分配系统资源。因此，本书认为，流空间中的物质组织形式是以多种要素流形成的信息等虚拟网络和交通等实体网络为基础，使得地域不连续的场所之间能够相互连接并允许社会实践同时进行（Castells，1999；晏龙旭，2021）。流空间是由信息社会中多种要素流动而建立的空间，不仅包括要素流空间，也包括场所空间，强调要素流空间与场所空间的相互作用关系（Castells，1999；沈丽珍，2009）。Castells 认为流空间包括四个层次：一是流空间由相互作用的技术基础设施网络构成，这些基础设施的性质和位置决定了流空间的功能及其与其他空间形式和过程的关系。二是流空间由节点（Nodes）和枢纽（Hubs）组成，节点是经济活动中的重点场所，枢纽是组织各种交流的通信站点，空间上相互关联。三是由经营网络的社会行动者聚集地所组成，包括与节点相邻的居住空间、消费空间以及与其他区域相隔离的通道。四是由互联网和通信活动组成的电子空间，体现为互联网虚拟空间中的经济社会互动交流（沈丽珍等，2012；Castells，1999；修春亮和魏冶，2015）。

（2）流空间的基本特征。第一，流空间强调流动性，具有要素流动特征和多维属性。首先，信息技术进步带来了生产方式、组织方式的转变，促使人口流、资本流、信息流、知识流、技术流、交通流等多种要素高效顺畅流动，实现了静态的场所空间转向流动空间。其次，流空间具有多维属性，体现为实体空间和虚拟空间之间的相互影响与融合。实体空间是客观存在的物质空间，以物质实体流动为主要特征，具有物理属性且受空间距离影响，如公路、铁路、航线和货运线路等交通基础设施；虚拟空间是由知识信息流动而形成的技术空间，以信息虚拟要素流动为主要特征，不受空间距离影响，具有跨越距离、消除障碍和渗透蔓延功能（沈丽珍等，2012）。

第二，流空间强调网络的重要性，具有网络结构特征。Castells 认为，网络由相互连接的节点组成，节点之间具有共同价值观而实现连通，构成网络社会，流空间是以信息等技术网络为基础，组织联系紧密且系统高度一体化的网络结构模式（Castells，2010；沈丽珍，2009）。流空间理论主张采用流空间来描述信息社会中的新空间形式，但也表明并不是所有空间都是围绕流组织的，场所空间

(Space of Places) 也是最常见的经济社会活动空间存在形式。场所空间是形式、功能和意义在地域连续性边界内自成一体的场所，是交通基础设施、信息通信网络、技术合作网络等各类经济社会要素空间流动的支撑载体。网络由节点和边组成，流空间中的节点和枢纽（网络中的节点）依托场所空间而存在，要素流（网络中的边）表征了不同要素之间的相互作用产生的物质传递和知识信息交换。流空间采用网络化的空间形式将场所空间联系起来，在流空间的作用下，场所空间嵌入到流空间的节点和枢纽以及要素流动形成的网络之中，通过相互作用、信息共享和空间整合，形成了流空间与场所空间相互交织并存的网络化组织模式（沈丽珍等，2012）。信息时代背景下，流空间中的网络担任了核心角色，网络的拓扑结构决定了节点之间的距离和作用关系，以网络为基础的经济社会结构具有高度开放的系统（Castells，2010）。

传统的空间是建构在经济活动主体的物理邻近性基础上的，通信和信息技术的发展克服了这种限制，流空间成为网络社会中主导的空间形式。作为一种新空间逻辑，流空间理论为区域经济网络的形成与发展提供了新的研究视角和理论背景。

2. 城市网络理论

流空间理论有助于丰富和拓展传统的城市研究范式，以横向网络联系范式为主线的城市间关系研究逐渐突破传统的垂直等级联系范式，学术界提出了世界城市、世界城市网络、城市网络等相关概念。随着新问题的出现和研究手段的进步，城市网络相关研究逐渐成为研究热点。

当前的城市系统早已偏离了一个蜂窝状中心和市场嵌套层级结构的 Christallerian 模式，运输成本的降低和消费者对"多样化"的需求，打破了分离、重力型、不重叠市场区域的理论假设。近年来，在持续创新和快速技术变革的时代，当动态和创新行为出现"市场失灵"时，城市网络正逐渐成为参考范式。随着全球化、城市化和网络信息化的发展，新的空间关系、组织和层级出现（Capello，2000），城市之间的联系在多尺度、多等级空间条件下超出了中心地理论的认知边界，区域经济空间结构从等级化向网络化转变（Capello，2000；王士君等，2019）。

20世纪以来，以 Taylor、Camagni、Meijers 和 Batty 等为代表的西方学者提出世界城市网络、城市网络等理论概念，从而促进了区域经济网络研究的兴起（Meijers，2007；Taylor et al.，2010；Taylor，2004；Camagni，2004；Camagni et al.，2016；Meijers and Burger，2010；Meijers et al.，2016；Batty，2013；Anderson，2012）。城市网络是一个由许多技术网络和组织网络编织在一起的复合体。因此，现实中的城市节点之间还是存在着由网络关系而决定的距离（Castells，2010）。把城市体系当作网络而不是等级体系来进行研究，相当于打破了传统的城市等级结构，网络结构提供了全新的视角、观点和信息。中心地理论是了解城市外部空间关系的传统基础。但是，当代对城市之间关系的研究体现了对城市网络结构新的重视，城市网络范式为克服传统中心地模型的解释能力的局限性提供了成功的理论框架（Capello，2000）。

Batten（1995）对中心地模型和网络模型这两个经济活动空间分布模型进行了对比分析，指出 Christaller 的中心地模型重点关注地区之间城镇的选址、规模和数量的分布规律，给出一定的最低需求门槛和固定地理区域，所有城市只有一定比例的人口能提供高阶的商品和服务，层级结构中每个节点都有六边形的腹地，城市系统将根据其功能属性被组织成不同顺序的中心位置。而网络模型强调了联系城市网络中节点的概念，城市构成了该网络的中心，网络城市的各个节点结合在一起而形成交换环境，网络城市可视为异质产品和不完全竞争，其多元结构和功能的可扩展性产生了垄断优势，网络城市利用单中心形式的城市规模不经济带来了一些机会，在空间和功能上与中心城区分开（见表2-1）。

表2-1 中心地体系与网络体系的对比

中心地体系	网络体系
中心性	节点性
规模依赖性	规模中性
趋向于首位和从属关系	趋向于相容性和互补性
同质的商品和服务	异质的商品和服务
垂直可达性	水平可达性
单向流	双向流
交通成本	信息成本
空间上的完全竞争	价格歧视的不完全竞争

资料来源：Batten（1995）。

Camagni 和 Nijkamp（2004）基于企业空间行为的新范式来构想一种新形式的城市间互动，从而构建整个城市系统的新组织结构（即城市网络），提供了有关城市网络的存在以及城市从网络中获得优势的经验证据。Camagni（2004）将企业空间行为逻辑划分为区域性逻辑、竞争性逻辑和网络性逻辑。其中，区域性逻辑是企业在其引力控制的地理区域中销售或购买，企业的关键功能是生产，其战略在于控制围绕其地理位置定义的市场区域；竞争性逻辑是企业的市场不限于当地领域，企业位置不是由简化的一般均衡决定的，而是由地理位置和历史特征决定的；网络性逻辑是指企业无论位于空间中的什么位置，都可以通过与其他公司建立联系并建立合作协议，来克服其内部结构和周围圈子中的关键技术诀窍上的弱点。

Anderson（2012）认为城市网络是指通过交通、通信和信息技术等基础设施，保持高度的相互连通、彼此联系且具有较强的空间相互作用的一群城市，单中心城市网络拥有一个主导中心城市，控制着大部分城际联系，没有严格的功能等级体系。中心地理论通过一个层级模型来描述城镇性是建立"本地"城乡关系的基础，而 Taylor（2004）提出了一种中心流理论，通过链锁网络模型来描述城市性是"非本地"城际关系的基础。Taylor 等（2010）认为中心地理论描述的是城市位置与其腹地之间的关系，并认为中心地理论并非研究城市外部空间关系的唯一理论，除中心地理论假设的等级结构外，城市之间还存在网络结构。他们确定了一个与中心地理论不同的外部城市过程，并将其理论化以产生一套与中心地理论互补的概念工具，利用 Jacobs 非等级城市关系思想，将其引入 Powell（1990）和 Thompson（2003）的框架中，强调了市场、等级制度和网络作为独立的社会过程的重要性。这并不是放弃或扩展中心地理论，而是将其视为代表城市外部空间关系的两个通用过程之一，关键区别在于这两个过程的复杂程度，Taylor 等（2010）通过引入中心流理论来补充传统的中心地理论对城市外部关系的描述，试图以此作为世界城市网络理论的基础。

Batty（2013）认为要理解流，必须理解网络，对城市的理解必须扩展到流和网络，不能仅建立在观察基础之上。网络意味着人与场所之间的联系，而城市是场所与空间之间的关系或者说是网络，而不是其内在属性构成了我们理解城市的条件。不同属性的网络以及与之相依的空间和场所，在数值、尺度和形状等方面都具有一种内在的秩序。城市的各种要素所形成的网络枢纽或节点布局，呈现高度的不对称特征，这是经济过程的外在反映，其竞争性本质驱动了城市功能并决定了它的形态和结构。这些格局往往体现出幂律特征，反映了缩放过程在某种意义上是自相似的，系统功能的这一特征意味着系统的子系统、组件、要素等是分级排序的，这些过程导致了城市的增长，奠定了城市的演化结构。他认为城市网络有两种类型：一种是所有同组要素之间的相互作用或相互关系网络，另一种是不同组别对象的相互作用或相互关系网络。

三、集聚经济相关理论

经济活动空间分布的非均质性造成了普遍的区位差异性，导致经济活动在不同的空间层面上对于经济行为主体具有吸引力，加上报酬递增和循环累积效应，必然在一定的区位上形成集聚，从而对经济增长、企业生产率和实际收入等产生显著影响，这就是集聚经济。事实上，学者们对集聚经济的研究历经了较长的时间，基于不同的视角和研究兴趣对集聚经济进行了相关研究，从而促进了集聚经济相关理论的发展。

（一）集聚经济理论溯源

1. 马歇尔的规模经济和外部性

马歇尔从规模经济和外部经济的视角，系统研究了产业集聚现象，认为产业集聚是企业为追求共享基础设施、劳动力市场等外部规模经济而产生的。规模经济被其划分为外部规模经济和内部规模经济。其中，外部规模经济是指在特定区域，产业聚集发展所引起的区域内生产企业整体成本下降，进而促使产业向某一地区集中布局，它是外在于企业、内在于产业而加总的规模经济，与产业的地理集中有关。而内部规模经济则是由从事生产的单个企业的资源、效率和组织而形成的。马歇尔从新古典经济学的角度，通过研究工业组织，发现企业是为了追求外部规模经济而产生集聚，他认为集聚经济包括外部规模经济和范围经济，二者被统称为外部经济（安虎森等，2020）。这种外部经济本质上就是空间外部性，是企业在空间接近过程中产生的效应。他认为外部性是造成产业集聚的关键性因素，并指出当一个产业在一个地方出现后，就趋向于在这个地区长时间发展，因为人们会发现与近邻从事相同的经济活动具有很大的优势，从而产生类似于锁定效应的结果。马歇尔在分析集聚经济的影响因素时认为有三种力量决定了产业集聚的正外部性，这三种力量分别是劳动力市场共享、中间产品投入和技术外溢。

2. 区域经济学中有关集聚经济的研究

韦伯在《工业区位论》一书中提出了工业区位理论，他将影响工业区位的经济因素分为区域因素和位置因素，认为影响工业区位的区域因素包括运输成本和劳动成本，而实际上对工业区位起作用的位置因素可归结为集聚因素和分散因素。在集聚因素中，韦伯又探讨了特殊集聚因素和一般集聚因素，认为特殊集聚因素不具有理论研究的一般性，而一般集聚因素更加具有研究价值，厂商规模增大带来成本节约，而若干个厂商集聚在一个地点，则能给各个厂商节省更多的成本，因此，企业常常选择集聚（安虎森等，2020）。胡佛在《区域经济学导论》

一书中，将集聚经济、资源禀赋与空间转移成本三个因素看成区域经济的"三个基石"，并提出集聚的三种基本形式：一是企业层面的规模经济，即内部规模经济；二是本地化经济，是与地区产业规模相关的规模经济，即同一产业的不同企业集中在一个地方生产带来的经济效应；三是城市化经济，是与地区整体经济规模相关的规模经济，即各种类型经济活动集聚在一个地方带来的经济效应。胡佛认为，产业集聚的成因在于内在的规模经济、本地化经济和城镇化经济，而集聚产生的外部性使得相互关联的上下游企业或产业加入集聚体，从而进一步强化了集聚经济。

3. 发展经济学中有关集聚经济的研究

增长极理论由法国经济学家佩鲁于 1950 年提出，认为经济增长并非同时出现在所有地方，而是以不同的强度率先出现在一些"增长极"上，增长极不仅能吸引大量的经济活动，而且可推动其他部门和地区的经济增长。法国经济学家布代维尔将其扩展到实体地域，形成区域空间的二元结构，认为主导产业所在的城市就是增长极，它通过扩散效应带动其腹地的发展，不同规模的中心城市构成增长极的等级体系，因此，不同等级的增长极与其腹地就构成了地域最基本的结构单元（安虎森等，2020）。

瑞典经济学家缪尔达尔于 1957 年出版《经济理论与不发达地区》，首次提出了循环累积因果理论，认为社会经济发展过程是一个动态的各种因素相互作用、互为因果、循环积累的非均衡发展过程。任何一个因素的"初始变化"都会引致其他因素的相应变化，并促成初始因素的"第二次强化运动"，如此循环往复，导致经济过程沿初始因素发展的方向发展。在市场机制作用下，这种最初的影响或刺激将扩展到空间内的其他部门，从而使偏离进一步加强，由于正向反馈机制的存在，这一过程不会再回到均衡状态，进而强化了非均衡状态（安虎森等，2020）。

1958 年赫希曼的《经济发展战略》出版，他创立了不平衡增长理论，指出经济进步不可能在任何地方同时出现，而且它一旦出现，强有力的因素必然使得经济增长集中在起始点附近发生。他认为，经济发展过程中需要增长极的出现，而增长极的出现恰恰说明区际经济不平衡增长是增长本身不可避免的伴生条件，从空间角度来看，增长必定是不平衡的。在赫希曼的分析中，发达地区的经济增长对落后地区发展有正向效应（涓滴效应），也有负向效应（极化效应），赫希曼的不平衡增长理论机理可以用来解释城市核心区与边缘区之间的极化效应（安虎森等，2020）。

（二）新经济地理学的集聚经济理论

经济学研究资源的有效配置分为不同利益主体之间、不同时间和不同空间的配置。主流新古典经济学忽视了在空间中的配置问题，在"无限空间"假定或忽略空间因素的情况下，新古典分析失去了其准确描述和解释现实经济的效力。此外，主流经济学长期忽视空间因素，遵循规模收益不变或递减和完全竞争假定，认为经济活动在空间中均匀分布，但现实中的空间集聚现象和"块状"特征明显。主流经济学主要采用技术外部性来解释经济活动空间差异，但这种外部性产生了规模经济，而规模经济与完全竞争的前提假设相互矛盾。虽然主流经济学早就意识到经济领域存在规模收益递增现象，但由于缺少处理规模收益递增和不完全竞争的技术工具，致使空间维度的研究长期游离于主流经济学之外（安虎森等，2009）。

新经济地理学采用经济学建模方法研究集聚形成机理，使得集聚研究回归主流经济学。克鲁格曼认为集聚成因来自市场需求规模、外部经济和产业本地化及地区专业化，此处所说的外部性是因市场规模变化而导致的厂商生产成本的变化，即货币外部性，而区别于马歇尔所强调的技术外部性。新经济地理学模型揭示了经济活动的空间集聚过程及其集聚机制，认为集聚机制的本质特征是循环累积因果关系，受到相向的集聚力和分散力的共同驱使，而经济集聚与分散过程依赖于市场接近效应、生活成本效应和市场拥挤效应。市场接近效应和生活成本效应所产生的集聚力，源于规模生产和交易成本节约的经济性，且包含着循环累积因果关系，使得集聚力具有自我增强的特征，形成集聚性的循环累积因果效应，从而促使产业活动空间集聚。而市场拥挤效应则形成分散力，引致扩散性的循环累积因果效应，促使产业活动的空间分散。以上三种效应和两种作用力相互交织和叠加，共同促进了循环累积因果关系，正是 CP 模型中经济活动的空间集聚过程和集聚机制（安虎森等，2009；安虎森等，2020）。

克鲁格曼开创性地以 D-S 垄断竞争框架为基础，利用"冰山运输成本"，把空间概念引入一般均衡分析框架中，提出了著名的"核心—边缘"（Core-Periphery，CP）模型，使空间问题进入了主流经济学研究的视野。而后经过藤田昌久、维纳布尔斯等学者的共同努力，建立了一个空间经济学研究框架，解释不同层次地理空间上的经济集聚现象和集聚力的来源，开创了在不完全竞争的条件下，从集聚力的内生演化来分析空间集聚原因的研究思路。在 CP 模型之后，随着进一步完善、创新和发展，学者们依据各自的研究需要建立了相应的其他模型，主要包括以下几种类型：一种是 DCI 垄断竞争框架，该框架以 D-S 框架为基础，采用不变替代弹性（CES）效用函数来表示效用水平，运输成本采用"冰山运输成本"（Iceberg Transport Cost），如自由资本模型（FC 模型）、自由企业家模型（FE 模型）、资本创造模型（CC 模型）、溢出模型（GS 和 LS 模型）、垂直联系模型（CPVL、FCVL、FEVL 模型）等（Baldwin et al.，2003）；一种是 OTT 垄断竞争框架，其是 Ottaviano、Tabuchi 和 Thisse 在 2002 年建立的一个拟线性二次函数分析框架，利用准线性二次效用函数及线性运输成本，将其与 DCI 模型相结合，既满足了线性关系，又简化了模型并得到线性解，主要包括线性自由资本模型（LFC 模型）、线性自由企业家模型（LFE 模型）等（年猛和王垚，2017）。以上两种框架都是属于经济关联的理论体系。而另一种分析框架是 Fujita 建立的关于知识关联的模型，即知识创新和传递模型（TP 模型），该模型描述了人与人之间及区域与区域之间的知识关联过程，分析了合作创新行为的时间、方式和效率，从而解释了知识创新和传递如何进行及其产生的影响（安虎森等，2009；杨开忠等，2016）。

近年来，随着环境污染问题越来越受到政府和民众的关注，学术界逐渐重视采用新经济地理学模型来研究环境对经济活动空间分布的影响（孙博文，2020），如 Lange 和 Quaas（2007）、Zeng 和 Zhao（2009）以及 Wu 和 Reimer（2016）等。学者将环境要素引入新经济地理学模型，不仅丰富了新经济地理学的分析框架，而且拓展出较多的创新研究思路。同时，将环境因素纳入模型，分析环境污染对空间集聚与分散过程的影响，丰富了新经济地理学中经济活动的集聚机制研究的相关结论。此外，欠发达地区的政策制定者主要关注区域经济增长问题，而经济增长可以通过经济活动区位的改变来实现。更重要的是，可以通过经济活动的集聚以及集聚带来的经济增长来实现。Martin 和 Ottaviano（1999）、Baldwin 等（2001）分别提出全局溢出和局部溢出的增长模型，将内生增长理论引入新经济地理学模型，探讨了知识溢出、集聚与增长的关系。

（三）集聚与网络外部性

1. 集聚外部性

集聚外部性受到新古典区位理论、城市经济学理论、内生增长理论以及"新"新贸易理论和演化经济地理学理论等的影响（林柄全等，2018）。马歇尔在其著作《经济学原理》中首次提出外部经济的概念，认为外部经济是企业发展的外部因素（如市场、交通和技术等）所造成的企业内部生产成本的减少。集聚外部性主要包括以下几种模式：一是专业化集聚理论，根据马歇尔提出的"产业区"思想，Glaeser 等（1992）将其界定为 Mar 外部性，强调产业的水平关联；二是多样化集聚理论，与 Mar 外部性不同，Jacobs 研究发现，不同产业间的知识和技术的扩散、溢出和交互融合促进了创新的出现，Glaeser 等（1992）将其界定为 Jacobs 外部性，主要关注产业的垂直互动；三是产业协同集聚理论，由 Ellison 和 Glaeser（1997）提出，兼顾产业水平联系与垂直互动；四是竞争外部性理论，Porter 在竞争优势框架下，支持了马歇尔的观点，认为产业专业化比多样化更有利于知识和技术溢出，开放市场环境下的市场竞争比垄断竞争更有利于技术溢出和知识创新，Glaeser 等（1992）将其界定为 Porter 外部性。但是，随着对集聚外部性认识的加深，集聚外部性视角存在一些不足，集聚经济理论最初强调本地企业之间的互动引发的外部性，但长期以来学界将企业的地理集中与企业之间的互动相混用，而地理邻近未必引发集聚外部性（林柄全等，2018）。

2. 网络外部性

集聚外部性将集聚的尺度限定于城市内部，而忽略了跨区域联系的事实，学者们逐渐认识到城市内部企业既从本地交流中获益，又受到城市外部的影响，区域发展依赖于建立和维持城市网络关系的能力（Camagni et al.，2016）。区域经济联系使得集聚外部性在更大的地理尺度上起作用，外部性可能替代本地集聚经济的作用（Meijers，2016），网络外部性受到城市体系理论、空间相互作用理论、城市网络结构理论等的影响（Burger and Meijers，2016）。

Alonso 基于邻近城市之间的相互作用提出了"借用规模"（Borrowed Size）概念，即如果一个城市接近其他人口集中的大城市，会表现出一些更大规模的特征（林柄全等，2018）。Burger 等（2015）进一步将"借用规模"细分为"借用功能"和"借用绩效"。Meijers 等（2016）认为"借用规模"是早期关于网络外部性的探索，与邻近城市的可达性和网络连通性是借用规模发生的先决条件，借用规模依赖于网络连通性产生网络外部性。Fujita 等在新经济地理学文献中引入了与借用规模相对立的概念——"集聚阴影"（Agglomeration Shadows）。该概念又被形象地称为"灯下黑"，是指虽然较小的地方有可能通过这种借用规模来承载通常只有大城市才有的城市功能，但附近地方之间空间竞争的加剧也会导致一个地方承载的功能比正常情况下能支持的功能要少。集聚阴影源自空间竞争效应，由于竞争效应的存在，大城市附近城市的增长将会受到限制（林柄全等，2018；Burger et al.，2015）。

Capello（2000）将经济学中的"网络外部性"概念与城市规模相结合，并将其引入集聚经济的研究中，认为集聚经济中的"网络外部性"是指城市之间因功能网络的存在而产生的协同效应和互补性。集聚外部性和网络外部性的区别在于，前者在空间上受到限制并随距离增加而递减，而后者在空间上不受严格限制并随着城市功能关系的强弱而变化（林柄全等，2018）。

第二节　文献综述

在经济全球化、城市化和工业化的背景下，区域之间的经济联系逐渐增强、要素流动愈加频繁、交流合作更加顺畅，使得区域经济格局受到冲击与重塑，当前区域经济网络化趋势逐渐增强，区域经济网络对区域经济增长的作用不断强化。区域经济学者借鉴复杂网络与社会网络理论、流空间与城市网络理论，通过引入网络构建、网络结构分析、网络演化动力机制分析和网络效应分析等相关方法，探讨区域经济网络相关问题，拓宽了区域经济网络的研究视野，丰富了网络结构分析和网络效应分析的研究方法，促进了理论和实证研究的进一步优化。随着学科交叉融合和研究问题的深入，国内外区域经济网络研究主要涉及三个方面：一是描述和测度区域经济网络现象，如不同尺度和类型的网络表征和网络演化特征等；二是探讨揭示区域经济网络形成与演化的动力机制，如内生的结构因素和外部的多维邻近性等；三是分析区域经济网络的经济增长效应，如不同视角和不同维度的区域经济网络对经济增长的影响等。本书主要从以上三个方面梳理国内外研究进展和动态，分析区域经济网络研究的发展趋势以及有待完善和丰富的发展方向。

一、区域经济网络的描述测度

第一，从研究尺度来看，国内外相关研究对于区域经济网络的描述与测度多从全球、城市群、市域等研究尺度展开。

全球尺度的研究主要集中在世界城市网络的相关研究上，Taylor（2004）提出的全球化与世界城市（GaWC）研究网络在世界城市网络研究中最具有代表性。与 Camagni（1993）将全球城市的网络层次结构划分为"世界城市—国家城市—区域城市"的空间组织逻辑不同，Taylor（2004）将世界城市网络划分为世界经济网络（分配服务）、城市节点（生产服务）以及高级生产性服务公司（创造和提供服务）三种层级，以此开发出一个连锁网络的定量模型，引入世界城市网络测度，评价世界城市网络的连通性并进行区域对比和国别差异分析，探讨了节点的地位（支配和控制中心、门户等）和网络腹地。Derudder 和 Taylor（2017）通过生产者服务业、非政府组织和媒体公司等数据评价了城市连接性，并通过多重比较分析了中心流理论在全球城市网络中的表现，检验了连锁网络模型评估世界经济中城市间连接的有效性。上述研究虽然成果丰富，但由于关注重点、研究方法和数据的局限性，相对突显了全球城市的地位，而忽视了与全球城市相反地位的非经济核心城市，对这些城市的研究不够重视，存在一定的局限性；世界城市网络中的第三层级源于高级生产性服务业，由于该类行业在各类行业中的份额有限，属于小范围的专业活动，不能够全面地反映经济活动，掩盖了其他行业对城市网络的影响；城市间联系除了以上生产性服务业互动和企业经营活动的联系外，还存在知识交流、技术合作、信息传递等广泛的多样性联系，模糊了城市间联系的多维属性。

城市群是城市发展处于高级阶段的空间组织模式，依托基础设施网络、要素组织和经济联系，具有明显的要素集聚、网络结构和区域一体化特征。国内语境下的城市群或国外语境下的城市区域（City Region）已经成为区域经济分析的核心单元和常用研究尺度，相关研究成果也比较丰富。以城市群为主要研究对象，有学者探讨了城市群内部的网络结构，如郑文升等（2022）采用城市群内部城市之间的列车时刻表数据，分析了城市群内部铁路网络结构特征。还有学者同时对城市群内部和外部的网络联系进行了细致分析，如曹湛等（2022）提出了"蜂鸣—管道"模型，采用论文合作发表数据，构建了城市群内部和跨城市群之间的知识合作网络；Zhu 等（2022）认为跨境城市流动关系和本地腹地模式在分析上是相关的；Sigler 等（2023）强调了城市区域位于网络中的经纪角色，采用企业总部和子公司位置之间所有权关系的流数据，通过作为中介的网络地位定义了城市区域的经纪角色，研究发现城市区域扮演着一种或多种以全球和国内流动为特征的经纪角色。

近年来，多中心化（Polycentricity）的概念引入发展政策和规划实践。作为功能上相互关联的城市区域，多中心城市区域通过城市网络化发展来寻求特定区域的空间整合，促进中等城市和城镇之间的功能联系，以提升区域竞争力和凝聚力，多中心发展已成为空间规划的愿景和空间治理的目标（Burger et al.，2014）。鉴于多中心城市区域关系的复杂性，多中心城市区域（Polycentric Urban Regions，PURs）网络化发展多以形态多中心和功能多中心为主要内容，Liu 等（2015a）从城际交通网络视角测度了中国城市群的功能和形态多中心性质并划分了不同类型；Wang 等（2020）从功能联系视角分析了多中心城市区域结构，采用出租车轨迹数据和复杂网络分析，评估了多中心城市区域主中心和外围的功能联系。由于城市网络具有多维属性，城市之间的空间联系可以采取多种不同的形式，这些功能性链接中的每一个的空间组织都不一定相同，Burger 等（2014）针对荷兰的兰斯塔德城市区域，比较了其中的不同功能网络的地理范围和空间结构，评价了城市区域的功能多中心性和空间相互依存度，并进一步讨论了网络多样性与城市区域的关系复杂性，认为城市区域的功能多中心性识别取决于分析的视角和所依据的功能网络类型。

交通运输、信息通信和能源资源供给的基础设施建设以及创新协作和产业协同发展，促进了中国经济社会飞速发展，促使相关学者更加关注并开展中国省域、市域和县域等尺度的相关研究。城市尺度的研究在区域经济网络研究中最为常见。Wang 等（2021）综合采用了公路、铁路和航空的交通基础设施网络数据，提出了一种根据交通基础设施特点加权的城市网络构建方法，测度了中国城市网络的度数、中介和接近中心性等网络结构拓扑特征。戴靓等（2022）基于城市之间的合作论文发表和专利联合申请数据，定量分析了中国城市知识创新网络的结构演化特征。

全球、城市群和城市等尺度的研究是当前区域经济网络研究的主要方向，但是也有学者从不同角度开展了省域和县域尺度的相关研究，丰富和细化了区域经济网络的研究尺度。省域尺度上的研究主要集中在创新网络和贸易网络等方面。Sun（2016）采用中国专利局合作发明专利数据，应用多层次网络模型和社会网络分析，研究了中国区域创新网络结构演化特征，发现中国区域内和区域间网络规模不断扩大，凝聚力不断增强，呈现出"核心—边缘"结构。由于缺乏公开和口径一致的统计数据，侯传璐和覃成林（2019）采用铁路货运量数据作为省际货运联系的替代指标，探讨了中国省际贸易网络的整体指标和节点属性特征及区域差异。县域尺度的研究分别探讨了交通网络和企业网络，如陈俐锦等（2021）采用高铁客运班次数据研究了中国县域高铁网络结构及其演化特征，揭示了高铁网络密度、网络层级性和凝聚子群的发展趋势。鲁嘉颐和孙东琪（2022）基于"本地和非本地"视角，采用县域尺度的企业投资和分支机构数据，研究了北京市与河北省的本地企业联系，以及京津冀区域外的非本地企业联系。当前研究受制于小尺度的网络型数据和相关属性数据的获取难度，导致有效多样的实证分析手段不够丰富，多从网络节点特征和网络结构特征方面展开。

第二，从研究内容来看，区域经济网络是由节点（Nodes）和边（Edge）组成的复杂网络系统，区域经济网络中的节点可以是多种类型的区域经济活动行为主体，区域经济网络中的边包括多种类型的要素流动关系。依据区域经济网络的组成和表现不同，可以将其划分为主导知识技术信息要素流动的隐性网络（虚拟联系）和主导商品货物要素流动的显性网络（实体联系）。国内外相关研究主要从区域经济网络构成和类型方面进行区域经济网络的描述与测度，同时以复杂网络和社会网络分析为主要研究手段，探讨区域经济网络的整体特征（如网络密度、平均路径长度和聚集系数等）、节点中心性（度数、接近和中介中心性以及特征向量中心性等）和网络子群分析（凝聚子群、社团探测、块模型分析），以及核心—边缘、层级结构等网络结构及其空间演化特征。在区域经济网络的构建方面，既有文献主要按照以下两种思路展开研究：

一是采用模拟网络联系的方法进行区域经济网络构建。有学者采用空间关联方法构建区域经济网络，如盛彦文等（2020）基于城市创新综合质量，采用修正的引力模型，构建了城市群创新联系网络，从节点中心性、结构洞和限制度等方面进行创新联系网络特征分析。还有学者采用连锁网络（Interlocking Network）模型进行城市尺度上的区域经济网络构建，Taylor 等（2008）将研究全球城市间关系的连锁网络模型，运用到衡量多中心城市区域内外城市之间的关系中，基于先进的生产性服务公司数据，构造了区域城市网络并对城市区域内、全国、欧洲和全球不同尺度的城市连通性进行测度；Derudder 和 Taylor（2016）采用连锁网络模型，同样基于先进的生产者服务公司数据，对 2000~2012 年世界城市网络中各个城市和地区的发展轨迹进行了大尺度的分析。以上研究均是对现实区域关系的一种近似模拟方法。其中，引力模型主要依据空间相互作用理论，是一种对区域空间关系的预测模型，在流要素数据不易获取时发挥过重要作用。随着研究的进一步深入，有学者发现引力模型与实测数据存在一定差异，逐渐开始对引力模型的距离衰减系数进行修正改进，引力模型的适用性遇到了一定的挑战（王垚等，2017）。连锁网络模型过于强调高级服务中的连接模式，但无法捕捉到存在于主要全球参与者之外的无数广泛联系（Lüthi et al.，2018），在一定程度上忽视了完整性；同时仅限于企业或机构个数和得分统计，本质是将城市作为"等级"的积累，是一种假设企业与城市联系的预测方法，并非代表真实的网络联系，与实际情况存在一定差异（杨永春等，2011）。

二是采用真实的要素流动数据进行区域经济网络构建。数字信息科技发展进一步降低了网络型数据获取的难度，使得区域经济网络的实证研究转向了应用真实的要素流动进行网络构建，进而刻画网络结构特征和演化趋势。有学者从企业流视角进行了网络构建，赵渺希等（2015）采用企业总部与分支机构的位置信息，建立了城市间企业流的数据，应用网络分析方法研究了城市群多中心网络的拓扑结构和演化特征，这种构建网络方式避免了分支机构之间关系的测度难题，同时更加符合企业流的内涵。还有学者从交通流视角构建交通网络，王姣娥等（2019）采用汽车、火车和航空的多元交通流数据，构建了交通网络并分析其空间格局和网络层级结构及社区结构，这种采用多元交通流的集成表达避免了单一交通方式的局限性，综合考虑了汽车、火车和航空等不同交通方式的尺度敏感性和重叠互补性。近年来，基于知识流、技术流的区域经济网络研究是比较常见的网络构建思路，论文与专利合作是知识流最常用的测度指标，邓慧慧等（2022）基于企业级别的数字技术合作专利数据，构建了中国数字技术城市网络，分析了数字技术城市网络的整体特征以及节点中心性、圈层和社群结构；戴靓等（2022）基于论文合作发表数据和国家知识产权局的专利联合申请数据，分别建立了城市之间的论文和专利合作联系，将其标准化并加权整合，构建了中国城市知识创新网络，分析了网络结构的演化特征。要素流动数据的优势在于反映了区域之间实际的要素相互作用，从基础数据上回避了传统数据存在明显等级规模的事实缺点，也避免了模拟联系方法构建网络存在空间邻近的不足。需要注意的是，要素流动数据存在尺度依赖性，即相同的要素流动数据在不同尺度下的区域经济网络结构特征存在明显的差异；不同要素流动数据的获取方式和样本选择偏差，可能会使得研究结论存在不同；单一要素和多种类型融合的要素流动数据的研究结果也存在一定的差异性。这种由基础数据导致的网络构建问题，需要进一步深入探讨，当前基于多种类型流动要素的融合构建方式是一种研究趋势。

从区域经济网络的显性关系（实体联系）来看，现有研究重点关注了区域之间的交通网络，交通网络构建在交通基础设施之上，承载着人流和物流等要素流动，具有直观性和具体性，符合现实中区域之间要素流动的实际情况。由于交通网络在一定程度上反映了区域经济网络的实体联系，长期以来受到区域经济学者广泛关注，社会网络分析、复杂网络分析和 GIS 空间分析是主流的研究方法，相关学者主要从铁路、公路、航空等不同交通运输方式角度展开讨论，普遍认为公路交通网络在近距离的省际尺度上具有分析优势，铁路（特别是高速铁路）网络更适合在近距离或近距离与远距离之间的区域尺度上分析，航空交通网络则适用于相对较远距离的全国尺度（王姣娥等，2019）。

公路交通网络构成了近距离城际出行、人员交往和商品交换的常见基础设施网络，在促进本地与区外的要素流动中发挥基础作用。王海江等（2023）基于网络爬虫获取的公路客流大数据，构建了县级以上城市尺度的公路交通网络，采用社会网络分析方法划分了不同空间尺度的社团探测分区，并探讨了公路交通网络的层级体系和结构特征。作为重要的交通基础设施之一，铁路网络，特别是高速铁路网的建设具有时空压缩效应，能够降低区际交易成本和提高空间可达性，在促进城际要素集聚和扩散、货物传输和交流合作以及经济增长方面发挥着重要作用，为区域经济网络化空间格局的形成注入发展活力。He 等（2023）采用城市之间的高铁频次数据，分析了京津冀、长三角和珠三角城市群高铁网络的空间结构和社团演化特征及其区域差异。航空运输作为远距离跨区域的代表性交通运输方式，极大地缩短了交通时空距离，直接推动了区域经济空间格局网络化发展，对大区域和国家尺度上的区域经济网络刻画具有直观性、准确性和分析优势。Du 等（2016）采用中国民用航空局提供的 2015 年预定的所有中国国内航班，通过构建无向网络分析了中国航空交通网络的层级结构，应用社会网络分析的 K 核分解方法将中国航空网络划分为核心层（省会城市机场）、桥梁层（二、三线城市机场）和外围层（偏远地区机场）。

近年来，中国经济飞速发展和基础设施建设稳步推进，高速公路、铁路、航空、物流配送网络等基础设施逐步完善，使得中国具有世界上最庞大的交通网络。随着交通大数据获取的便利和研究内容的深入，综合各类交通方式的区域经济网络分析逐渐增多。有学者尝试将多种类型的交通流纳入区域经济网络分析，常见的方式是对公路、铁路和航空等交通方式进行整合和比较分析，如牛彩澄等（2022）以长江经济带 126 个城市为研究区，基于公路、铁路和航空三类交通班次数据，分析了多元客流网络的空间分异、节点强度和等级层次，并探讨了三类交通网络的竞合关系。杨浩然等（2022）基于航空和高铁时刻表数据，分别对航空网络和高铁网络进行归一化处理，构建了中国高铁—航空叠合城市网络并探讨其网络演化特征。

从区域经济网络的隐性关系（虚拟联系）来看，现有研究重点关注了区域之间的企业联系、知识技术合作、信息联系等无形的区域经济关系。区域经济隐性关系通常是以抽象方式存在的，建立在不可直接观测的基础之上，需要经过数据处理与转换，从侧面反映区域经济体之间的要素流动。知识经济时代的区域经济增长模式逐渐由要素驱动转向创新驱动，区域之间在各领域的分工与合作越来越强，促使企业、知识、技术和信息等要素的跨区域流动与重新配置，加速重构了区域经济空间格局，促使区域经济网络化发展。学者们的关注重点逐渐从以交通基础设施为主体的区际实体联系，转向以知识技术信息为核心的区际虚拟联系。

　　企业是常见的微观经济行为主体，是产业、区域和全球价值链的核心单元，在中国经济总量构成中占有重要地位。企业联系承载着资金、技术和信息流动，有利于推动要素空间配置，能够充分且直观地反映区域之间的经济关系。既有文献中的企业网络主要从企业总部与分支机构信息、并购重组以及投资行为等来构建，刻画了企业网络的结构特征和空间演化特征。Shi 等（2022）基于 Zephyr 数据库利用企业并购重组（Mergers and Acquisitions）而进行的所有权转让交易数据，作为流量指标来表征城际资本流动，构建中国城市间资本流动网络，揭示了网络资本的不均衡地理分布及区域差异；安顿等（2022）采用上市公司在城市之间的投资事件次数数据构建了企业网络，分析了企业网络的层级体系、节点中心性和空间组织结构特征。

　　知识技术要素流动是创新活动的基本形式，创新活动的高级阶段表现为创新网络，区域创新网络本质上是由企业、高等学校、科研机构等创新主体之间的正式或非正式关系而建构的网络型组织模式。现有研究主要从知识流动、技术合作等方面构建创新网络，探讨了创新网络的结构特征和空间格局。Pan 等（2020）基于省际专利合作数据，运用图论和空间统计分析方法，刻画了中国区域之间创新合作网络的层级结构、小世界特征和核心边缘结构及节点中心性的空间分布格局；Dai 等（2022）利用多时段的联合论文发表数据，构建了中国城际科学协作网络，采用社会网络分析方法，探讨了中国城际知识网络的演化结构和空间格局。

　　在信息化和全球化背景下，以信息交换为代表的虚拟链接促进了要素区际流动和区域经济网络的形成，信息技术进步和经济社会发展使得区域之间的联系方式发生变革，信息要素跨区域自由流动形成了虚拟流网络，反映了信息流动的无边界特征，使得经济行为主体在经济社会交往中能够避免空间邻近性和地域边界的限制。随着网络大数据的兴起，信息相关数据来源和获取手段愈加丰富，成为当前的研究热点领域。安顿等（2022）基于信息降噪处理后的百度指数数据，构建了多值有向的信息网络，分析了信息流网络的层级体系和空间组织结构及演化特征。

　　总体而言，由于区域经济网络是复杂开放的动态系统，各类要素在区域之间能够交流和互动。现有研究多采用单一类型的流动要素测度区域经济网络，而且由于测度指标的代表性和数据体量的限制以及可获得时段（年限）的不确定性，所得结论在一定程度上具有局限性，限制了研究广度和深度，需要后续研究进一步完善和讨论。既有文献对区域之间隐性关系（虚拟联系）和显性关系（实体联系）而形成的区域经济网络多维属性关注不足，未能对区域经济网络的整体演化特征、空间演化特征和社团演化特征进行深入探讨。因此，为了避免单一要素带来的片面性，采用多种类型流动要素的组合具有一定的分析优势，基于多元要素流的区域经济网络描述测度成为主要发展方向。

二、区域经济网络的演化机制

对于区域经济网络的描述和测度，相关文献主要从区域经济网络的整体网络结构、节点中心性以及社团结构的演化特征等层面展开研究，以上网络演化特征是区域经济网络发展过程中的现象描述，这种现象表征背后的演化机制更加值得重点关注，涉及多维邻近性、内生的网络结构和外生的节点属性特征等影响因素和演化机制。

第一，从研究内容来看，相关文献主要从区域经济网络的各种组成类型展开一系列研究，如交通基础设施网络、创新网络（知识网络、技术网络）等。

交通基础设施是区域经济网络形成的物质基础，新经济地理学认为完善交通基础设施条件，可以降低运输成本，促进要素自由流动，进而影响区域经济的集聚与分散格局，从而促进区域经济结构演化。已有文献表明，交通网络对空间距离具有敏感性，空间距离影响经济行为主体的出行方式选择，不同类型交通方式的空间组织模式具有异质性，地理距离是交通网络的重要影响因素（王姣娥等，2019；牛彩澄等，2022）。经济发展与交通网络存在一定互动关系，区域经济状况决定区域之间能否建立更多的交通需求联系，经济发展水平对交通网络具有一定影响（牛彩澄等，2022；王方方和李香桃，2020）。区域收入差距会影响经济行为主体的工作选择、商务和日常出行意愿等，收入影响劳动力流动，交通成本是跨区域流动需要考虑的因素，需求推动了交通网络发展（王方方和李香桃，2020）。语言文化的相似性影响着人口流动和跨区域的交往互动，具有相似发展背景和方言的文化共性会对交通联系产生影响，文化认同感可能在交通网络形成过程中发挥潜在作用（Zhang et al.，2019；牛彩澄等，2022）。在区域规划和城市群建设背景下，通过顶层设计和规划，经济圈和经济合作示范区等逐渐兴起，在区域组织内部中央政府集中投入资源和政策，促进集聚外部性的发挥，投资交通基础设施建设，打破行政藩篱，促进区域组织内部的要素自由流动，区域组织（城市群或都市圈）建设可以促进区际交流，发挥重要的制度规划作用；在市场化和分权化背景下，区域行政等级在很大程度上决定了自身的政治和经济实力以及在区域组织中的权力地位，高等级区域具有更大的财政和行政分配主导权力，享受中央和省政府的优惠政策，更加容易优化资源空间配置并吸引要素集聚，行政等级会影响交通网络的形成和发展；自然地理特征（第一自然），如地形、地表起伏度和海拔等，会对交通基础设施建设产生影响，地形特征与区域之间的交通可达性有关（Zhang et al.，2019）。

企业网络是区域经济网络的重要组成部分，企业组织关系研究是区域经济网络研究的热点方向。在新发展格局和双循环背景下，生产价值链的空间配置以企业为基本单元，企业的区位选择形成了不同的生产格局。企业是区域之间联系的微观节点，企业联系反映在区域上则表征了区域经济网络，进而基于企业视角的区域经济网络演化机制研究引起学者的广泛关注。盛科荣等（2019a）基于企业网络的生长发育视角，从企业微观区位选择到企业网络与城市关系互动再到城市网络三条路径，提出了择优选择、偏好依附和网络邻近三种机制：关键资源的空间配置不均衡，导致企业趋向资源、市场和空间优势地区，基于低成本和高产出的追求，企业形成择优选择机制；企业选择区位后，集聚效应发挥作用，吸引相同企业向本地集聚，形成循环积累的偏好依附机制；企业区位选择受到交易成本约束，交通和通信技术进步具有时空压缩效应，形成了网络邻近机制。黄晓东等（2021）认为创新企业网络受到城市属性推力和拉力的影响，企业的区位选择与企业所在城市的行政等级和发展水平有关，由于政府主导资源配置，而且发展水平综合体现了创新实力和能力，均会影响企业网络；创新环境为创新活动提供有力支撑和合作平台，对企业区位选择具有重要影响；创新企业网络还受到城市之间的关系作用，地理邻近节省了交通成本，提高了市场和资源的利用效率，有利于知识交流学习；技术邻近表现为技术能力和基础相似的城市之间便于合作协同创新；制度邻近降低了交流成本，促进企业交流和企业网络的形成。

随着经济全球化和信息技术进步，经济发展模式逐渐由要素驱动转向创新驱动，以知识和技术为主的创新要素成为区域经济增长的核心动力，知识和技术等创新要素的跨区域流动，使得创新主体的合作和协作方式由集聚或集群向网络化的组织形式转变，在区域尺度上表现为区域创新网络。既有文献在探讨创新网络的演化机制时，多采用邻近性视角展开分析，多维邻近性在分析区域创新扩散、知识流动和跨区域知识溢出过程中表现出强劲的优势，被大多数学者作为区域创新网络的影响机制的概念和实证的分析框架。"邻近性"概念最早由法国邻近动力学派提出，邻近性不是事先给定而是在经济社会发展过程中构建的。邻近性的构建有必要通过整合"路径依赖"效应并追溯其历史过程，强调过程动态的重要性，关注社会互动和网络关系，核心是经济行为主体在经济社会和地理空间中的协调过程，在信任关系和制度文化维度发挥重要作用（Torre and Gallaud，2022）。多维邻近性的概念应用于创新领域之后，邻近思维方式被广泛接受并在经济地理学研究领域流行起来，作为一个概念框架和实证研究设计，多维邻近性得益于 Boschma（2005）、Broekel 和 Boschma（2012）以及 Balland 等（2015）对邻近性概念的拓展、实证分析和归纳总结，将多维邻近性扩展为地理邻近、制度邻近、认知邻近、社会邻近和组织邻近。随着研究的深入，还有学者在此基础上拓展了经济邻近、文化邻近等方面，大量实证分析证实了多维邻近性在区域创新网络演化过程中的重要作用，日益受到学者们广泛关注（戴靓等，2022；Balland，2012）。

创新网络及其结构的形成与演化受到多维邻近性的影响。地理邻近性成为学者们首先考虑的因素，共享位置能够带来许多经济优势，可以促进知识流动和创新，但地理邻近性本身并不是互动学习与创新的充要条件，很可能是通过加强其他维度的邻近性而促进了互动学习。邻近性是动态且非单调的，由于区位锁定或路径依赖问题，过度的地理邻近也可能对创新产生负面影响，产生邻近效应悖论（Broekel and Boschma，2012）。因此，不能单独评估地理邻近性的重要性，在许多情况下，其他形式的邻近性可能更为重要，需要结合其他维度进行检验，如认知、社会、制度和组织邻近等多维邻近性的综合作用受到研究者的青睐。认知邻近性是指行为主体共享相同知识库的程度；社会邻近度通常与行为主体之间的关系有关（如合作关系）；制度邻近性是指行为主体同属一组规范和激励框架（如同属一个国家）；组织邻近性指的是同一组织实体的成员身份（如公司总部下的分支机构）（Balland et al.，2012）。

第二，从研究方法来看，现有研究主要从关系数据的类型、网络类型与规模、静态还是动态以及主要解释变量等方面综合考虑，选择常规计量模型、二次指派程序、指数随机图模型以及随机参与者导向模型等方法（Broekel et al.，2014），分别从以下两个方面开展研究：

一是围绕区域经济网络中的节点展开，在区域经济网络演化特征分析基础上，采用普通线性回归或负二项回归分析方法（黄晓东等，2021；Orozco Pereira and Derudder，2010；段德忠等，2018），探讨区域经济网络演化的影响因素（覃成林和黄龙杰，2020；唐锦玥等，2020）。Orozco Pereira 和 Derudder（2010）依据 Sassen 的世界城市理论与 GaWC 世界城市网络研究小组的实证研究，对 2000 年和 2004 年世界各地 220 个城市的总连通率进行计算，采用线性回归模型，将连通性变化作为多元回归模型中的因变量，分析了世界城市网络连通性变化的决定因素。段德忠等（2018）采用专利转让数据，运用负二项回归模型，系统测度了中国创新网络的生长机制，研究发现专利申请数量促进了技术交易，具有合作共赢特征；同时发现空间距离限制了技术交易，具有地理邻近效应；经济发展水平越相似，越有利于创新网络生长；产业结构对创新网络生长具有促进作用，但这种作用随着时间的推移呈现波动下降态势。唐锦玥等（2020）关注了城际人口的日常移动，采用微博签到大数据，分析了长三角地区城市网络格局及影响机制，城际日常移动受到物理距离和成本距离的影响，同时还受到制度壁垒和文化差异影响，经济规模、行政等级和教育水平差异促进了人口移动。黄晓东等（2021）基于创新企业的关联数据，依据知识流动在总部与分支机构之间的空间分布信息，构建了有向多值的城市网络联系，研究发现行政等级和发展水平越高，越有利于创新资源整合，对创新企业网络具有双向影响；而创新平台则对创新企业具有吸引汇入的正向作用。

二是从整体网络角度出发，采用二次指派程序（种照辉和覃成林，2017）、随机行动者模型（盛科荣等，2019b）和指数随机图模型（Chong and Pan，2020）等网络统计模型，分析了区域经济网络的演化机制，如企业网络和创新网络等演化机制（戴靓等，2022；盛科荣等，2019b），并基于内生的网络结构与外生的城市特征，探索宏观网络与本地形成过程之间的联系，识别区域经济网络形成的动力机制（Liu et al.，2015a）。Liu 等（2015b）采用城际企业网络数据集中高级生产性服务公司的数据，应用指数随机图模型，探讨了企业网络的形成机制，研究了内生的优惠链接、"滚雪球"和网络闭合效应以及人口和经济因素的外生效应对企业网络演化的影响。种照辉和覃成林（2017）基于国家尺度的贸易数据，构建了共建"一带一路"国家和地区之间的贸易网络，采用二次指派程序方法，分析了贸易网络的影响因素，研究发现国家间的地理距离不利于贸易关系的形成，具有地理邻近效应；文化差异越小，越便于建立贸易关系；双边贸易协定和贸易结构有助于形成贸易关系，制度差异限制了国家间开展贸易。盛科荣等（2019b）采用上市公司总部与分支机构数据，构建了中国城市企业联系网络，应用二次指派程序和随机行动者模型，探讨了中国城市网络的演化机制，研究发现政治权力和经济规模越大，知识资本越密集，则城市网络联系越强，偏好依附机制影响着网络度中心性的演化，互惠链接和传递性等网络闭合机制影响着网络链接的演化。Chong 和 Pan（2020）描述了全球价值链中的城市网络并对城市网络的形成进行定量分析，利用指数随机图模型进一步探索影响城市网络形成的因素，发现粤港澳大湾区城市网络具有显著的"路径依赖"特征，现有城市网络、经济增长水平、创新环境和国际声誉是影响城市网络形成的主要因素。桂钦昌等（2022）采用国家（地区）之间的论文发表数据，应用随机行动者模型，分析了全球科学合作网络的影响机理，研究发现传递性、择优链接是知识合作网络演化的内生驱动因素，原因在于网络结构中的三方闭环和节点度值越高，越容易形成信任关系并优先选择建立合作关系，地理和认知邻近性以及国家规模均对知识合作网络演化具有正向积极影响。

综上所述，以往研究多采用单一网络探讨区域经济网络演化机制，相对忽视了区域经济网络的多维性质，未能很好地揭示区域经济网络的多维邻近性机制。

三、区域经济网络的经济增长效应

区域经济网络的经济增长效应是指区域经济网络通过本地和跨区域知识溢出、集聚和网络外部性以及资源配置效率等机制，对经济增长产生的影响，这种增长效应具有正向的促进作用，同时也可能存在负向的抑制作用（Camagni et al.，2016；Thissen et al.，2016；姚常成和宋冬林，2019；种照辉等，2018）。国内外学者主要从以下几个方面丰富了区域经济网络影响经济增长的研究内容：

一是从借用规模（Meijers et al.，2016）、集聚和网络外部性（Burger and Meijers，2016）以及空间溢出效应（种照辉等，2018）等不同视角出发，对区域经济网络的增长效应进行研究。Meijers 等（2016）从城市网络的功能性视角出发，探讨了城市网络经济的发展是否导致了借用规模的过程以及城市网络中集聚阴影的兴起，分析了大都市功能区在西欧城市的扩展，发现网络连通性积极地增强了大都市功能区的存在，但是对于大多数类型的功能，本地规模仍然是最重要的决定性因素，规模和网络链接的重要性因大都市功能区和城市而异。Burger 和 Meijers（2016）介绍了城市网络外部性并将其定义为外部经济，企业和家庭可以通过位于与其他集聚区相连的网络中的集聚区而从中受益，提出了关注网络的多重性和异质性及其影响，城市群和网络之间的相互关系及其动态，以及城市网络外部性的政策含义。种照辉等（2018）采用企业机构网点和总部数据、社交网络服务数据和天猫的商品交易数据，分别构建了企业组织网络、人口移动网络和电子商务网络，应用社会网络分析方法以及空间计量模型，重点研究了城市群网络对经济增长的空间溢出效应，研究发现在人口移动网络下的资本和政府行为具有负向网络溢出效应；在企业组织网络下的人口规模和对外开放具有正向网络溢出效应；在电子商务网络下的政府行为存在负向网络溢出效应，对外开放存在正向网络溢出效应。姚常成和宋冬林（2019）采用城际合作项目数与城市高级功能数据来表征城市网络外部性测度指标，采用系统 GMM 估计等方法，分析了借用规模和网络外部性对城市群集聚经济的影响，研究发现单中心城市群更容易产生集聚阴影，多中心城市群表现出借用规模、城市群内部借用规模和网络外部性，能够扩大集聚经济的范围。曹贤忠等（2016）总结归纳了网络和知识等要素对区域经济增长的影响，介绍了网络资本的概念并将其与社会资本作比较，梳理了区域经济增长理论的演化，并回顾了不同学者将网络资本纳入区域经济增长模型所做出的尝试，为国内网络资本对区域经济增长影响的相关研究提供了新的视角。

二是将区域经济网络作为生产要素纳入区域经济增长模型或内生增长模型（桑曼乘，2015；Huggins and Thompson，2014），采用面板线性回归模型和空间计量模型等方法（Huggins and Thompson，2017），探究了区域经济网络对经济增长的影响。网络资本是指组织（尤其是公司）与其他组织的关系和互动中有意和有计划的投资（Huggins and Johnston，2010），网络资本的本质是一种关系资产，源于战略性组织间网络，专门用于促进知识流动、创新和为组织积累经济优势（Huggins and Thompson，2014）。Huggins 和 Thompson（2014）认为区域增长在一定程度上是区域内和区域间组织间知识流动创造的价值的函数，组织为获取知识而对计算网络的投资是一种资本形式，称为网络资本，应纳入区域增长模型。他们开发了一个将网络资本纳入区域经济增长模型中的分析框架，根据空间配置和通过网络流动的知识的性质，在这些模型中捕捉网络资本的价值。Huggins 和 Thompson（2017）利用面板数据回归方法，对英国各地区的经济增长进行了实证分析。根据网络资本的概念，发现区域内和区域间的网络资本存量和知识流动存在显著差异，这与区域经济增长率显著相关。他们分析发现，区域间和区域内的网络都塑造了区域增长进程，突出了嵌入的局部联系的作用和获取地理上更远的知识的重要性，进一步证实了内生增长理论最有趣的含义之一，即经济增长与区域空间组织对知识流动的影响有关；同时，发现网络资本（知识流量）和集聚投入要素（劳动力和物质资本）对区域增长的贡献不同，反映出网络经济和集聚经济效应并存。Shi 等（2022）采用企业并购作为流量指标来构建中国城市之间的资本流动网络，基于包含人力资本和知识重要作用的内生增长理论，构建了城市增长计量模型，对研究网络资本在城市发展中的作用进行估计，研究发现外向资本流和枢纽位置的网络资本对城市经济增长具有促进作用，结果表明网络资本和本地集聚因素在经济增长过程中是相互作用的，说明网络集聚经济正在形成。

三是基于人口流动、企业联系、交通联系和知识互动等要素流动构成的区域经济网络，主要采用网络联系纳入空间计量模型等方法，重点考察了不同类型区域经济网络对经济增长的影响（覃成林和桑曼乘，2015；张伟丽等，2019）。覃成林和桑曼乘（2015）采用高级生产性服务企业数据，根据连锁网络模型建立了城市网络，基于空间计量模型实证检验城市网络对经济增长的影响，研究发现城市网络连通性的提升能够促进经济增长，表明在经济增长过程中需要在传统投入要素基础上发挥城市网络的重要作用。张伟丽等（2019）基于腾讯位置大数据表征的人口流动数据，采用社会网络分析方法，考察了人口流动网络结构特征，依据 Lewis 模型构建了空间计量模型，估计了人口流动、地理邻近和地理距离等不同空间权重下经济增长的空间溢出效应，研究发现基于人口流动网络的空间溢出效应已成为解释经济增长的重要因素。Huang 等（2020）从外部性理论的角度分析了城市网络外部性对城市增长的影响，并将其与集聚经济的影响进行了比较。以中国 273 个市辖区的列车运行频率数据为基础，采用复杂网络方法对全国城市网络进行识别，并根据空间杜宾模型的范式构建了一个城市增长模型，以检验城市网络外部性对经济增长的影响，并将其与集聚经济的影响进行比较，认为城市网络外部性对促进城市经济发展有显著作用，根据城市在网络中的中心地位，具有较高的内向中心性的城市往往享有较高的经济增长；与集聚经济相比，城市网络外部性不依赖于城市的地理邻近性，而是依赖于网络中的联系，能够产生跨空间的溢出效应。安顿等（2022）采用百度指数、上市公司跨城投资和百度迁徙数据，构建了信息网络、企业网络和人口网络并将其作为空间权重，以及基于地理距离和行政隶属实体关系的空间权重，纳入空间计量模型，测度网络和关系视角下的经济增长溢出效应，研究发现网络外部性能够影响经济增长。

当前相关研究对区域经济网络对经济增长影响的非线性关系关注不够，针对区域经济网络对经济增长影响的区域异质性考察不足，区域经济网络对经济增长影响的作用路径及传导机制研究需要在理论分析和实证检验过程中进一步拓展。

四、研究述评

综合上述文献可知，学术界对区域经济网络特征、影响因素和演化机制以及区域经济网络的经济增长效应开展了大量的实证研究，取得了丰富成果。但在研究视角、研究内容、理论构建以及实证研究等方面还有待深入拓展，开展区域经济网络演化及经济增长效应研究具有显著的创新潜力和探索空间。

在研究视角上，目前对于区域经济网络多以单一维度展开讨论，对区域经济网络的多维属性关注不足。由区域经济网络内涵和特征可知，区域经济网络是多种要素流组成的网络化空间组织，其内部由于要素流动而产生了多种网络关系，无论是交通基础设施等构成的"显性"网络，还是知识合作网络、企业关联网络等构成的"隐性"网络，均不能全面地反映区域经济网络，单一要素的测度方法存在一定的局限性。现有研究对区域经济网络的多维度属性有所忽视，对区域经济网络的整体演化特征及机制分析，未能从多维度视角出发，探讨不同类型的网络特征差异；多探讨区域经济网络演化的影响因素，缺乏从多维邻近性视角出发，测度分析区域经济网络的不同组成部分之间演化机制的差异，对区域经济网络演化的路径与作用机制的深入探究。

在研究内容上，多数研究集中探讨了区域经济网络对经济增长的线性影响关系，讨论了人口流动网络、交通网络、企业组织网络等不同类型的区域经济网络的经济增长效应，关注网络要素对经济增长的正向溢出效应、负向溢出效应等。鲜有研究从非线性角度揭示区域经济网络对经济增长的影响，尚未回答在什么条件下区域经济网络会促进或抑制经济增长、经济系统内部要素之间的调节效应如何、是否存在特定因素的门槛效应特征等问题，本书认为有必要对以上问题开展进一步研究。

在理论构建上，现有文献未能将区域经济网络和经济增长纳入同一理论模型，缺少在理论模型基础上探讨知识溢出和环境污染对经济增长的影响。区域经济增长与区域经济网络研究结合得不够紧密，相对忽视了区域经济的网络外部性在区域经济网络影响经济增长研究中的重要作用，当前尚未建立起区域经济网络对经济增长影响的理论分析框架，未能很好地将区域经济网络要素纳入模型并将其内生化。由于现实中区域间的空间距离是固定的，知识溢出不再与距离相关，现有模型将知识溢出效应当作外生的常数看待则不尽合理。

在实证研究中，当前研究缺乏区域经济网络对经济增长的影响及传导机制的深入分析，对区域经济增长影响的异质性讨论不够。区域经济网络对经济增长影响的作用机制分析不足，未能对理论模型所得到的结论进行合理延伸，探究模型暗含的机制路径并进行详细的传导机制检验，但经济系统内部各要素之间的关系可能是相互影响的，只有对其进行深入和细致的分析，才能揭示其内在机理。现有文献多集中在较大的空间尺度上，早期研究将全国划分为三大经济地带，但由于区域经济发展的阶段和特征不同，经济地带内的实际情况尚存在较大差异，以上划分不符合中国社会经济发展状况，需要细化异质性分析的尺度和视角，亟待考虑不同规模等级、不同区位条件、不同污染水平等方面的异质性特征。现有研究实证分析的深度不足，所得结论不够全面，在区域经济网络驱动经济增长的实现路径和对策建议方面还有待完善。

第三章　区域经济网络对经济
增长影响的理论分析

本章构建理论模型的目的是在新经济地理学的理论框架内，借鉴内生增长理论、集聚外部性和网络外部性理论，纳入区域经济网络参数，分析区域经济网络演化与经济增长之间的关系，从理论方面揭示区域经济网络演化如何影响经济增长。区域经济网络反映了区域经济体之间的交通、企业、知识、技术和信息等要素流动而形成的网络关系，本书依据区域经济网络的不同组成和表现将其划分为主导知识技术信息要素流动的隐性网络（虚拟联系）和主导商品货物要素流动的显性网络（实体联系）。

现有研究表明，区域经济增长与区域空间组织对知识流动的影响有关（Huggins and Thompson，2014）。已有的局部溢出模型，无法解释现实世界空间距离在一定的条件下跨区域的知识溢出是如何变化的，实际上知识溢出除了同空间距离有关外，更多的是与区域之间的网络联系相关。由于在空间距离一定的情况下，知识溢出变化不囿于空间距离，更受到网络关系的影响，因此，本书认为知识溢出效应在区域之间的联系网络中起作用（Hayter，2013；Zacchia，2020）。区域经济网络由节点和链接组成，具有结构特征和成对接触链条，区域经济网络中的关键节点可以有效提高知识溢出和从网络中获得收益（程玉鸿和苏小敏，2021），网络中关键节点或关键参与者所在位置（Henderson，2007）决定了节点的权力、地位和影响力，进而产生本地知识溢出，而网络中链接则形成了跨区域知识溢出的作用通道（周宏浩和谷国锋，2022）。

本书认为知识溢出与区域经济体所嵌入网络中的结构位置密切相关，区域经济网络中节点的权力、地位和影响力越高，节点嵌入网络后越具有发展优势。企业之间联系越紧密，知识技术和信息的交流越频繁，相对来说越容易从区域外获得知识技术；区域知识溢出网络的节点中心性越高，本地知识溢出效应越大，而区域经济网络联系强度越高,本地区从外部区域获取的收益越大,即跨区域知识溢出效应越大。因此,不同于 GS 模型和 LS 模型对于知识溢出的假设,在本书的框架下,假设知识溢出依赖于区域经济网络中的知识溢出网络,将知识溢出划分为本地溢出和跨区域溢出,区域知识溢出网络中节点的权力、地位与影响力决定了本地知识溢出的大小,而跨区域知识溢出依赖于区域知识溢出网络中经济主体之间的网络关系,表现为区域知识溢出网络中的节点通过网络联系而产生的跨界影响。因此,本书通过引入区域知识溢出网络联系变量,将知识要素流动和知识溢出纳入一个统一的框架内进行分析,将区域知识溢出网络中心性和区域知识溢出网络联系作为本地和跨区域知识溢出的指标。

区域经济学中的交易成本主要涉及自然成本和制度成本两个方面,自然成本为由自然条件反映出的空间距离而产生的运输成本,制度成本则表示区域之间在商品、资本以及人员流动方面的限制;根据新经济地理学的观点,经济活动区位分布与区域之间的交易成本紧密相关,而交通运输成本又是区域之间贸易成本中最主要的成分,贸易自由度与交易成本成反比,贸易自由度的大小可以反映区域之间要素流动所受到的限制(安虎森,2008)。因此,在区域经济网络化发展背景下,本书认为贸易自由度应该与区域之间交通联系网络、货物运输网络有关(陈晓佳等,2021),区域之间交通越便利,物流越畅通,区域之间的通行成本越低,进而缩减空间距离所产生的分割,促使交易成本降低,促进市场一体化,增强市场可达性,提升贸易自由度。

本书借鉴局部溢出模型、集聚和网络外部性理论,考虑了区域经济网络对知识溢出和交易成本的影响,对本地知识溢出、跨区域知识溢出、贸易自由度与区域经济网络联系之间的关系进行合理假设,以在新经济地理学的框架下将区域经济网络纳入模型,探讨区域经济网络演化与经济增长的关系。一方面,知识溢出在现有模型中只体现为资本创造成本的不断降低,而本书假设产品的生产效率也从知识积累中受益,随着知识的积累,产品的生产效率也是不断增大的。另一方面,集聚带来的环境污染不仅会增加企业生产的环境污染治理成本,还会挤占知识生产所需资源,对企业生产率和知识创造效率造成负面影响。因此,集聚外部性带来的环境污染也应该在资本创造成本和产品生产效率两方面体现。此外,知识溢出和环境污染不仅会对本地区产生影响,而且会通过区域经济网络联系和污染扩散效应产生跨区域影响。

总之,本书旨在在新经济地理学框架下的内生增长模型基础上,借鉴内生增长理论的"干中学"思想,将内生经济增长理论融入新经济地理学模型,以知识溢出效应（技术跨期外部性和区域经济网络外部性）作为经济内生增长机制，同时考虑知识溢出和环境污染溢出的跨界影响，在考虑知识溢出和环境污染溢出对企业可变成本和资本创造成本的影响的情况下，探讨区域经济网络对经济增长的影响。

第一节　模型假设

基于以上分析，本书以 LS 模型为基础，参考现有研究对知识溢出与经济增长关系的理论模型的基本假设（安虎森等，2009；Baldwin et al.，2003；何雄浪和叶连广，2022；Xu et al.，2022；曹骥赟，2007），在赋予贸易自由度和知识溢出更加丰富的内涵基础上，从技术进步角度对制造业部门和知识创造部门生产效率进行合理假设，提出了包含知识溢出和环境污染溢出的内生增长模型（An Endogenous Growth Model Containing Knowledge Spillover and Environmental Pollution，KSEPEG）。

本书考虑一个由两个地区（北部和南部地区）、三个部门（农业部门、制造业部门和资本创造部门）和两种要素（劳动力和资本）组成的经济系统（2×3×2 模型结构），KSEPEG 模型基本假设如下：

两个地区——北部地区和南部地区。假定两个地区拥有相同的偏好、禀赋、技术和交易水平。为了简化分析，文中集中讨论北部地区的情况，南部地区类似表达式则采用新经济地理学模型中常用的上角标"＊"来表示。

三个部门——农业部门 A、制造业部门 M 和资本创造部门 I。

第一，农业部门具有规模收益不变的特征和完全竞争的市场结构，两个地区生产同质产品，仅使用劳动力要素作为投入，其可变成本为每单位农产品所需 a_A 单位的劳动力、劳动力名义工资 w，因此，农产品生产成本为 wa_A，农产品交易不存在交易成本。

第二，制造业部门在 D-S 垄断竞争框架下，使用劳动力和资本生产多样化的产品，企业每生产一单位产品，需要固定投入（一单位资本）和可变投入（每单位制造业产品产出所需要 a_M 单位劳动力），企业生产的成本函数可以表示为：$\pi+wa_Mx$，其中 π 为资本收益率，x 为产品数量。制造业产品的区际交易存在冰山交易成本（若要满足运输到目的地 1 单位产品，则需要从出发地运出

τ（τ>1）单位产品，其中 τ-1 单位产品是在运输途中的损失量），区内交易不存在交易成本（Krugman，1991）。

第三，资本创造部门仅使用劳动力作为投入，生产一单位资本品需要 a_l 单位的劳动力 L_l，北部地区的资本创造成本为 $F=wa_l$，南部地区资本创造成本为 $F^*=wa_l^*$。资本品的产出分为私人知识和公共知识，私人知识可获得生产技术，转换并提供给企业进行产品生产，公共知识则可以通过区域之间的网络联系传播并被其他企业消化吸收。

两种要素——资本 K 和劳动力 L，用于农产品、制造业产品和资本品的生产。劳动力和资本要素在区域之间不流动。但需要说明的是，本模型引入了 LS 模型中每个地区均存在资本创造和资本折旧的假设，代替了 CP 模型中资本要素流动。两个地区资本折旧速度一致，但区域之间的资本创造速度存在差异，从而导致了两个地区的资本份额发生变化，这个过程近似表示了资本要素的区际流动，因此，本模型存在着广义上的资本流动。

在整个经济系统内，劳动力和资本的禀赋是给定的，分别记作 L^w 和 K^w。北部的劳动力禀赋用 L 表示，南部的劳动力禀赋用 L^* 表示；北部的资本禀赋用 K 表示，南部用 K^* 表示。在 D-S 框架下，假设每个企业只生产一种产品，每种产品需要一单位资本作为固定成本。整个经济系统生产的多样化产品种类数为 n^w，北部和南部的企业数或生产的多样化产品种类数分别为 n 和 n^*。由于资本只能够在资本所有者所在的区域被使用，资本使用与资本禀赋二者的空间分布是一致的，那么，同一个地区的企业个数、产品种类和使用资本数量是一致的，所以有 $n^w=K^w$，北部和南部的企业或资本份额分别用 s_n 和 s_n^* 表示，分别反映的是北部地区和南部地区的制造业部门的企业或知识创造部门的资本空间分布状态，这在宏观上体现了北部和南部地区的空间集聚水平，即经济活动在地理空间单元内的集聚程度。

KSEPEG 模型的基本假设与 CC 和 LS 模型具有相同点，包含知识溢出和环境污染的内生增长模型框架如图 3-1 所示。

一、消费者行为

依据 GS、LS 模型，假设消费者的跨期替代弹性为 1，代表性消费者的跨时期效用函数为：

$$U=C_M^\mu C_A^{1-\mu}, \quad C_M=\left(\int_{i=0}^{n^w} c_i^{(\sigma-1)/\sigma}\mathrm{d}i\right)^{\sigma/(\sigma-1)}, \quad 0<\mu<1<\sigma \tag{3-1}$$

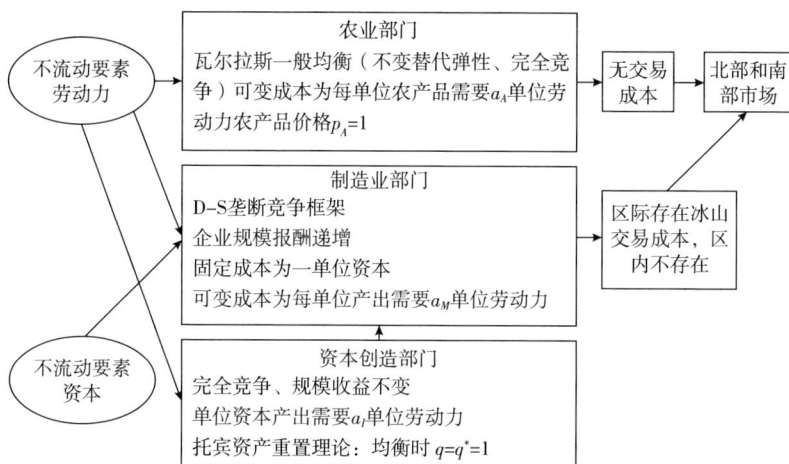

图 3-1 包含知识溢出和环境污染的内生增长模型框架

$$U = \int_{i=0}^{\infty} e^{-t\rho} \ln C \mathrm{d}t, \quad C = C_A^{1-\mu} C_M^{\mu}, \quad C_M = \left(\int_{i=0}^{n^*} c_i^{(\sigma-1)/\sigma} \mathrm{d}i \right)^{\sigma/(\sigma-1)} \tag{3-2}$$

式（3-2）中，ρ 为消费者的效用折现率，字母代表的含义与 GS、LS 模型中保持一致。价格指数如式（3-3）所示：

$$P = P_A^{1-\mu} P_M^{\mu}, \quad P_M = \left(\int_{i=0}^{n^w} p_i^{1-\sigma} \mathrm{d}i \right)^{1/(1-\sigma)} \tag{3-3}$$

式（3-3）中，价格指数 P 由农产品价格 P_A 和所有工业品价格的不变替代函数形式 P_M 共同组成，消费者的生活成本指数为价格指数的倒数。

二、生产者行为

（一）制造业部门

关于产品的生产效率 a_M 假设，企业集中生产活动而产生的环境污染及其空间溢出、企业之间知识技术信息交流互动引发的知识溢出，会使得企业的可变投入发生改变，集聚外部性和网络外部性对企业生产效率不仅存在积极的正向外部影响，即产业集聚可以产生知识溢出效应，同时也存在消极的负面外部影响，即产业集聚可以产生环境污染溢出效应。产业集聚产生的知识溢出与环境污染的外部效应也存在跨区域影响，即不仅对本地区企业有影响，也对区外企业有影响。因此，企业可变投入受到知识溢出和环境污染的双重影响，将知识溢出和环境污染引入成本函数，则北部地区和南部地区代表性企业的可变成本函数[①]可以表

① 当 $\overline{\lambda}/\lambda = \overline{\eta}/\eta$ 时，$a_M = a_M^* = 1/K^w(\lambda/\eta)$，$a_M$、$a_M^*$ 与 s_n 无关；当 $\overline{\lambda}/\lambda \neq \overline{\eta}/\eta$ 时，a_M、a_M^* 与 s_n 有关。

示为：

$$a_M = \left(\frac{\lambda K + \overline{\lambda} K^*}{\eta K + \overline{\eta} K^*} \right)^{\frac{1}{1-\sigma}} = \left[\frac{\lambda s_n + \overline{\lambda}(1-s_n)}{\eta s_n + \overline{\eta}(1-s_n)} \right]^{\frac{1}{1-\sigma}},$$

$$a_M^* = \left(\frac{\overline{\lambda} K + \lambda K^*}{\overline{\eta} K + \eta K^*} \right)^{\frac{1}{1-\sigma}} = \left[\frac{\overline{\lambda} s_n + \lambda(1-s_n)}{\overline{\eta} s_n + \eta(1-s_n)} \right]^{\frac{1}{1-\sigma}} \tag{3-4}$$

式（3-4）中，λ 为本地知识溢出效应系数，表示本地区企业集聚带来的知识溢出对可变投入的影响，体现了集聚外部性对本地区知识溢出的影响，本地知识溢出依赖于经济系统中本地区企业对知识技术和信息的集聚能力，本地区企业、知识、技术和信息的网络中心性越强，本地区集聚产生的知识溢出效应越大（Fritsch and Kauffeld-Monz，2010）；$\overline{\lambda}$ 为跨区域知识溢出效应系数，满足 $0 < \overline{\lambda} \leqslant \lambda$，跨区域的知识传播存在一定障碍，依赖于企业网络、知识网络、技术网络和信息网络的连通程度，企业联系越强、知识技术合作越紧密、信息传播速度越快，跨区域的知识溢出效应越大，也反映本地区对外地资源、知识技术和行业信息的吸收能力，进而对本地区可变投入产生影响，体现网络外部性对知识溢出的影响。η 为本地环境污染溢出效应系数，反映本地企业集聚产生的环境污染对本地可变投入的影响，体现集聚外部性对环境污染的影响；$\overline{\eta}$ 为跨区域环境污染溢出效应系数，满足 $0 < \overline{\eta} \leqslant \eta$，反映本地区受到外地集聚产生的环境污染的影响，从而影响本地可变投入，反映环境污染的空间溢出效应。

因此，产品生产效率受到集聚外部性、网络外部性和环境污染外部性带来的本地溢出和跨区域溢出的正负效应的综合影响。集聚外部性既可以带来知识溢出，降低生产成本，也可以带来环境污染，增加产品生产成本；网络外部性能够增强知识的跨区域传播，有利于跨区域的知识溢出，可以降低本地区的生产成本；环境污染外部性则能够加强跨区域的环境污染传播，加重本地区的环境污染，进而增加生产成本。

（二）资本创造部门

资本要素由资本创造部门生产，资本创造部门面对的是完全竞争市场，用 a_I 单位的 L_I 生产一单位的资本，知识资本生产遵循学习曲线（Grossman and Helpman，1991；Romer，1990）。参考 Baldwin 等（2001）的研究，本书将资本创造的成本函数构建为"可利用资本存量"的倒数形式，假设资本生产方程 Q 和边际成本函数 F 为：

$$Q = \dot{K} = L_I / a_I, \quad F = w a_I, \quad a_I = 1/AK^w, \quad A = \frac{\lambda s_n + \overline{\lambda}(1-s_n)}{\eta s_n + \overline{\eta}(1-s_n)} \tag{3-5}$$

由上文分析可知，由于集聚外部性和网络外部性的存在（Meijers et al.，2016；林柄全等，2018；Boix and Trullen，2007；姚常成和吴康，2022），集聚产生的本地知识溢出效应和网络外部性带来的跨区域知识溢出效应均会对知识生产成本产生影响，本地和跨区域知识溢出效应越大，资本创造成本越小。而集聚带来的环境污染溢出效应越大，知识资本创造成本越高，原因在于经济学理论认为产权明晰时生产部门必须为自身的污染行为支付一定的费用，此时理性的决策者往往会考虑将原本用于知识资本创造的生产资源，投入到对环境污染的控制和研发环节（毛渊龙和袁祥飞，2020），这种资源的挤占效应增加了生产成本。因此，知识生产部门在创造新知识的同时还受到环境污染治理的刚性约束，不可避免地增加了污染治理的"遵循成本"（Fuenfgelt and Schulze，2016），进而挤占了知识生产所需资源，从而在一定程度上限制了知识资本创造效率（邓玉萍等，2021）。为了抑制集聚带来的环境污染负外部性，知识资本创造部门需要增加相应的绿色技术投入，将付出额外的环境污染成本，创造一单位知识资本所付出的成本会相应增加。由于环境污染具有跨区域传播效应，还受到来自区域外部传播的环境污染影响。因此，一方面，集聚产生的环境污染负外部性会提高本地区的污染治理成本；另一方面，跨区域的环境污染空间溢出会增加对外地污染的防范成本（罗能生等，2019），导致知识生产投入减少，降低知识生产效率。因此，北部和南部地区的资本创造成本[①]可以表示为：

$$a_I = 1 \Big/ \left[K^w \left(\frac{\lambda s_n + \overline{\lambda}(1-s_n)}{\eta s_n + \overline{\eta}(1-s_n)} \right) \right] , \quad a_I^* = 1 \Big/ \left[K^w \left(\frac{\overline{\lambda} s_n + \lambda(1-s_n)}{\overline{\eta} s_n + \eta(1-s_n)} \right) \right] \tag{3-6}$$

第二节　短期均衡

本部分不考虑经济体中区位变动的影响因素，即资本价值和资本成本之间的关系，只考虑企业最优定价、市场完全出清、消费者利益最大化等条件下的短期均衡。

一、农业部门

本模型中的大多数短期均衡表达式与 CC、GS 和 LS 模型是一样的。如前所

---

① 当 $\overline{\lambda}/\lambda = \overline{\eta}/\eta$ 时，$a_I = a_I^* = 1/K^w (\lambda/\eta)$，$a_I$、$a_I^*$ 与 s_n 无关；当 $\overline{\lambda}/\lambda \neq \overline{\eta}/\eta$ 时，a_I、a_I^* 与 s_n 有关。

述，农业部门是瓦尔拉斯一般均衡，不存在区际交易成本，农产品的价格在任何地方都相同。以单位劳动生产的单位农产品作为计价单位，则可以得到：

$$p_A = p_A^* = w = w^* = 1 \tag{3-7}$$

二、制造业部门

（一）企业产出量

根据总支出约束下总效用最大化的一阶条件，可以推导出对工业产品的支出在总支出中所占份额为 μ，对农产品的支出在总支出中所占份额为 $1-\mu$。在工业产品支出份额已知的情况下，根据工业品效用函数最大化一阶条件，得出北部消费者对北部生产的第 j 种工业品的需求量为：

$$c_j \equiv \mu E \frac{p_j^{-\sigma}}{P_M^{1-\sigma}} = \mu E \frac{p_j^{-\sigma}}{\Delta n^w}, \quad \Delta n^w = \int_{i=0}^{n^w} p_i^{1-\sigma} \mathrm{d}i \tag{3-8}$$

（二）产品价格

根据企业利润最大化条件，可以得到：

$$p = \frac{wa_M}{1-1/\sigma}, \quad p^* = \frac{wa_M^*}{1-1/\sigma} \tag{3-9}$$

由于 $w=1$，即：

$$p = \frac{a_M \sigma}{\sigma-1}, \quad p^* = \frac{a_M^* \sigma}{\sigma-1} \tag{3-10}$$

三、资本收益率

根据北部企业在北部市场的销售量 c 和售价 p；在南部市场的销售量 c^* 和售价 $p^* = \tau p$，求得北部和南部区域的价格指数，并代入利润函数，具体推导过程见安虎森等（2009），可得：

$$\pi = px/\sigma = \frac{\mu p^{1-\sigma}}{\sigma} \left[\frac{E^w s_E}{n^w p^{1-\sigma}(\chi s_n + \phi(1-s_n))} + \frac{E^w(1-s_E)\phi}{n^w p^{1-\sigma}(\chi \phi s_n + (1-s_n))} \right] \chi \tag{3-11}$$

式（3-11）中，$\chi = (a_M/a_M^*)^{1-\sigma} = \left[\frac{\lambda s_n + \overline{\lambda}(1-s_n)}{\eta s_n + \overline{\eta}(1-s_n)} \middle/ \frac{\overline{\lambda}s_n + \lambda(1-s_n)}{\overline{\eta}s_n + \eta(1-s_n)} \right]$，$s_E = E/E^w$，

价格 p 标准化为 1，则资本收益率的表达式整理如下：

$$\pi = px/\sigma = \frac{\mu}{\sigma} \frac{E^w}{n^w} \left[\frac{s_E}{\chi s_n + \phi(1-s_n)} + \frac{(1-s_E)\phi}{\chi \phi s_n + (1-s_n)} \right] \chi \tag{3-12}$$

由于每个企业使用一单位资本，所以 $n^w = K^w$。

令 $\Delta=\chi s_n+\phi(1-s_n)$, $\Delta^*=\chi\phi s_n+(1-s_n)$, $b=\mu/\sigma$, 可得:

$$\pi=bB\frac{E^w}{K^w}, \quad B=\left(\frac{s_E}{\Delta}+\phi\frac{1-s_E}{\Delta^*}\right)\chi \tag{3-13}$$

$$\pi^*=bB^*\frac{E^w}{K^w}, \quad B^*=\left(\phi\frac{s_E}{\Delta}+\frac{1-s_E}{\Delta^*}\right) \tag{3-14}$$

四、相对市场规模

制造业部门的企业利润取决于企业的空间分布、消费者支出的空间分布,总支出等于总收入。经济系统的总收入等于区域的要素收入减去新资本创造的支出,要素收入包括劳动力收入和资本收益,资本创造要弥补资本折旧支出 $\delta K^w a_I$ 和维持资本净增长支出 $gK^w a_I$。因此,北部和南部地区的支出表达式可以表示为:

$$E=s_L L^w+s_n bBE^w-(g+\delta)s_n K^w a_I,$$
$$E^*=(1-s_L)L^w+s_n^* bB^*E^w-(g+\delta)s_n^* K^w a_I^* \tag{3-15}$$

由于

$$s_n B+(1-s_n)B^*=s_n\left(\frac{s_E}{\Delta}+\phi\frac{1-s_E}{\Delta^*}\right)+(1-s_n)\left(\phi\frac{s_E}{\Delta}+\frac{1-s_E}{\Delta^*}\right)$$

$$=\frac{s_E}{\Delta}\left[s_n+\phi(1-s_n)\right]+\frac{1-s_E}{\Delta^*}\left[\phi s_n+(1-s_n)\right]=1 \tag{3-16}$$

因此, $s_n bBE^w+s_n^* bB^*E^w=bE^w$, 整理得:

$$E^w=L^w+bE^w-(g+\delta)\left[s_n K^w a_I+(1-s_n)K^w a_I^*\right] \tag{3-17}$$

再将资本创造成本代入,并整理得:

$$E^w=\frac{L^w-(g+\delta)\left(\dfrac{s_n(\eta s_n-\overline{\eta}(s_n-1))}{\lambda s_n-\overline{\lambda}(s_n-1)}-\dfrac{(\overline{\eta}s_n-\eta(s_n-1))(s_n-1)}{\overline{\lambda}s_n-\lambda(s_n-1)}\right)}{1-b} \tag{3-18}$$

北部地区支出与总支出之比,得到北部的相对市场规模如下:

$$s_E=\frac{\dfrac{b\chi\phi s_n}{\chi\phi s_n-s_n+1}}{b\chi s_n\left(\dfrac{\phi}{\chi\phi s_n-s_n+1}-\dfrac{1}{\chi s_n-\phi(s_n-1)}\right)+1}+$$

$$\frac{(1-b)(s_L L^w(\lambda s_n-\overline{\lambda}(s_n-1))+s_n(\delta+g)(\eta s_n-\overline{\eta}(s_n-1)))}{(\lambda s_n-\overline{\lambda}(s_n-1))\left(L^w-(\delta+g)\left(\dfrac{s_n(\eta s_n-\overline{\eta}(s_n-1))}{\lambda s_n-\overline{\lambda}(s_n-1)}-\dfrac{(\overline{\eta}s_n-\eta(s_n-1))(s_n-1)}{\overline{\lambda}s_n-\lambda(s_n-1)}\right)\right)}{b\chi s_n\left(\dfrac{\phi}{\chi\phi s_n-s_n+1}-\dfrac{1}{\chi s_n-\phi(s_n-1)}\right)+1} \tag{3-19}$$

五、最优跨期支出

为了处理最优跨期消费行为，参考相关研究（安虎森等，2009；曹骥赟，2007），采用欧拉方程来表示。最优跨期消费的方法是使得延期支出的边际成本与延期支出的边际收益相等。延期消费边际成本为支出的边际效用减少量 $\overset{g}{E}/E$ 与边际效用随时间递减速率 ρ 之和，而延期消费边际收益为资产回报率 r，即消费者持有股票证券获得的利率。因此，在最优跨期消费条件下，可以得到 $\overset{g}{E}/E+\rho=r$，从而得出欧拉方程：$\overset{g}{E}/E=r-\rho$，其中 $\overset{g}{E}=dE/dt$，$\overset{g}{E}/E=dE/Edt=d(\ln E)/dt$。

第三节　长期均衡

长期均衡是指在一定区际贸易自由度范围内，经济系统的区域分布模式保持稳定，即资本或企业数量的空间分布保持长期稳定状态。

一、长期均衡条件

由于经济系统中资本在不断被创造，模型可能会存在一个或多个内部均衡以及核心—边缘结构的均衡，当出现内部均衡时，两个地区都能生产资本；当出现核心—边缘结构时，只有一个地区生产资本。内部均衡时，两个地区的企业发现，继续投资于资本生产部门并以 g 的速率扩大资本存量是值得的；但核心—边缘结构均衡时，只有北部（或南部）的企业继续投资于资本生产部门。因此，类似于 GS 模型中的情况，若资本的空间分布保持不变，需要满足以下两个条件之一：一是资本增长速度相同，也就是区域之间资本增长率保持一致时，经济系统形成了内部均衡；二是资本全部集聚在一个区域，经济系统形成了核心—边缘均衡（安虎森等，2009；曹骥赟，2007）。

（一）托宾 q 值

资本价值和资本成本的对比关系决定了资本是否增长，当资本价值大于资本成本时，资本创造的动力强劲，资本创造速度很快，最终会实现资本价值等于资本成本，资本增长维持一个稳定的速度。资本价值与资本成本的比值，就是托宾 q 值。因此，描述资本价值和资本成本关系的"托宾 q 理论"可以作为判断长期均衡的标准。当经济系统实现内部均衡时，两个区域都以相同的速度创造资本，两个区域的资本成本都等于资本价值，均衡条件可以用式（3-20）表示；当经济系统实现核心—边缘均衡时，核心区域满足资本成本等于资本价值这一资本创造条件，全域资本都集中于核心区域，边缘区域则因为不满足条件而停止资本创造，核心—边缘均衡条件可用式（3-21）表示。

$$q=\frac{v}{F}=1, \quad q^*=\frac{v^*}{F^*}=1, \quad 0<s_n<1 \tag{3-20}$$

$$q=1, \quad q^*<1, \quad s_n=1$$
$$q<1, \quad q^*=1, \quad s_n=0 \tag{3-21}$$

式（3-20）、式（3-21）中，q 为资本价值与资本创造成本的比值，v 代表资本价值，F 为资本创造成本，有 $F=wa_1$，在前面部分已经做出充分讨论。

（二）资本价值

资本价值是资本未来收益流的折现值。在长期均衡条件下，资本存量增长率和资本空间分布达到稳态水平，即经济系统以固定的增长率增长，同时资本或企业的空间分布状态也是固定的。不难得到，在经济系统达到长期均衡时，总支出或总收入也达到稳态并保持不变，而资本的总收益 $\pi s_n K^w + \pi^* s_n^* K^w = s_n bBE^w + s_n^* bB^* E^w = bE^w$，在总收入或总支出不变的情况下，也是一个定值。另外，资本存量以固定的增长率积累，资本存量增加意味着经济系统中制造业产品种类变多，而单位资本的收益以 g 的速率下降，即 $\pi(t)=\pi e^{-gt}$，$\pi^*(t)=\pi^* e^{-gt}$；同时，资本存在一个固定的折旧率 δ，单位资本在未来可使用的量为 $e^{-\delta t}$；还要考虑资本所有者对未来收益的贴现率 ρ，资本贴现率越高，说明当期收益越受到重视，相对忽视未来收益，资本价值越低。因此，单位资本的当期价值（曹骥赟，2007）可以表示为：

$$v=\int_0^\infty e^{-\rho t} e^{-\delta t} (\pi e^{-gt}) \, \mathrm{d}t = \frac{\pi}{\rho+\delta+g},$$
$$v^*=\int_0^\infty e^{-\rho t} e^{-\delta t} (\pi^* e^{-gt}) \, \mathrm{d}t = \frac{\pi^*}{\rho+\delta+g} \tag{3-22}$$

式（3-22）中，g 为长期均衡时资本存量的增长速度，ρ 为资本对未来收益的贴现率，δ 为资本折旧率。

二、长期均衡特征

（一）对称均衡时的资本增长

对称均衡时，$s_n=s_n^*=1/2$，代入资本创造成本表达式和总支出表达式，得到对称均衡时的总支出为：

$$E^w = \frac{1}{1-b}\left[L^w - \frac{(\delta+g)(\eta+\overline{\eta})}{\lambda+\overline{\lambda}}\right] \tag{3-23}$$

以北部地区为例，当经济系统达到长期对称均衡时，北部地区必须满足如下条件：$q \equiv \dfrac{v}{F} = \dfrac{\pi}{a_1(\rho+\delta+g)} = 1$，将对称均衡条件下的资本创造成本、资本收益率、总支出、市场规模、劳动力份额代入托宾 q 表达式，得到：

$$q = \frac{b\left[\delta\eta+\delta\overline{\eta}+\eta g+\overline{\eta}g-(\lambda+\overline{\lambda})L^w\right]}{(\eta+\overline{\eta})(b-1)(\delta+g+\rho)} = 1 \tag{3-24}$$

将式（3-24）整理，并求解出资本增长速度表达式如下：

$$g_{sym} = \frac{\eta\mu\rho+\overline{\eta}\mu\rho+\lambda\mu L^w+\overline{\lambda}\mu L^w-\eta\rho\sigma-\overline{\eta}\rho\sigma-\delta\eta\sigma-\delta\overline{\eta}\sigma}{\sigma(\eta+\overline{\eta})} \tag{3-25}$$

将对称均衡下的资本增长率代入总支出表达式，可得对称均衡下的总支出：

$$E^w_{sym} = \frac{\eta\rho+\overline{\eta}\rho+\lambda L^w+\overline{\lambda}L^w}{\lambda+\overline{\lambda}} \tag{3-26}$$

经济系统达到长期均衡时，北部和南部地区的资本增长速度相同。上式表明，在对称均衡结构条件下，资本增长速度受到本地知识溢出效应、跨区域知识溢出效应、本地环境污染溢出效应、跨区域环境污染溢出效应、制造业产品支出份额、劳动力数量、产品间替代弹性、资本折旧率、资本收益的折现率的影响。

为了揭示上述影响因素对资本增长率影响的作用方向，分别对 λ、$\overline{\lambda}$、η、$\overline{\eta}$、μ、σ、L^w、ρ、δ 求偏导，可以得到：

$$\frac{\partial g}{\partial\lambda} = \frac{\partial g}{\partial\overline{\lambda}} = \frac{bL^w}{\eta+\overline{\eta}}>0, \quad \frac{\partial g}{\partial\eta} = \frac{\partial g}{\partial\overline{\eta}} = -\frac{bL^w(\lambda+\overline{\lambda})}{(\eta+\overline{\eta})^2}<0$$

$$\frac{\partial g}{\partial\mu} = \frac{\eta\rho+\overline{\eta}\rho+\lambda L^w+\overline{\lambda}L^w}{\sigma(\eta+\overline{\eta})}>0, \quad \frac{\partial g}{\partial\sigma} = -\frac{\mu(\eta\rho+\overline{\eta}\rho+\lambda L^w+\overline{\lambda}L^w)}{\sigma^2(\eta+\overline{\eta})}<0$$

$$\frac{\partial g}{\partial L^w} = \frac{b(\lambda+\overline{\lambda})}{\eta+\overline{\eta}}>0, \quad \frac{\partial g}{\partial\rho} = \frac{\mu-\sigma}{\sigma}<0, \quad \frac{\partial g}{\partial\delta} = -1<0 \tag{3-27}$$

式（3-27）表明，在对称均衡结构条件下，本地知识溢出和跨区域知识溢出效应越大，资本增长速度越快，本地环境污染溢出和跨区域环境污染溢出效应越大，资本增长速度越慢；制造业产品支出份额和劳动力数量越大，资本增长速度越快，产品间替代弹性、资本折旧率、资本收益的折现率越高，资本增长速度越慢。

因此，可以得到，在经济系统对称均衡条件下，KSEPEG 模型的资本增长率与本地知识溢出效应、跨区域知识溢出效应、制造业产品支出份额和劳动力数量存在正相关关系；而资本增长率与本地环境污染溢出效应、跨区域环境污染溢出效应、产品间替代弹性、资本折旧率、资本收益的折现率存在负相关关系。

（二）核心—边缘均衡时的资本增长

由于北部地区资本份额为 1 和 0 时的资本增长率相同，本书以北部资本份额为 1 时为例进行讨论。核心—边缘均衡时，将 $s_n = 1$ 代入资本创造成本表达式和总支出表达式，得到核心—边缘均衡时的总支出为：

$$E^w = \frac{1}{1-b}\left[L^w - \frac{\eta(\delta+g)}{\lambda}\right] \qquad (3-28)$$

资本收益可以表示为：

$$\pi = \frac{b}{(1-b)K^w}\left[L^w - \frac{\eta(\delta+g)}{\lambda}\right] \qquad (3-29)$$

将以上内容代入托宾 q 表达式，可以得到：

$$q = \frac{b[\lambda L^w - \eta(\delta+g)]}{\eta(1-b)(\delta+g+\rho)} = 1 \qquad (3-30)$$

进一步可以求解出核心—边缘均衡时的资本增长率为：

$$g_{cp} = \frac{\mu\eta\rho + \mu\lambda L^w - (\delta+\rho)\eta\sigma}{\eta\sigma} \qquad (3-31)$$

为了揭示上述因素对资本增长率影响的作用方向，分别对 λ、$\bar{\lambda}$、η、$\bar{\eta}$、μ、σ、L^w、ρ、δ 求偏导，可以得到：

$$\frac{\partial g}{\partial \lambda} = \frac{\mu L^w}{\eta\sigma} > 0, \quad \frac{\partial g}{\partial \bar{\lambda}} = 0, \quad \frac{\partial g}{\partial \eta} = -\frac{\mu\lambda L^w}{\eta^2\sigma} < 0, \quad \frac{\partial g}{\partial \bar{\eta}} = 0$$

$$\frac{\partial g}{\partial \mu} = \frac{\eta\rho + \lambda L^w}{\eta\sigma} > 0, \quad \frac{\partial g}{\partial \sigma} = -\frac{\mu(\eta\rho + \lambda L^w)}{\eta\sigma^2} < 0$$

$$\frac{\partial g}{\partial L^w} = \frac{\lambda\mu}{\eta\sigma} > 0, \quad \frac{\partial g}{\partial \rho} = \frac{\mu-\sigma}{\sigma} < 0, \quad \frac{\partial g}{\partial \delta} = -1 < 0 \qquad (3-32)$$

核心—边缘均衡时，所有资本都集中在一个区域，也同样都生产在同一个区域，因此，无论是跨区域的知识溢出效应还是跨区域的环境污染溢出效应都与资本增长率无关，只存在本地知识溢出效应和环境污染溢出效应对资本增长率的影响。资本增长率随着本地知识溢出效应和本地环境污染溢出效应的增加而增大，其他影响因素与对称均衡时相同，即制造业产品支出份额和劳动力数量越大，资本增长速度越快；而产品间替代弹性、资本折旧率、资本收益的折现率越高，资本增长速度越慢。

因此，可以得出，在经济系统核心—边缘均衡条件下，KSEPEG 模型的资本增长率与跨区域知识溢出效应、跨区域环境污染溢出效应无关，与本地知识溢出效应、制造业产品支出份额和劳动力数量存在正相关关系；而资本增长率与本地环境污染溢出效应、产品间替代弹性、资本折旧率、资本收益的折现率存在负相关关系。

（三）空间分布模式与资本增长

通过比较对称均衡与核心—边缘均衡时的资本增长率，可以发现对称均衡与核心—边缘均衡时的资本增长率的大小取决于 $\bar{\lambda}/\lambda$ 与 $\bar{\eta}/\eta$ 之间的关系，可以区分讨论以下情况：

$$g_{sym} - g_{cp} = \frac{bL^w\lambda}{(\eta+\bar{\eta})}\left(\frac{\bar{\lambda}}{\lambda} - \frac{\bar{\eta}}{\eta}\right) \tag{3-33}$$

当 $\bar{\lambda}/\lambda = \bar{\eta}/\eta$ 时，对称均衡与核心—边缘均衡时的资本增长率相同，意味着不同的空间分布模式下的长期均衡资本增长率相同。当 $\bar{\lambda}/\lambda \neq \bar{\eta}/\eta$ 时，若 $\bar{\lambda}/\lambda > \bar{\eta}/\eta$，即跨区域知识溢出效应与本地知识溢出效应之比，大于跨区域环境污染溢出效应与本地环境污染溢出效应之比，则对称均衡状态下的资本增长率大于核心—边缘均衡状态下的资本增长率；若 $\bar{\lambda}/\lambda < \bar{\eta}/\eta$，即跨区域环境污染溢出效应与本地环境污染溢出效应之比，大于跨区域知识溢出效应与本地知识溢出效应之比，则核心—边缘均衡状态下的资本增长率大于对称均衡状态下的资本增长率。

因此，可以得到，经济系统中不同空间分布模式对长期均衡状态下资本增长率的影响，取决于经济系统中 $\bar{\lambda}/\lambda$ 与 $\bar{\eta}/\eta$ 之间的大小关系，即依赖于跨区域知识溢出效应、本地知识溢出效应与跨区域环境污染溢出效应、本地环境污染溢出效应之间的关系。

三、长期均衡区位

（一）nn 曲线表达式

与 GS、LS 模型类似，在长期均衡条件下，两个区域的托宾 q 值都等于 1，可以推导出 $\pi/a_I = \pi^*/a_I^*$，将资本收益率和资本创造成本表达式代入，并将 nn 曲线简化表达，采用 s_n 来表示 s_E，具体如下：

$$s_E = \frac{s_E A - \chi\phi s_E B}{\left\{ s_E A\left[1 - \frac{\phi(\chi\phi s_n + (1-s_n))}{\chi s_n + \phi(1-s_n)}\right] - \chi s_E B\left[\phi - \frac{(\chi\phi s_n + (1-s_n))}{\chi s_n + \phi(1-s_n)}\right]\right\}} \tag{3-34}$$

其中，

$$s_E A = \left[\bar{\lambda}s_n + \lambda(1-s_n)\right]\left[\eta s_n - \bar{\eta}(1-s_n)\right]$$

$$s_E B = [\lambda s_n + \overline{\lambda}(1-s_n)][\overline{\eta}s_n + \eta(1-s_n)]$$

$$\chi = (a_M/a_M^*)^{1-\sigma} = \frac{[\lambda s_n + \overline{\lambda}(1-s_n)][\overline{\eta}s_n + \eta(1-s_n)]}{[\overline{\lambda}s_n + \lambda(1-s_n)][\eta s_n + \overline{\eta}(1-s_n)]} = \frac{s_E B}{s_E A}$$

（二）EE 曲线表达式

以北部地区为例，与 GS、LS 模型类似，在长期均衡条件下，两个区域的托宾 q 值都等于 1，可以推导出：$v=F$，即 $\pi=(\rho+\delta+g)F$，$F=a_I$。由于北部地区的资本收入为 $\pi s_n K^w = (\rho+\delta+g)s_n K^w a_I$，可以得到北部地区购买农业产品和制造业产品的支出为 $E=s_L L^w + (\rho+\delta+g)s_n K^w a_I - (\delta+g)s_n K^w a_I = s_L L^w + \rho s_n K^w a_I$，同理，可以得到南部地区支出为 $E^* = (1-s_L)L^w + \rho(1-s_n)K^w a_I^*$，因此，北部地区和南部地区支出相加求和，可以得到全域总支出为 $E^w = L^w + \rho s_n K^w a_I + \rho(1-s_n)K^w a_I^*$。

EE 曲线可以由北部支出份额来表示：

$$s_E = E/E^w = \frac{L^w/2 + \rho s_n K^w a_I}{L^w + \rho s_n K^w a_I + \rho(1-s_n)K^w a_I^*} \tag{3-35}$$

将资本创造成本表达式代入，可得：

$$s_E = \frac{\dfrac{L^w}{2} + \dfrac{\rho s_n[\eta s_n - \overline{\eta}(s_n-1)]}{\lambda s_n - \overline{\lambda}(s_n-1)}}{L^w + \dfrac{\rho s_n[\eta s_n - \overline{\eta}(s_n-1)]}{\lambda s_n - \overline{\lambda}(s_n-1)} - \dfrac{\rho[\overline{\eta}s_n - \eta(s_n-1)](s_n-1)}{\overline{\lambda}s_n - \lambda(s_n-1)}} \tag{3-36}$$

（三）剪刀图解

由于两条曲线的函数形式较为复杂，需要在控制其他变量（给定值）的基础上，探讨 s_n 和 s_E 之间的关系，因此，需要运用数值模拟方法来判断经济系统参数变化对两条曲线变动规律的影响。

1. 本地知识溢出与 nn 曲线、EE 曲线

当本地知识溢出效应由小变大时，EE 曲线始终通过中心点且位置变化不大，而 nn 曲线变化较大，围绕中心点沿着顺时针方向转动，斜率逐渐变小。此时，nn 曲线上方的点受到资本创造动力的作用，存在向右运动的趋势；而 nn 曲线下方的点具有向左运动的趋势（见图 3-2）。

首先，当本地知识溢出效应较低时（$\lambda=0.3$），在 EE 曲线上而位于 nn 曲线上方的点，具有向右运动的趋势，这些点沿着 EE 曲线向右运动直到中心点位置处；在 EE 曲线上而位于 nn 曲线下方的点，具有向左运动的趋势，这些点沿着 EE 曲线向左运动直到中心点位置处。最终，中心点成为唯一的稳定点。这意味着，当本地知识溢出效应较低时，对称分布是唯一稳定均衡。

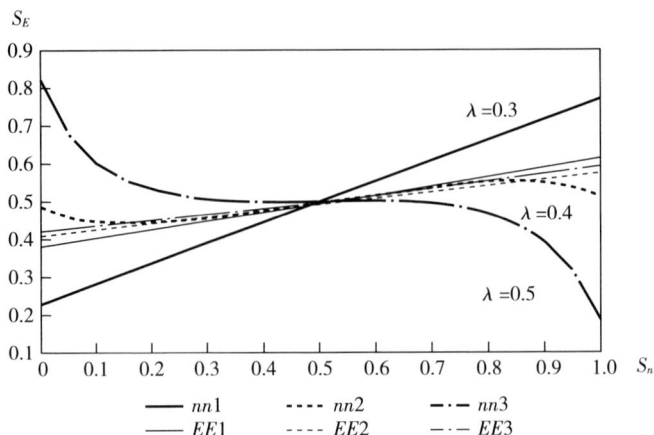

图 3-2　本地知识溢出效应与 *nn* 曲线、*EE* 曲线①

其次，随着本地知识溢出效应的增大（$\lambda = 0.4$），*nn* 曲线与 *EE* 曲线存在两个交点，在中心点左侧，在 *EE* 曲线上而位于 *nn* 曲线上方的点，具有向右运动的趋势，这些点沿着 *EE* 曲线向右运动直到中心点位置处；在 *EE* 曲线上而位于 *nn* 曲线下方的点，具有向左运动的趋势，这些点沿着 *EE* 曲线向左运动直到 $s_n = 0$ 位置处。而在中心点右侧，在 *EE* 曲线上而位于 *nn* 曲线上方的点，具有向右运动的趋势，这些点沿着 *EE* 曲线向右运动直到 $s_n = 1$ 位置处；在 *EE* 曲线上而位于 *nn* 曲线下方的点，具有向左运动的趋势，这些点沿着 *EE* 曲线向左运动直到中心点位置处。此时，存在对称均衡和核心—边缘均衡两种稳定均衡。

最后，随着本地知识溢出效应再次增大（$\lambda = 0.5$），*nn* 曲线与 *EE* 曲线存在一个交点（中心点），在 *EE* 曲线上而位于 *nn* 曲线上方的点，具有向右运动的趋势，这些点沿着 *EE* 曲线向右运动直到 $s_n = 1$ 位置处；在 *EE* 曲线上而位于 *nn* 曲线下方的点，具有向左运动的趋势，这些点沿着 *EE* 曲线向左运动直到 $s_n = 0$ 位置处。这意味着，当本地知识溢出效应较高时，核心—边缘均衡是唯一稳定均衡。

2. 跨区域知识溢出与 *nn* 曲线、*EE* 曲线

当跨区域知识溢出效应由小变大时，*EE* 曲线始终通过中心点且位置几乎无变化，而 *nn* 曲线变化较大，围绕中心点沿着逆时针方向转动，斜率逐渐变大。此时，*nn* 曲线上方的点受到资本创造动力的作用，存在向右运动的趋势；而 *nn*

---

① $L^w = 1$，$\rho = 0.3$，$\phi = 0.3$，$\bar{\lambda} = 0.1$，$\eta = 0.3$，$\bar{\eta} = 0.1$。

曲线下方的点具有向左运动的趋势（见图3-3）。

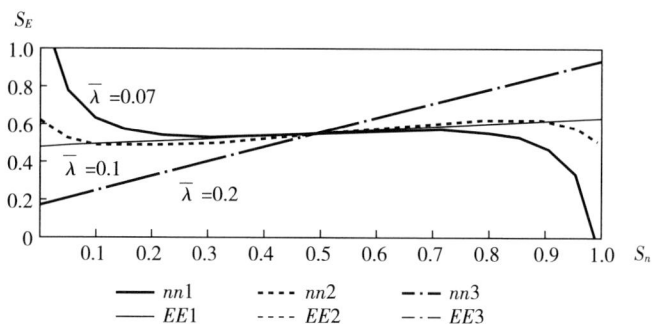

图3-3　跨区域知识溢出效应与 *nn* 曲线、*EE* 曲线①

　　首先，当跨区域知识溢出效应较低时（$\bar{\lambda}=0.07$），*nn* 曲线与 *EE* 曲线存在一个交点（中心点），在 *EE* 曲线上而位于 *nn* 曲线上方的点，具有向右运动的趋势，这些点沿着 *EE* 曲线向右运动直到 $s_n=1$ 位置处；在 *EE* 曲线上而位于 *nn* 曲线下方的点，具有向左运动的趋势，这些点沿着 *EE* 曲线向左运动直到 $s_n=0$ 位置处。这意味着，当跨区域知识溢出效应较低时，核心—边缘均衡是唯一稳定均衡。

　　其次，随着跨区域知识溢出效应的增大（$\bar{\lambda}=0.1$），*nn* 曲线与 *EE* 曲线存在两个交点，在中心点左侧，在 *EE* 曲线上而位于 *nn* 曲线上方的点，具有向右运动的趋势，这些点沿着 *EE* 曲线向右运动直到中心点位置处；在 *EE* 曲线上而位于 *nn* 曲线下方的点，具有向左运动的趋势，这些点沿着 *EE* 曲线向左运动直到 $s_n=0$ 位置处。而在中心点右侧，在 *EE* 曲线上而位于 *nn* 曲线上方的点，具有向右运动的趋势，这些点沿着 *EE* 曲线向右运动直到 $s_n=1$ 位置处；在 *EE* 曲线上而位于 *nn* 曲线下方的点，具有向左运动的趋势，这些点沿着 *EE* 曲线向左运动直到中心点位置处。此时，存在对称均衡和核心—边缘均衡两种稳定均衡。

　　最后，随着跨区域知识溢出效应再次增大（$\bar{\lambda}=0.2$），在 *EE* 曲线上而位于 *nn* 曲线上方的点，具有向右运动的趋势，这些点沿着 *EE* 曲线向右运动直到中心点位置处；在 *EE* 曲线上而位于 *nn* 曲线下方的点，具有向左运动的趋势，这些点沿着 *EE* 曲线向左运动直到中心点位置处。最终，中心点成为唯一的稳定点。这意味着，当跨区域知识溢出效应较高时，对称分布是唯一稳定均衡。

①　$L^w=1$，$\rho=0.3$，$\phi=0.3$，$\lambda=1$，$\eta=0.7$，$\bar{\eta}=0.1$。

3. 本地环境污染溢出与 nn 曲线、EE 曲线

当本地环境污染溢出效应由小变大时，EE 曲线始终通过中心点，位置随着 nn 曲线而变化，两种曲线的夹角在变小，nn 曲线围绕中心点沿着逆时针方向转动，斜率逐渐变大。此时，nn 曲线上方的点受到资本创造动力的作用，存在向右运动的趋势；而 nn 曲线下方的点具有向左运动的趋势（见图 3-4）。

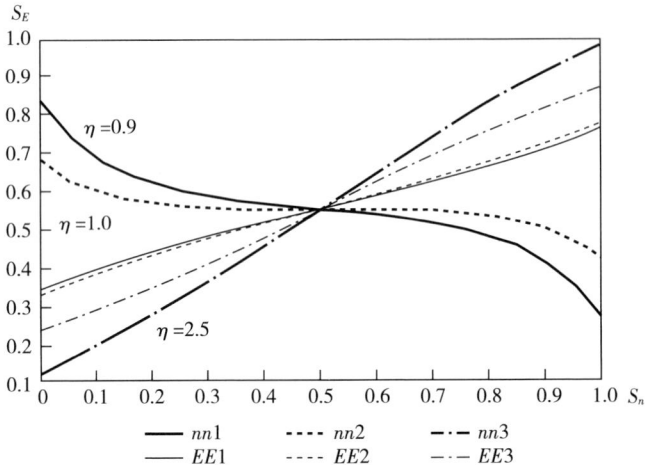

图 3-4　本地环境污染溢出效应与 nn 曲线、EE 曲线①

首先，当本地环境污染溢出效应较低时（$\eta = 0.9$），nn 曲线与 EE 曲线存在一个交点（中心点），在 EE 曲线上而位于 nn 曲线上方的点，具有向右运动的趋势，这些点沿着 EE 曲线向右运动直到 $s_n = 1$ 位置处；在 EE 曲线上而位于 nn 曲线下方，具有向左运动的趋势，这些点沿着 EE 曲线向左运动直到 $s_n = 0$ 位置处。这意味着，当本地环境污染溢出效应较低时，核心—边缘均衡是唯一稳定均衡。

其次，随着本地环境污染溢出效应的增大（$\eta = 1$），nn 曲线与 EE 曲线存在一个交点（中心点），在 EE 曲线上而位于 nn 曲线上方的点，具有向右运动的趋势，这些点沿着 EE 曲线向右运动直到 $s_n = 1$ 位置处；在 EE 曲线下方的点，具有向左运动的趋势，这些点沿着 EE 曲线向左运动直到 $s_n = 0$ 位置处。此时，核心—边缘均衡是唯一稳定均衡。

---

① $L^w = 1$，$\rho = 0.3$，$\phi = 0.3$，$\lambda = 0.3$，$\overline{\lambda} = 0.1$，$\overline{\eta} = 0.5$。

最后，随着本地环境污染溢出效应再次增大（$\eta = 2.5$），在 EE 曲线上而位于 nn 曲线上方的点，具有向右运动的趋势，这些点沿着 EE 曲线向右运动直到中心点位置处；在 EE 曲线上而位于 nn 曲线下方的点，具有向左运动的趋势，这些点沿着 EE 曲线向左运动直到中心点位置处。最终，中心点成为唯一的稳定点。这意味着，当本地环境污染溢出效应较高时，对称分布是唯一稳定均衡。

4. 跨区域环境污染溢出与 nn 曲线、EE 曲线

当跨区域环境污染溢出效应由小变大时，EE 曲线始终通过中心点，位置变化较小，nn 曲线围绕中心点沿着顺时针方向转动，斜率逐渐变小。此时，nn 曲线上方的点受到资本创造动力的作用，存在向右运动的趋势；而 nn 曲线下方的点具有向左运动的趋势（见图3-5）。

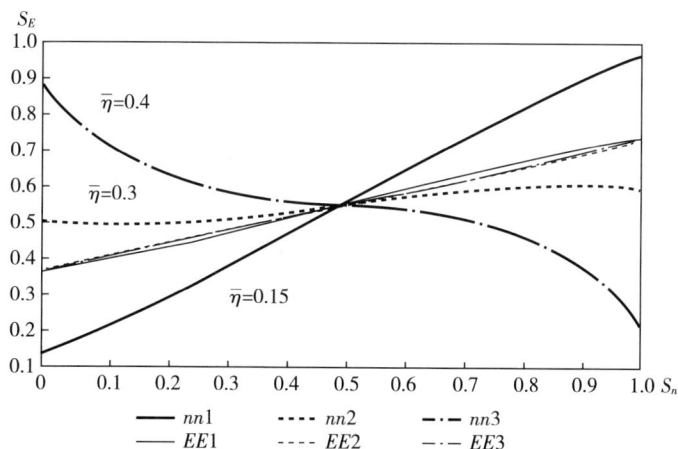

图3-5　跨区域环境污染溢出效应与 nn 曲线、EE 曲线①

首先，当跨区域环境污染溢出效应较低时（$\overline{\eta} = 0.15$），在 EE 曲线上而位于 nn 曲线上方的点，具有向右运动的趋势，这些点沿着 EE 曲线向右运动直到中心点位置处；在 EE 曲线上而位于 nn 曲线下方的点，具有向左运动的趋势，这些点沿着 EE 曲线向左运动直到中心点位置处。最终，中心点成为唯一的稳定点。这意味着，当跨区域环境污染溢出效应较低时，对称分布是唯一稳定均衡。

其次，随着跨区域环境污染溢出效应的增大（$\overline{\eta} = 0.3$），nn 曲线与 EE 曲线存在一个交点（中心点），在 EE 曲线上而位于 nn 曲线上方的点，具有向右运动

---

① $L^w = 1$，$\rho = 0.3$，$\phi = 0.3$，$\lambda = 0.3$，$\overline{\lambda} = 0.1$，$\eta = 0.7$。

的趋势，这些点沿着 EE 曲线向右运动直到 $s_n=1$ 位置处；在 EE 曲线上而位于 nn 曲线下方的点，具有向左运动的趋势，这些点沿着 EE 曲线向左运动直到位于 $s_n=0$ 位置处。此时，核心—边缘均衡是唯一稳定均衡。

最后，随着跨区域环境污染溢出效应再次增大（$\overline{\eta}=0.4$），在 EE 曲线上而位于 nn 曲线上方的点，具有向右运动的趋势，这些点沿着 EE 曲线向右运动直到 $s_n=1$ 位置处；在 EE 曲线上而位于 nn 曲线下方的点，具有向左运动的趋势，这些点沿着 EE 曲线向左运动直到 $s_n=0$ 位置处。这意味着，当跨区域环境污染溢出效应较高时，核心—边缘均衡是唯一稳定均衡。

由上述分析可知，随着本地知识溢出效应和跨区域环境污染溢出效应变大，资本空间分布的稳定结构依次经历对称结构、对称结构与核心—边缘结构并存、核心—边缘结构三种稳定均衡状态，意味着本地知识溢出效应和跨区域环境污染溢出效应的增大，会促使资本或企业空间格局向核心—边缘结构演化，是促进空间结构由对称转向非对称的力量；随着跨区域知识溢出效应和本地环境污染溢出效应变大，资本空间分布的稳定结构依次经历核心—边缘结构、对称结构两种稳定均衡状态，表明跨区域知识溢出效应和本地环境污染溢出效应的增加，会推动资本或企业空间格局向对称结构演化，是促进空间结构由非对称转向对称的力量。综上所述，提升本地知识溢出效应、抑制跨区域知识溢出效应，能够促使企业或资本偏离对称分布，有利于集聚化空间格局的形成；而增强本地环境污染溢出效应、减弱跨区域环境污染溢出效应，能够促使企业或资本偏离核心—边缘分布，促使分散化空间格局的形成。因此，本书有理由认为经济系统的集聚与分散格局演化取决于本地知识溢出效应、跨区域知识溢出效应、本地环境污染溢出效应和跨区域环境污染溢出效应之间此消彼长的相互作用关系。

四、长期均衡稳定性

长期均衡的稳定性问题，主要涉及资本或企业份额的微小变动对北部的资本创造和经济增长以及总支出产生何种影响的问题。这需要在对称均衡点附近通过托宾 q 值对资本分布的增量进行微分，如果其值在对称点是正的，那么资本分布的正向扰动存在自我强化机制，因为该扰动会加速北部的资本创造，阻碍南部的资本创造。如果其值为负，则存在自我纠正机制。

（一）突破点、维持点与资本（企业）空间分布

1. 在对称均衡点时

$s_n=s_E=1/2$，$B=1$，$A=(\lambda+\overline{\lambda})/(\eta+\overline{\eta})$，所以：

$$q\big|_{sym} = \frac{v}{F} = \frac{\pi}{(\rho+g+\delta)a_1} = \frac{bE^w AB}{\rho+g+\delta} = \frac{bE^w(\lambda+\overline{\lambda})}{(\rho+g+\delta)(\eta+\overline{\eta})} \tag{3-37}$$

由于 $dq\big|_{sym} = \dfrac{bE^w}{\rho+g+\delta}(AdB+BdA)_{sym} = \dfrac{bE^w}{\rho+g+\delta}\left(\left(\dfrac{\lambda+\overline{\lambda}}{\eta+\overline{\eta}}\right)dB+dA\right)_{sym}$，其中 dA 和 dB

为 $dA\big|_{sym} = \dfrac{4(\overline{\eta}\lambda - \eta\overline{\lambda})}{(\eta+\overline{\eta})^2}ds_n$，$dB\big|_{sym} = \dfrac{2(1-\phi^2)}{(1+\phi)^2}ds_E - \dfrac{2(1-\phi)^2}{(1+\phi)^2}ds_n$，得到 q 的变化量：

$$\hat{q}\big|_{sym} = \frac{dq}{q}\bigg|_{sym} = \underbrace{\frac{2(1-\phi)}{(1+\phi)}ds_E}_{\text{需求关联效应}} - \underbrace{\frac{2(1-\phi)^2}{(1+\phi)^2}ds_n}_{\text{市场拥挤效应}} + \underbrace{\frac{4\lambda\eta\left(\dfrac{\overline{\eta}}{\eta}-\dfrac{\overline{\lambda}}{\lambda}\right)}{(\eta+\overline{\eta})(\lambda+\overline{\lambda})}ds_n}_{\text{资本溢出效应}} \tag{3-38}$$

根据 EE 曲线表达式，求得：$ds_E = \dfrac{\partial s_E}{\partial s_n}$，$ds_n = \left(\dfrac{\rho(\eta\lambda+3\eta\overline{\lambda}-\overline{\eta}\lambda+\overline{\eta}\overline{\lambda})}{(\lambda+\overline{\lambda})(\eta\rho+\overline{\eta}\rho+\lambda L^w+\overline{\lambda}L^w)}\right)ds_n$。

从式中可以看出，第一项 ds_E 的系数 $\dfrac{2(1-\phi)}{(1+\phi)}$ 为需求关联效应，始终为正值，因此，由于资本分布的空间变化会引起支出的空间变化，当 s_E 增大时，会对 q 产生一个增量，北部地区开始创造资本，资本份额不断增加，表现为资本在北部聚集。这是促进聚集的力量。

第二项 ds_n 的系数 $-\dfrac{2(1-\phi)^2}{(1+\phi)^2}$ 为市场拥挤效应，始终为负值，它是一种分散力，阻碍资本向一个地方聚集。资本份额的上升引起竞争的加剧，会对 q 产生一个减量，北部资本创造速度减缓乃至停止，这样资本不会在北部聚集起来。该项是维持对称均衡稳定的力量。

除了上述需求关联效应和市场拥挤效应外，模型还存在第三种作用力，第三项 ds_n 的系数 $\dfrac{4\lambda\eta\left(\dfrac{\overline{\eta}}{\eta}-\dfrac{\overline{\lambda}}{\lambda}\right)}{(\eta+\overline{\eta})(\lambda+\overline{\lambda})}$ 可以称作资本溢出效应，这种溢出效应与贸易自由度无关，而与本地知识溢出效应、跨区域知识溢出效应、本地环境污染溢出效应和跨区域环境污染溢出效应有关。当 $\dfrac{\overline{\eta}}{\eta} > \dfrac{\overline{\lambda}}{\lambda}$ 时，资本溢出效应表现出集聚力，是破坏对称均衡稳定的力量，结合上文本地环境污染溢出和跨区域环境污染溢出对企业或资本空间格局演化的影响，可以将 $\dfrac{\overline{\eta}}{\eta}$ 称作环境污染溢出集聚力；而当 $\dfrac{\overline{\eta}}{\eta} < \dfrac{\overline{\lambda}}{\lambda}$ 时，资本溢出效应表现出分散力，是维持对称均衡稳定的力量，结合上文本地知识溢出和跨区域知识溢出对企业或资本空间格局演化的影响，可以将 $\dfrac{\overline{\lambda}}{\lambda}$ 称作知识

溢出分散力；当 $\dfrac{\overline{\eta}}{\eta} = \dfrac{\overline{\lambda}}{\lambda}$ 时，资本溢出效应不存在，q 的变化只依赖于贸易自由度。

以上分析结果表明，对称均衡的稳定性，是由需求关联效应、市场拥挤效应和资本溢出效应三种力量合力的大小所决定。由于以上三种效应的作用方向和大小不同，贸易自由度对企业或资本空间分布格局的影响并不是简单的线性关系，而是会表现出更加复杂的非线性影响关系，即当贸易自由度处在不同的取值范围时，资本空间格局就会具有不同的稳定均衡。因此，需要寻找两个空间格局的关键贸易自由度，即不同空间分布模式形成的重要分界点。

当 $\dfrac{\hat{q}}{ds_n}\Big|_{sym} > 0$ 时，对称均衡结构不稳定；当 $\dfrac{\hat{q}}{ds_n}\Big|_{sym} < 0$ 时，对称均衡结构稳定；当 $\dfrac{\hat{q}}{ds_n}\Big|_{sym} = 0$ 时，计算得到的贸易自由度为对称均衡结构的突破点[①]。当 $\dfrac{\overline{\eta}}{\eta} < \dfrac{\overline{\lambda}}{\lambda}$ 时，存在两个突破点（低突破点 ϕ^{BL} 和高突破点 ϕ^{BH}），当 $\phi^{BL} < \phi < \phi^{BH}$ 时，对称均衡结构变得不稳定，而当 $\phi^{BL} > \phi$ 和 $\phi > \phi^{BH}$ 时，对称均衡结构是稳定的（见图3-6中曲线 c）；当 $\dfrac{\overline{\eta}}{\eta} > \dfrac{\overline{\lambda}}{\lambda}$ 时，仅能得到一个突破点 ϕ^B，当 $\phi < \phi^B$ 时，对称均衡结构是稳定的，但当 $\phi > \phi^B$ 时，对称均衡结构变得不稳定（见图3-6中曲线 a）。

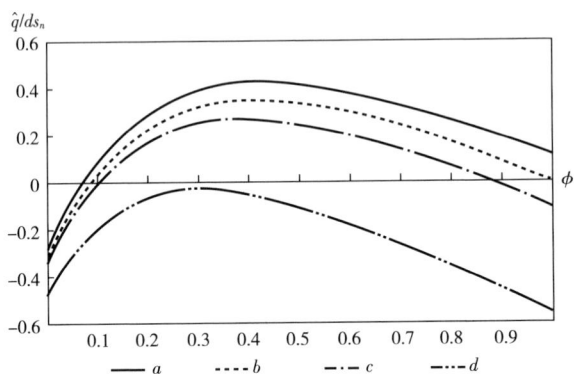

图3-6　对称均衡结构的稳定性分析[②]

---

① 突破点表达式过于复杂，故将其省略。

② $L^w = 0.1$，$\rho = 0.5$，$\lambda = 0.5$，$\eta = 0.5$，$\overline{\eta} = 0.1$；曲线 $a(\overline{\lambda} = 0.08)$ 对应的突破点为 $\phi^B = 0.0771$；曲线 $b(\overline{\lambda} = 0.1)$ 对应的突破点为 $\phi^B = 0.0909$；曲线 $c(\overline{\lambda} = 0.12)$ 存在两个突破点，低值和高值分别为 $\phi^{BL} = 0.1070$，$\phi^{BH} = 0.8750$；曲线 $d(\overline{\lambda} = 0.22)$ 不存在突破点。

2. 在以北部地区为核心的核心—边缘结构时

$s_n = 1$，$a_I = \dfrac{\lambda}{K^w \eta}$，$B = \dfrac{\overline{\eta}\lambda}{\eta\overline{\lambda}}$，再将资本收益率和创造成本代入，可以得到

$$q = \frac{bE^w B}{(\rho+\delta+g) K^w a_I} = \frac{bE^w \dfrac{\overline{\eta}\lambda}{\eta\overline{\lambda}}}{(\rho+\delta+g)\dfrac{\lambda}{\eta}} = 1，所以：$$

$$q^* \big|_{s_n=1} = \frac{\pi^*}{(\rho+g+\delta)a_I^*} = \frac{bE^w A^* B^*}{(\rho+g+\delta)} = \left(\frac{\overline{\lambda}}{\eta}\right)^2 \left(\phi s_E + \frac{(1-s_E)}{\phi}\right) \tag{3-39}$$

依据 EE 曲线，将以北部为核心时的 s_E 表达式代入式（3-39），整理可得：

$$q^* \big|_{s_n=1} = \frac{\overline{\lambda}^2 (\lambda L^w + 2\eta\phi^2\rho + \lambda L^w \phi^2)}{2\overline{\eta}^2 \phi(\eta\rho + \lambda L^w)} \tag{3-40}$$

当 $q^* \big|_{s_n=1} < 1$ 时，核心—边缘均衡结构稳定；当 $q^* \big|_{s_n=1} > 1$ 时，核心—边缘均衡结构不稳定；当 $q^* \big|_{s_n=1} = 1$ 时，得到的贸易自由度为核心—边缘均衡的维持点，求解得到两个解：

$$\phi_1 = \frac{\sqrt{\eta^2\overline{\eta}^4\rho^2 + 2\eta\overline{\eta}^4\lambda L^w\rho - 2\eta\lambda\overline{\lambda}^4 L^w\rho + \lambda^2 L^{w2}(\overline{\eta}^4 - \overline{\lambda}^4)} + \eta\overline{\eta}^2\rho + \overline{\eta}^2\lambda L^w}{\overline{\lambda}^2(2\eta\rho + \lambda L^w)}$$

$$\phi_2 = \frac{\eta\overline{\eta}^2\rho - \sqrt{\eta^2\overline{\eta}^4\rho^2 + 2\eta\overline{\eta}^4\lambda L^w\rho - 2\eta\lambda\overline{\lambda}^4 L^w\rho + \lambda^2 L^{w2}(\overline{\eta}^4 - \overline{\lambda}^4)} + \overline{\eta}^2\lambda L^w}{\overline{\lambda}^2(2\eta\rho + \lambda L^w)} \tag{3-41}$$

当 $\dfrac{\overline{\eta}}{\eta} < \dfrac{\overline{\lambda}}{\lambda}$ 时，存在两个维持点（低值 ϕ^{SL} 和高值 ϕ^{SH}），当 $\phi^{SL} > \phi$ 和 $\phi > \phi^{SH}$ 时，核心—边缘均衡结构变得不稳定，而当 $\phi^{SL} < \phi < \phi^{SH}$ 时，核心—边缘均衡结构是稳定的（见图 3-7 中曲线 c）；当 $\dfrac{\overline{\eta}}{\eta} > \dfrac{\overline{\lambda}}{\lambda}$ 时，仅能得到一个维持点 ϕ^s，当 $\phi > \phi^s$ 时，核心—边缘均衡结构是稳定的，但当 $\phi < \phi^s$ 时，核心—边缘均衡结构变得不稳定（见图 3-7 中曲线 a）；当 $\dfrac{\overline{\eta}}{\eta} = \dfrac{\overline{\lambda}}{\lambda}$ 时，突破点和维持点相同（图 3-6 和图 3-7 中曲线 b 与横轴坐标交点相同），当 $\phi < \phi^s(\phi^B)$ 时，对称均衡结构是唯一的稳定均衡，而当 $\phi > \phi^s(\phi^B)$ 时，核心—边缘均衡结构是唯一的稳定均衡。当 $\phi = 1$ 时，对称均衡与核心—边缘均衡结构均是稳定的，因此，$\phi = 1$ 既不是突破点也不是维持点。

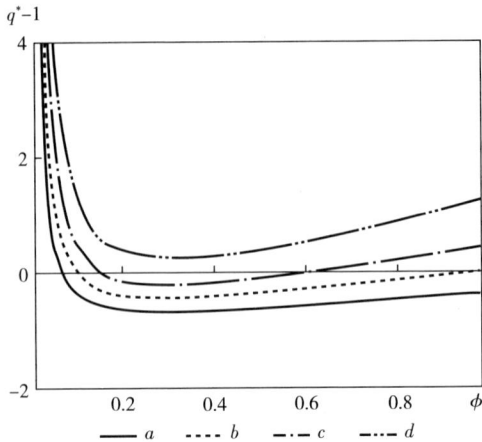

图 3-7 核心—边缘均衡结构的稳定性分析①

（二）突破点与维持点及其比较

1. 同时存在一个突破点和一个维持点

经济系统可能会同时存在一个突破点和一个维持点，此时突破点既可能大于维持点（见图 3-8 中 $\lambda = 0.8$ 时），也可能小于维持点（见图 3-8 中 $\lambda = 1.2$ 时），还可能与维持点始终保持相等（见图 3-9）。将以上情况整理如下：

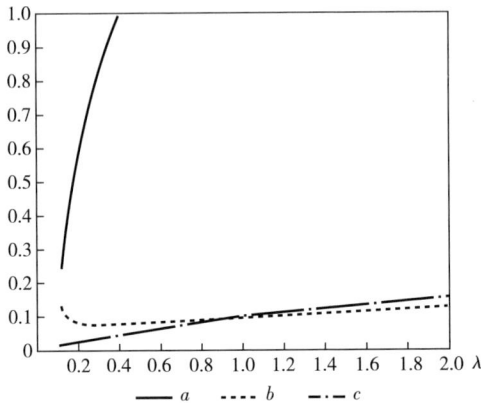

图 3-8 突破点与维持点的关系（1）②

---

① $L^w = 0.1$，$\rho = 0.5$，$\lambda = 0.5$，$\eta = 0.5$，$\overline{\eta} = 0.1$；曲线 $a(\overline{\lambda} = 0.08)$ 对应的维持点为 $\phi^S = 0.0551$；曲线 $b(\overline{\lambda} = 0.1)$ 对应的维持点为 $\phi^{SL} = 0.0909$；曲线 $c(\overline{\lambda} = 0.12)$ 存在两个维持点，低维持点和高维持点分别为 $\phi^{SL} = 0.1495$，$\phi^{SH} = 0.6081$；曲线 $d(\overline{\lambda} = 0.15)$ 不存在维持点。

② $L^w = 0.1$，$\rho = 0.5$，$\overline{\lambda} = 0.08$，$\eta = 0.5$，$\overline{\eta} = 0.1$；曲线 a 和曲线 c 分别是突破点 ϕ^{BH} 和 ϕ^{BL}；曲线 d 是维持点 ϕ^S。

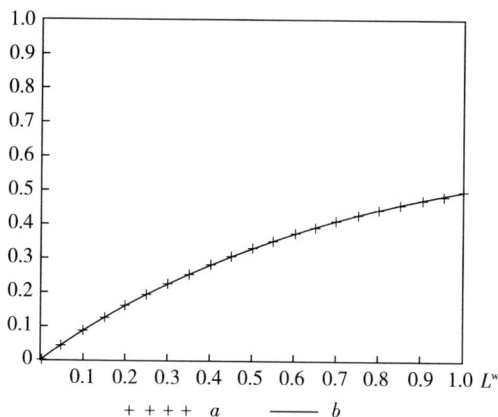

图 3-9　突破点与维持点的关系（2）①

情形 1：只存在一个突破点 ϕ^B 和一个维持点 ϕ^S，且 $\phi^S<\phi^B$。

情形 2：只存在一个突破点 ϕ^B 和一个维持点 ϕ^S，且 $\phi^S>\phi^B$。

情形 3：只存在一个突破点 ϕ^B 和一个维持点 ϕ^S，且 $\phi^S=\phi^B$。

2. 其他情形

除了上述情形外，经济系统还可能存在以下多种情形（见图 3-10 至图 3-13）：既可能出现突破点与维持点均不存在（见图 3-10 中 $\rho=0.5$ 时），仅存在维持点而突破点不存在的情况（见图 3-8 中 $\lambda=0.1$ 时），也可能出现仅存在突破点而维持点不存在的情况（见图 3-13 中 $\eta=0.2$ 时），存在两个突破点且不存在维持点的情况（见图 3-11 中 $\lambda=0.4$ 时），存在两个维持点且不存在突破点的情况（见图 3-11 中 $\lambda=0.2$ 时），存在两个突破点和一个维持点的情况（见图 3-8 中 $\lambda=0.2$ 时），存在两个维持点和一个突破点的情况（见图 3-12 中 $\lambda=0.7$ 时），还可能两个突破点与两个维持点同时存在。当出现两个突破点和两个维持点时，ϕ^{BH}、ϕ^{BL}、ϕ^{SH} 与 ϕ^{SL} 的大小包含以下几种关系：$\phi^{BH}>\phi^{SH}>\phi^{SL}>\phi^{BL}$（见图 3-12 中 $\lambda=0.5$ 时），$\phi^{BH}>\phi^{SH}>\phi^{SL}=\phi^{BL}$（见图 3-13 中 $\eta=0.7368$ 时），$\phi^{BH}>\phi^{SH}>\phi^{BL}>\phi^{SL}$（见图 3-13 中 $\eta=0.8$ 时），$\phi^{SH}>\phi^{BH}>\phi^{BL}>\phi^{SL}$（见图 3-12 中 $\lambda=0.3$ 时），$\phi^{SH}=\phi^{BH}>\phi^{BL}>\phi^{SL}$（见图 3-13 中 $\eta=0.8526$ 时）。将以上情况分别整理如下：

情形 4：只存在一个突破点 ϕ^B 的情形。

情形 5：存在一个突破点 ϕ^B 和两个维持点 $\phi^{SL}<\phi^{SH}$ 的情形。

---

① $\rho=0.5$，$\lambda=0.5$，$\bar{\lambda}=0.1$，$\eta=0.5$，$\bar{\eta}=0.1$；曲线 a 是突破点 ϕ^B；曲线 b 是维持点 ϕ^S。

情形 6：只存在一个维持点 ϕ^S 的情形。

情形 7：存在一个维持点 ϕ^S 和两个突破点 $\phi^{BL}<\phi^{BH}$ 的情形。

情形 8：存在两个突破点 $\phi^{BL}<\phi^{BH}$ 且不存在维持点的情形。

情形 9：存在两个维持点 $\phi^{SL}<\phi^{SH}$ 且不存在突破点的情形。

情形 10：存在两个维持点和两个突破点且 $\phi^{BH}>\phi^{SH}>\phi^{SL}>\phi^{BL}$ 的情形。

情形 11：存在两个维持点和两个突破点且 $\phi^{BH}>\phi^{SH}>\phi^{SL}=\phi^{BL}$ 的情形。

情形 12：存在两个维持点和两个突破点且 $\phi^{BH}>\phi^{SH}>\phi^{BL}>\phi^{SL}$ 的情形。

情形 13：存在两个维持点和两个突破点且 $\phi^{SH}>\phi^{BH}>\phi^{BL}>\phi^{SL}$ 的情形。

情形 14：存在两个维持点和两个突破点且 $\phi^{SH}=\phi^{BH}>\phi^{BL}>\phi^{SL}$ 的情形。

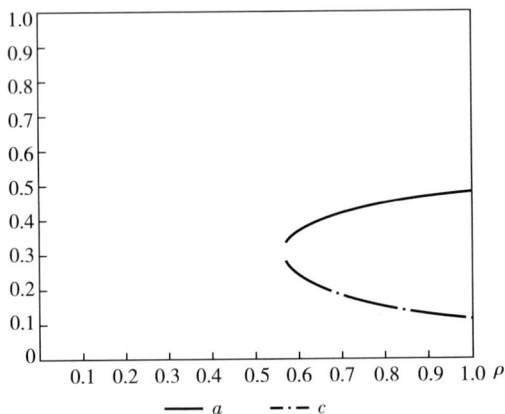

图 3-10　突破点与维持点的关系（3）①

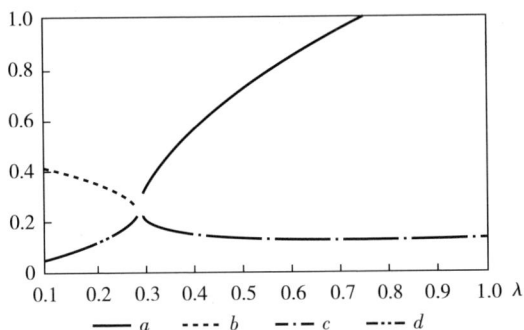

图 3-11　突破点与维持点的关系（4）②

① $L^w=0.1$，$\lambda=0.5$，$\bar{\lambda}=0.22$，$\eta=0.5$，$\bar{\eta}=0.1$；曲线 a 是突破点 ϕ^{BH}；曲线 c 是突破点 ϕ^{BL}。

② $L^w=0.1$，$\rho=0.5$，$\bar{\lambda}=0.15$，$\eta=0.5$，$\bar{\eta}=0.1$；曲线 a 是突破点 ϕ^{BH}；曲线 b 是突破点 ϕ^{SH}；曲线 c 是突破点 ϕ^{BL}；曲线 d 是维持点 ϕ^{SL}。

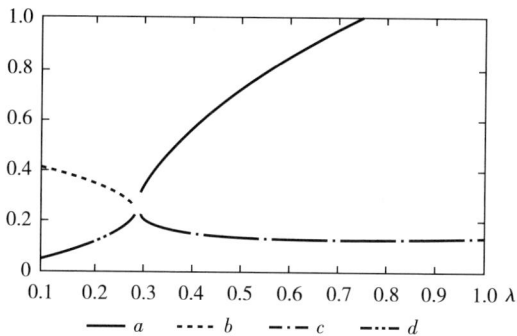

图3-12　突破点与维持点的关系（5）①

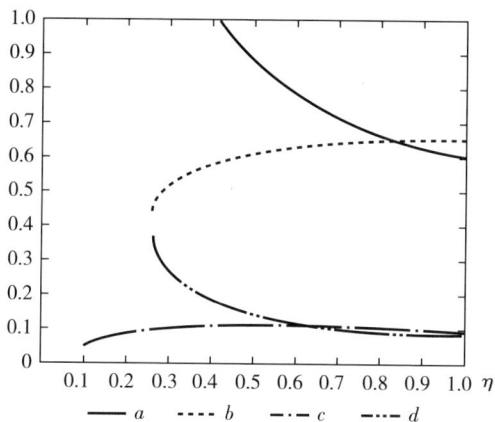

图3-13　突破点与维持点的关系（6）②

（三）突破点、维持点与经济地理均衡

依据上文分析的突破点与维持点的大小关系情况，探讨贸易自由度变化如何影响经济地理均衡，揭示突破点、维持点的大小关系及其呈现出的经济系统空间均衡状态。下面依据上述多种情形下的经济地理均衡展开讨论：

在突破点和维持点处于情形1、情形2和情形3时，即存在唯一维持点和唯一突破点。当维持点小于突破点时，本模型所得结论与CP模型的结论相似（见

①　$L^w = 0.1$，$\rho = 0.5$，$\bar{\lambda} = 0.12$，$\eta = 0.5$，$\bar{\eta} = 0.1$；曲线 a 是突破点 ϕ^{BH}；曲线 b 是突破点 ϕ^{SH}；曲线 c 是突破点 ϕ^{BL}；曲线 d 是维持点 ϕ^{SL}。

②　$L^w = 0.1$，$\rho = 0.5$，$\lambda = 0.5$，$\bar{\lambda} = 0.12$，$\bar{\eta} = 0.1$；曲线 a 是突破点 ϕ^{BH}；曲线 b 是突破点 ϕ^{SH}；曲线 c 是突破点 ϕ^{BL}；曲线 d 是维持点 ϕ^{SL}。

图 3-14a），随着贸易自由的增加，资本或企业空间格局的变化表现出由分散向集聚突变的演化特征，但此过程存在对称与核心共存状态；当维持点大于突破点时，本模型所得结论与 LS 模型类似（见图 3-14b），随着贸易自由度的增加，资本或企业的空间格局表现出由分散向集聚渐变的演化特征；当维持点等于突破点时，本模型所得结论与 CC、GS 模型结论相似（见图 3-14c），随着贸易自由度的增加，资本或企业空间格局的变化表现出突变的特征。此外，无论维持点与突破点之间的大小关系如何，当贸易自由度很大时，核心—边缘均衡均是唯一稳定均衡。

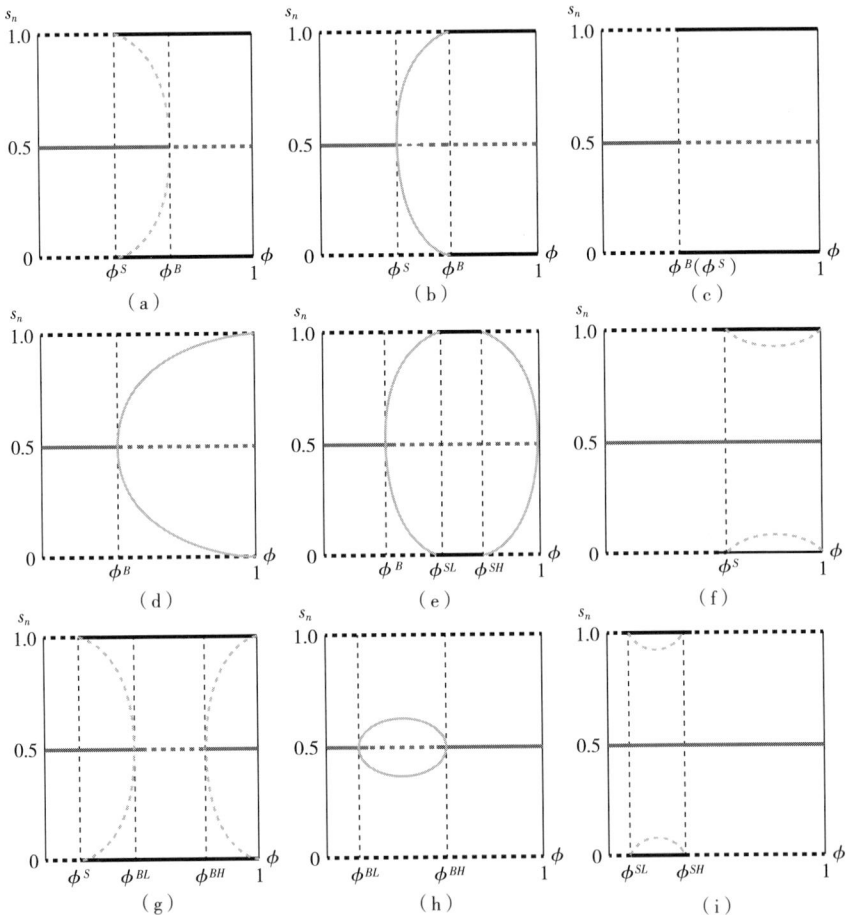

图 3-14　贸易自由度变化与经济地理均衡图解①

---

① 图中曲线和点仅描绘了贸易自由度变化与经济地理均衡的相对位置和大致走势，以便更清晰地反映出由贸易自由度变化而产生的经济地理均衡演化过程和趋势特征。其中，黑色宽粗线表示核心—边缘均衡，深灰色宽粗线表示对称均衡，浅灰色线表示非对称内点均衡；实线表示稳定均衡，虚线表示不稳定均衡。

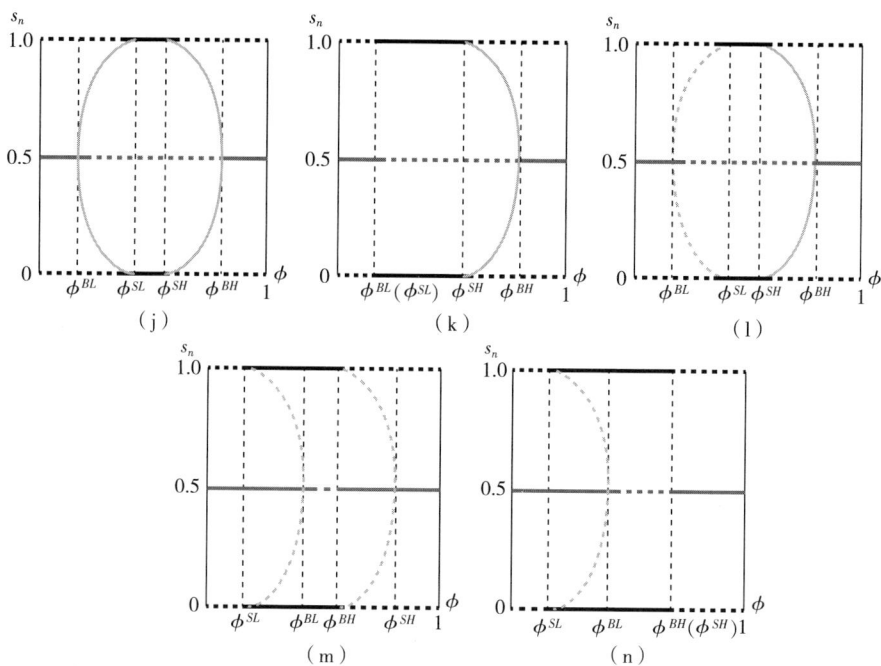

图 3-14 贸易自由度变化与经济地理均衡图解（续图）

在突破点和维持点处于情形 4 和情形 5 时，即只存在一个突破点、同时存在一个突破点和两个维持点的情况下，经济系统由对称均衡开始，向内部非对称均衡转变。随着贸易自由度的增加，资本或企业空间格局的变化表现出渐变的特征。当贸易自由度很大时，内部非对称均衡是唯一稳定均衡（见图 3-14d、图 3-14e）。

在突破点和维持点处于情形 6 和情形 7 时，即只存在一个维持点、同时存在一个维持点和两个突破点的情况下，经济系统由对称均衡开始，向对称均衡与核心—边缘均衡同时存在转变。随着贸易自由度的增加，资本或企业空间格局的变化表现出突变的特征。当贸易自由度很大时，同时存在对称结构均衡和核心—边缘结构均衡两种稳定均衡（见图 3-14f、图 3-14g）。

在突破点和维持点处于情形 8~情形 14 时，由对称均衡是唯一稳定均衡开始，中间经过不同的空间均衡状态演化，再到对称均衡是唯一稳定均衡。当贸易自由度很大时，对称结构均衡是经济系统中的唯一稳定均衡（见图 3-14h 至图 3-14n）。

从以上多种情形对应的参数值可以发现，总体来说，贸易自由度的变化可以引起多种形式的经济地理稳态。当知识溢出分散力小于或等于环境污染溢出集聚力时，随着贸易自由度的增大，资本或企业空间格局演变的总趋势为"分散—集聚"（见图3-14a至图3-14e）；当知识溢出分散力大于环境污染溢出集聚力时，随着贸易自由度的增大，资本或企业空间格局演变总体上呈现出"分散—集聚—分散"的趋势（见图3-14f至图3-14n）。也就是说，贸易自由度对资本或企业空间分布格局的影响，受到知识溢出分散力、环境污染溢出集聚力的调节作用。

第四节 模型特征

总收入（总支出）E^w指的是居民可支配收入（购买力），经济系统的总收入等于区域的要素收入减去新资本创造的支出，要素收入包括劳动力收入和资本收益，资本创造要弥补资本折旧支出$\delta K^w a_I$和维持资本净增长支出$gK^w a_I$。国内生产总值（GDP）包括消费支出、资本投资、货物和服务净出口等方面，而名义GDP不仅包含消费总支出E^w，还包含投资支出$(g+\delta)\left[s_n K^w a_I+(1-s_n)K^w a_I^*\right]$。因此，总收入$E^w$和GDP的算式如下：

$$E^w=L^w+bE^w-(g+\delta)\left[s_n K^w a_I+(1-s_n)K^w a_I^*\right]$$

$$GDP=E^w+(g+\delta)\left[s_n K^w a_I+(1-s_n)K^w a_I^*\right]=L^w+bE^w \tag{3-42}$$

由于衡量经济增长先要得到名义GDP和全域总支出，而且经济增长是在已知名义GDP的基础上，扣除物价因素影响后的真实GDP增长率，因此，还要考虑价格指数对名义经济增长的影响。

一、对称均衡时的经济增长

对称均衡时，将对应的资本份额、资本创造成本、资本增长率等代入总支出E^w表达式，可以得到：

$$E_{sym}^w=\frac{\eta\rho+\overline{\eta}\rho+\lambda L^w+\overline{\lambda}L^w}{\lambda+\overline{\lambda}} \tag{3-43}$$

代入GDP表达式，可得对称均衡时的名义GDP：

$$GDP_{sym}=L^w+\frac{\mu}{\delta}\left(\frac{\eta\rho+\overline{\eta}\rho+\lambda L^w+\overline{\lambda}L^w}{\lambda+\overline{\lambda}}\right) \tag{3-44}$$

由于真实GDP要扣除物价因素，采用价格指数对其进行平减。对称均衡时模型中的资本总量以及各区域的资本增长率相同，资本存量的增加并不会对可支配收入和GDP产生影响，但是单位资本对应着一种制造业产品的生产，因此产品种类会随着资本存量的增加而增多，而产品种类的增加意味着产品价格的降低，进而总价格指数是不断降低的，由此带来每个区域的生活成本指数下降，居民实际收入上升。接下来，首先分析价格指数的变化情况。

资本增长率可以表示为 $dK^w/dt/K^w = \dot{K}^w/K^w = g$，可以得到资本存量随着时间变化的表达式：

$$K^w(t) = K^w(0)e^{gt} \Rightarrow n^w(t) = n^w(0)e^{gt} \tag{3-45}$$

而对称均衡时北部地区的制造业产品价格指数为：

$$P_M = \left[\int_0^{n^w} p^{1-\sigma} \mathrm{d}i \right]^{1/(1-\sigma)} = (np^{1-\sigma} + n^* \tau^{1-\sigma} p^{1-\sigma})^{1/(1-\sigma)} = p\left[\frac{(1+\phi)}{2} \right]^{1/(1-\sigma)} (n^w)^{1/(1-\sigma)} \tag{3-46}$$

可以看出，在一定的贸易自由度条件下，制造业产品价格指数随着产品种类数量的增加而下降，即 $P_M(t) = P_M(0)e^{gt/(1-\sigma)}$，同理可以得到，南部地区的制造业产品价格指数 $P_M^*(t) = P_M^*(0)e^{gt/(1-\sigma)}$ 也会随着产品种类数量的增加而下降。由于总价格指数 $P = P_A^{1-\mu}P_M^\mu$ 中的农产品价格标准化为1，总价格指数只受到制造业产品价格指数的影响：

$$P(t) = [P_M(t)]^{-\mu} = [P_M(0)]^{-\mu}e^{-\mu gt/(1-\sigma)}, \quad P^*(t) = [P_M^*(t)]^{-\mu} = [P_M^*(0)]^{-\mu}e^{-\mu gt/(1-\sigma)} \tag{3-47}$$

经过整理可以得到 $[P_M(t)/P_M(0)]^{-\mu} = e^{\mu gt/(\sigma-1)}$，说明总价格指数是以 $\mu g/(\sigma-1)$ 速度下降的。在名义 GDP 不变的情况下，真实 GDP 则按照 $\mu g/(\sigma-1)$ 速度上升。因此，在对称均衡下，经济增长率可以表示为：

$$g_{sym\_GDP}^{real} = g_{sym}\mu/(\sigma-1) \tag{3-48}$$

由于模型中制造业生产成本和资本创造成本受到本地、跨区域的知识溢出和环境污染溢出效应影响，因此，随着本地和跨区域知识溢出效应的增加，本地和跨区域环境污染溢出效应的减弱，资本创造成本降低，从而使资本创造速度上升，进一步提升对称均衡下的经济增长率，加快真实 GDP 的增长速度。因此，在经济系统对称均衡条件下，经济增长率与资本增长率存在正相关关系，即在制造业产品消费份额和产品间替代弹性不变条件下，资本增长率越高，经济增长率越高。为了揭示经济增长率的影响因素及其作用方向，结合对称均衡时的资本增长式（3-25），可得：

$$g_{sym\_GDP}^{real} = \frac{\mu(\eta\mu\rho + \bar{\eta}\mu\rho + \lambda\mu L^w + \bar{\lambda}\mu L^w - \eta\rho\sigma - \bar{\eta}\rho\sigma - \delta\eta\sigma - \delta\bar{\eta}\sigma)}{\sigma(\eta+\bar{\eta})(\sigma-1)} \tag{3-49}$$

分别对 λ 和 $\bar{\lambda}$ 求偏导，可以得到：

$$\frac{\partial g_{sym\_GDP}^{real}}{\partial \lambda} = \frac{\partial g_{sym\_GDP}^{real}}{\partial \bar{\lambda}} = \frac{L^w \mu^2}{\sigma(\eta + \bar{\eta})(\sigma - 1)} > 0 \tag{3-50}$$

因此，在本书理论框架下可以得到，在经济系统对称均衡条件下，经济增长率与本地知识溢出效应、跨区域知识溢出效应存在正相关关系，即本地知识溢出和跨区域知识溢出能够促进经济增长。

二、核心—边缘均衡时的经济增长

核心—边缘均衡时，将对应的资本份额、资本创造成本、资本增长率等代入总支出 E^w 表达式，可以得到：

$$E_{cp}^w = \frac{\eta\rho + \lambda L^w}{\lambda} \tag{3-51}$$

代入 GDP 表达式，可得核心—边缘均衡时的名义 GDP：

$$GDP_{cp} = \frac{\eta\mu\rho + \lambda\mu L^w + \lambda L^w \sigma}{\lambda\sigma} \tag{3-52}$$

核心—边缘均衡时的价格指数与对称均衡时相类似，北部地区的经济增长率为：

$$g_{cp\_GDP}^{real} = g_{cp}\mu / (\sigma - 1) \tag{3-53}$$

为了揭示核心—边缘均衡时经济增长率的影响因素及其作用方向，结合核心—边缘均衡时的资本增长算式（3-31），可得：

$$g_{cp\_GDP}^{real} = \frac{\mu[\mu\eta\rho + \mu\lambda L^w - (\delta + \rho)\eta\sigma]}{\eta\sigma(\sigma - 1)} \tag{3-54}$$

对 λ 求偏导，可以得到：

$$\frac{\partial g_{cp\_GDP}^{real}}{\partial \lambda} = \frac{L^w \mu^2}{\eta\sigma(\sigma - 1)} > 0 \tag{3-55}$$

因此，在本书理论框架下可以得到，在经济系统核心—边缘均衡条件下，经济增长率与本地知识溢出效应存在正相关关系，即本地知识溢出能够促进经济增长。

三、空间分布模式与经济增长

通过比较对称均衡与核心—边缘均衡时的经济增长率，可以发现对称均衡与核心—边缘均衡时的经济增长率的大小取决于 $\frac{\bar{\lambda}}{\lambda}$ 与 $\frac{\bar{\eta}}{\eta}$ 之间的关系，该结果类似于上文分析的空间分布模式与资本增长率的关系。

$$g_{sym\_GDP}^{real} - g_{cp\_GDP}^{real} = \frac{\mu^2 L^w \lambda}{\sigma(\sigma-1)(\eta+\overline{\eta})} \left(\frac{\overline{\lambda}}{\lambda} - \frac{\overline{\eta}}{\eta} \right) \tag{3-56}$$

由式（3-56）可知，经济系统中空间分布模式是否会影响长期均衡的经济增长，依赖于跨区域知识溢出效应、本地知识溢出效应与跨区域环境污染溢出效应、本地环境污染溢出效应之间的关系。当知识溢出分散力小于或等于环境污染溢出集聚力时，核心—边缘均衡状态下的经济增长率大于或等于对称均衡状态下的经济增长率；当知识溢出分散力大于环境污染溢出集聚力时，对称均衡状态下的经济增长率大于核心—边缘均衡状态下的经济增长率。

当知识溢出分散力小于或等于环境污染溢出集聚力时，由不同空间分布模式下的经济增长率可知，核心—边缘均衡状态下的经济增长率大于或等于对称均衡状态下的经济增长率。此时，结合贸易自由度变化与经济地理均衡分析结果可知，随着贸易自由度的提升，经济系统逐渐由分散向集聚空间格局转变，随之经济增长率也有所提高。

当知识溢出分散力大于环境污染溢出集聚力时，由不同空间分布模式下的经济增长率可知，对称均衡状态下的经济增长率大于核心—边缘均衡状态下的经济增长率。此时，结合贸易自由度变化与经济地理均衡分析结果，可以发现，随着贸易自由度的提升，经济系统呈现出"分散—集聚—分散"的空间演化格局，经济增长率呈先增强、后减弱、再增强的"N"形的波动变化特征。

也就是说，贸易自由度主要通过改变资本或企业的空间分布模式，产生经济地理格局演化，进而影响经济增长。当知识溢出分散力小于或等于环境污染溢出集聚力时，提高贸易自由度有利于经济增长；当知识溢出分散力大于环境污染溢出集聚力时，贸易自由度对经济增长的影响呈现出先增加、后减小、再增加的"N"形非线性波动变化。因此，在本书理论框架下可以得到，在不同的知识溢出和环境污染溢出水平下，贸易自由度对经济增长的影响不同，即贸易自由度对经济增长的影响存在一定的门槛特征。

本章小结

本章借鉴内生增长理论、集聚外部性和网络外部性理论，将本地知识溢出、跨区域知识溢出、贸易自由度与区域经济网络之间的关系进行合理假设，融入内生增长理论的"干中学"思想以及集聚和网络外部性，以知识溢出（技术跨期外部性和区域经济网络外部性）作为经济内生增长机制，同时考虑知识溢出和环境污染溢出的跨界影响，从资本创造成本和企业可变成本两个方面对局部溢出模型进行合理扩展，在新经济地理学框架下，构建了包含知识溢出和环境污染溢出的内生增长模型，探讨了区域经济网络与经济增长的理论关系。研究发现：

第一，本地知识溢出、跨区域知识溢出和贸易自由度的变化，会引致需求关联效应、市场拥挤效应和资本溢出效应，从而影响经济系统中对称均衡的稳定性，促使经济地理空间格局发生演化。提升本地知识溢出效应、抑制跨区域知识溢出效应，能够促使企业或资本偏离对称分布，有利于集聚化空间格局的形成；而增强本地环境污染溢出效应、减弱跨区域环境污染溢出效应，能够促使企业或资本偏离核心—边缘分布，促使分散化空间格局的形成。

第二，经济系统中空间分布模式是否会影响长期均衡的经济增长，依赖于跨区域知识溢出效应、本地知识溢出效应与跨区域环境污染溢出效应、本地环境污染溢出效应之间的关系。当知识溢出分散力小于或等于环境污染溢出集聚力时，核心—边缘均衡状态下的经济增长率大于或等于对称均衡状态下的经济增长率；当知识溢出分散力大于环境污染溢出集聚力时，对称均衡状态下的经济增长率大于核心—边缘均衡状态下的经济增长率。

第三，经济增长与本地知识溢出效应、跨区域知识溢出效应存在正相关关系，即本地知识溢出和跨区域知识溢出能够促进经济增长。贸易自由度主要通过改变资本或企业的空间分布模式，产生经济地理格局演化，进而影响经济增长。当知识溢出分散力小于或等于环境污染溢出集聚力时，提高贸易自由度有利于经济增长；当知识溢出分散力大于环境污染溢出集聚力时，贸易自由度对经济增长的影响呈现出先增加、后减小、再增加的"N"形非线性波动变化。

第四章 中国区域经济网络的演化特征及机制分析

本章在测度区域经济网络的基础上，揭示了中国区域经济网络的演化特征及演化机制。交通、企业、知识、技术、信息等要素流动是区域经济网络的重要介质，对了解区域经济网络的演化格局和洞察区域经济网络的演化机制均具有重要价值。已有相关文献主要从以下几类来源对区域经济网络进行表达：一是利用腾讯、百度等互联网的位置信息和搜索引擎大数据，考察人口流动和信息网络等的结构演化特征（安顿等，2022；王录仓等，2021），但限于长时间段数据的获取难度，仅能获得固定时点或某一时段的数据，无法获得更多的历史数据；二是利用铁路或公路时刻表、航空航线信息和电子地图等，分析交通网络发展及其结构特征（陈俐锦等，2021；王姣娥等，2019；陈晓佳等，2021）；三是利用企业总部与分支机构、企业投资联系数据，探讨网络演化特征及其外部性机制（赵渺希等，2015；安顿等，2022；盛科荣等，2019b）；四是利用专利申请授权和论文发表数据库，构建知识网络、技术网络和创新网络，分析创新网络结构特征及演化机制（曹湛等，2022；戴靓等，2022；邓慧慧等，2022）；五是采用区域间投入产出表数据，探讨中国国民经济循环（李敬和刘洋，2022），但仅能获得固定时点或某一时段的数据，限制了研究的连续性。参考现有研究，本书依据研究内容并考虑数据的连续性和可获得性，从交易成本网络（显性）和知识溢出网络（隐性）两个方面，描绘区域经济网络特征，揭示区域经济网络发展现状。其中，交易成本网络包括城市之间的公路、铁路、航空和货运联系；知识溢出网络涵盖企业总部与分支机构之间的联系，城市之间的专利合作、论文合作，以及城市之间的信息联系。

第一节 数据来源与研究方法

一、数据来源

(一) 公路交通网络

利用 Python 编程调用高德开放平台 (https://lbs.amap.com) 的路线规划接口,获取地级以上两个城市之间驾车路线规划的最短交通时间距离,数据获取时间为 2021 年 11 月 20 日。

本书的公路交通网络是通过城市之间的最短交通距离的倒数来构建的,以表征城市之间凭借公路交通而产生的联系强度。举例来说,若城市 i 到城市 j 的最短公路交通距离为 $road_{ij}$,则二者之间的联系强度为 $1/road_{ij}$,该数值越大,表明两个城市之间的公路交通联系越强。由于采用的是高德地图的路线规划接口,虽然两个城市之间的地理距离是固定的,但是检索符合条件的最短公路驾车时间距离可能不一致,两个城市之间的最短交通距离是不同的。因此,本书构建的公路交通网络属于有向多值网络。

为了测算区域经济网络中交易成本维度在公路交通方面的现状,依据城市之间最短驾车交通距离倒数构建的公路交通网络,反映了地区之间公路运输的联系程度和可达性,相较于地理距离数据,本书采用的最短驾车时间距离更符合现实中货物、商品等要素的跨区域传输效率,更加具有现实意义。

(二) 铁路交通网络

本书主要从携程旅行 (https://www.ctrip.com)、中国铁路 12306 (https://www.12306.cn) 等渠道,获取全部铁路列车时刻表数据,并在此基础上通过随机抽取极品时刻表和盛名时刻表的各版本应用程序进行交叉验证等方式,进行人工校验和修正。

由于铁路运行车次相对固定,相对于航空班次数据波动性较小,借鉴研究中的常规做法,采用一年当中某一天的数据作为代表 (王姣娥等,2019),最终获得了 2011~2019 年 O-D 城际铁路运行班次数据,车次类型包含高铁、城际、动车和普快等。通过统计城市之间开行的列车班次,建立城市之间 O-D 铁路运行班次矩阵,构建铁路交通网络,以表征城市之间铁路方面的交通联系程度。

为了测算区域经济网络中在铁路交通方面的交易成本现状，依据城市之间铁路运行班次数据构建的铁路交通网络，反映了地区之间铁路运输方面的联系程度和可达性，本书采用的铁路运行班次能够符合反映中人流、物流等要素的跨区域传输效率，更加具有现实意义。

（三）航空交通网络

航空交通数据来源于飞常准（http：//www.variflight.com）的民航客运总执行航班数据，鉴于航空交通数据受天气等不确定因素的影响波动性相对较大，通过获取一年内每周的执行航班次数，最终获得了 2019 年各城市之间的航空班次数量平均值（鉴于 2020 年和 2021 年受疫情管控影响，航班执行班次的波动性较大，未将这两年的数据纳入分析）。通过统计城市之间执行航班次数的年平均值，构建航空交通网络，以表征城市之间航空方面的交通联系程度。

为了测算区域经济网络中在航空交通方面的交易成本现状，依据城市之间执行航空客运班次数据构建的航空交通网络，反映了地区之间航空运输方面的联系程度和可达性，本书采用的航空执行班次能够反映现实中城市之间的交通便捷程度，特别是地理距离相对较远地区之间的可达性和跨区域传输效率，更加具有现实意义。

（四）货运联系网络

货运联系数据来源于菜鸟运输市场（https：//56.1688.com）的货运线路数据，数据获取年份为 2021 年。通过输入发货地和收货地进行查询，检索出两地之间的所有货运线路，通过统计两地之间多条运输线路的总数，表征两地之间物流联系程度。

通过对 286 个地级以上行政单元之间所有货运线路的总数进行求和，计算出两个城市之间货运联系网络，以表征城市之间在物流方面的便捷程度，进而表征货运联系程度和可达性。

为了全面客观地测算区域经济网络中在货物运输方面的交易成本现状，本书将区域之间的物流网络联系纳入交易成本维度的区域经济网络测算，依据城市之间货运线路数量构建的货运联系网络，反映了地区之间在物流运输方面的联系程度和可达性。本书采用的货运线路数据能够反映现实中城市之间的商品交易可达性、物流联系程度和跨区域传输效率，特别是弥补了客运班次数据中货物运输方面的不足，对于全面反映区域经济网络中交易成本维度的网络联系，更加具有针对性和现实意义。

（五）企业联系网络

参考现有研究，本书选择上市公司的总部与分支机构数据，来表征城市之间企业经济活动的互动。作为区域经济网络中的微观主体，上市公司的经济活动涵盖制造业、服务业等多种国民经济行业分类，企业网络能够更加充分、直观地反映城市之间的经济联系（盛科荣等，2021a）。数据来源于国泰安数据库（上市公司总部与分支机构数据包含了上市公司 ID、关联公司名称、注册资本和地址等信息）。

依据上市公司总部和分支机构的地址信息，将上市公司总部所在城市和关联机构所在城市分别定义来源地和目标地，将所有行业上市公司的总部与分支机构的关联次数作为边权重，最终得到 286 个地级以上行政单元 2011~2019 年的有向多值企业网络。

（六）知识合作网络

选择的数据库为 Web of Science 核心合集，引文索引选择 SCI 和 SSCI，输入检索表达式"PY = 对应的年份 AND CU = China"。以北京市为例，输入检索式"PY =（2019）AND CI =（Beijing）"，检索到北京市 2019 年发表的论文，然后将各省级单元的数据合并为全国，并下载保存为 txt 文本文件。以此类推，将原始数据按年份进行合并处理，获得 2011~2019 年中国大陆全部科学论文发表数据。采用 Citespace 软件对重复数据进行去重整理，利用 Loet Leydesdorff 的相关程序 cities1. exe 和 cities2. exe 提取文章的地址信息，根据地址信息字段，整理出中国地级以上城市之间的合作发表论文数据。

城市之间的知识合作网络通过城市间论文合作联系来构建，该联系是指不同科研单位所在城市的学者之间合作发表论文的数量。其中，将独立作者和同城作者合作的论文数量予以剔除（如某论文由东北师范大学和吉林大学的学者合作完成，表征长春—长春的联系，则不在研究范围内），本书考虑的是涉及城市之间跨地域合作的论文产出（如某论文由东北师范大学和哈尔滨工业大学的学者合作发表，包含哈尔滨—长春的知识联系次数计为一次）。

知识网络构建的具体步骤如下：根据获取的 Web of Science 论文信息数据，剔除独作和同城合作的论文，配以人工识别，得到每篇合作论文主体所属科研机构的城市归属信息，构建"城市—论文"的二模网络（见图 4-1a）。然后，将数据导入 UCINET 软件，将二模网络转为"城市—城市"的一模网络（见图 4-1b 到图 4-1c 的过程），并忽视对角线的数值（自身联系视为 0），其余单元格赋值为两个城市之间的论文合作数量（见图 4-1d），从而构建出知识网络矩阵，根据城市之间的合作发表论文数量生成知识关联网络（戴靓等，2021）。

（七）专利合作网络

专利是知识技术创新产出的主要体现形式和反映创新能力的重要指标（柳卸

林和杨博旭，2020），专利合作是企业、科研单位等组织之间的技术共享和交流取得的技术创新合作成果，被广泛用于技术创新网络的构建（周锐波等，2021）。因此，本书采用合作专利数据来衡量区域之间的技术合作联系水平，专利数据来源于Incopat专利数据库（https：//www. incopat. com/）。

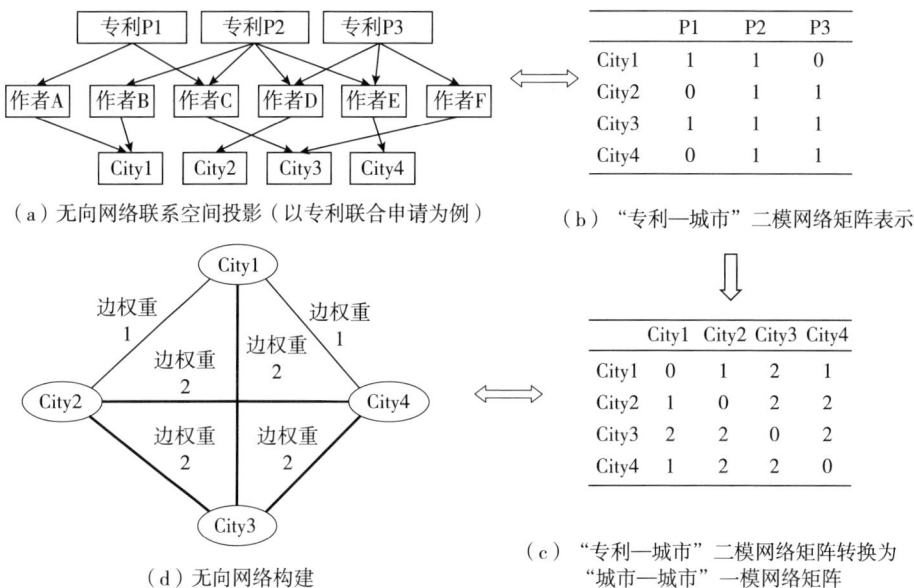

（a）无向网络联系空间投影（以专利联合申请为例）

（b）"专利—城市"二模网络矩阵表示

	P1	P2	P3
City1	1	1	0
City2	0	1	1
City3	1	1	0
City4	0	1	1

（d）无向网络构建

（c）"专利—城市"二模网络矩阵转换为"城市—城市"一模网络矩阵

	City1	City2	City3	City4
City1	0	1	2	1
City2	1	0	2	2
City3	2	2	0	2
City4	1	2	2	0

图4-1　无向网络构建示意图

处理步骤如下：首先，从Incopat数据库中导出中国范围内的申请人大于或等于2的专利信息；其次，剔除申请人地址为中国香港、中国澳门和中国台湾（不在研究范围）的合作专利；再次，申请人数量在三个及以上的，采用两两交叉的方式记成多条合作专利，并借助天眼查、企查查等网站以及人工查找等方法进行交叉验证，将申请人地址匹配到所在城市；最后，统计城市间合作专利数量并建立多值无向网络，最终构建了2011~2019年包含286个地级以上行政单元的中国区域技术合作网络。

（八）信息联系网络

随着互联网和移动通信等信息技术的发展和普及应用，网络用户主动通过PC端或移动端获取资讯和相关信息越来越便利。由于百度搜索引擎在我国搜索引擎市场中占有绝对优势，能够比较充分地反映我国网络用户的搜索行为（安頔等，2022），本书的研究数据主要来自反映网络海量用户主动搜索行为的百度指数趋势数据，采集自百度指数官网（https：//index. baidu. com）。百度指数中的搜索指数是以关键词为统计对象，计算各个关键词在网页搜索中搜索频次的加权和，该数据反映了网络用户对于特定领域的关注度，客观地反映了某个城市的搜索规模。使用搜索引擎是为了寻求相关信息，在网络搜索过程中产生的数据，可以反映出本地区对其他地区、其他地区对本地区的信息需求，在一定程度上呈现了城市之间的信息集散能力（吸引力与辐射力），从宏观层面体现了城市之间的信息流动程度。所以，利用反映网络用户主动搜索行为的百度指数大数据分析信息网络具有科学性和可信性。

百度指数关注度数据模拟的信息流是一种关系性数据，城市间百度指数数值的高低反映城市间网络信息联系的大小。在百度指数官网收集搜索行为数据时包括 PC 端和移动端，将自定义地域和关键词中所选城市分别定义为来源城市和目标城市，以长春市、哈尔滨市为例，在百度指数网页关键词选取"长春市"、自定义地域选择"哈尔滨市"，即得到原始百度搜索指数，该指数值越大，说明哈尔滨市对长春市的关注度越高，信息联系越强。将时间跨度设置为 2011 年 1 月至 2019 年 12 月，搜索地区覆盖 286 个地级以上行政单元，最终获取了 2011~2019 年百度搜索指数整体年均值，形成 9 个时段的 286×286 有向多值联系矩阵，构造多个年份的城市之间信息联系指标。

通过上述数据获取流程和网络数据构建方法，得到不同类型的区域经济网络及其说明（见表 4-1）。需要特别说明的是，在分析网络演化特征时采用原始网络矩阵，而在对不同类型的区域经济网络进行对比分析和实证分析时，需要将有向网络（见图 4-2a）转化为无向网络，对原始有向网络矩阵进行对称化处理（见图 4-2b 至图 4-2c）。企业网络和信息网络采用的是最大值对称化处理方式，其他有向网络均采用的是均值对称化处理方式。同时，为了消除不同统计方式的量纲和不同来源数据口径的影响，需要将对称化处理后的无向网络进行标准化处理，通过极差标准化方法（Liu et al.，2015a）将网络矩阵归一化至 0~1 区间（见图 4-2d），以便对不同类型区域经济网络进行整合。

表 4-1　区域经济网络的类型及说明

网络名称	网络类型	网络说明与处理
区域经济网络	多值无向网络	由知识溢出网络和交易成本网络整合而成
知识溢出网络	多值无向网络	由企业联系、知识合作、技术合作和信息联系网络整合而成

网络名称	网络类型	网络说明与处理
交易成本网络	多值无向网络	由公路交通、铁路交通、航空交通和货运联系网络整合而成
企业联系网络	多值有向网络	网络整合时将其标准化和对称化处理
知识合作网络	多值无向网络	网络整合时将其标准化处理
技术合作网络	多值无向网络	网络整合时将其标准化处理
信息联系网络	多值有向网络	网络整合时将其标准化和对称化处理
公路交通网络	多值有向网络	网络整合时将其标准化和对称化处理
铁路交通网络	多值无向网络	网络整合时将其标准化处理
航空交通网络	多值有向网络	网络整合时将其标准化和对称化处理
货运联系网络	多值有向网络	网络整合时将其标准化和对称化处理

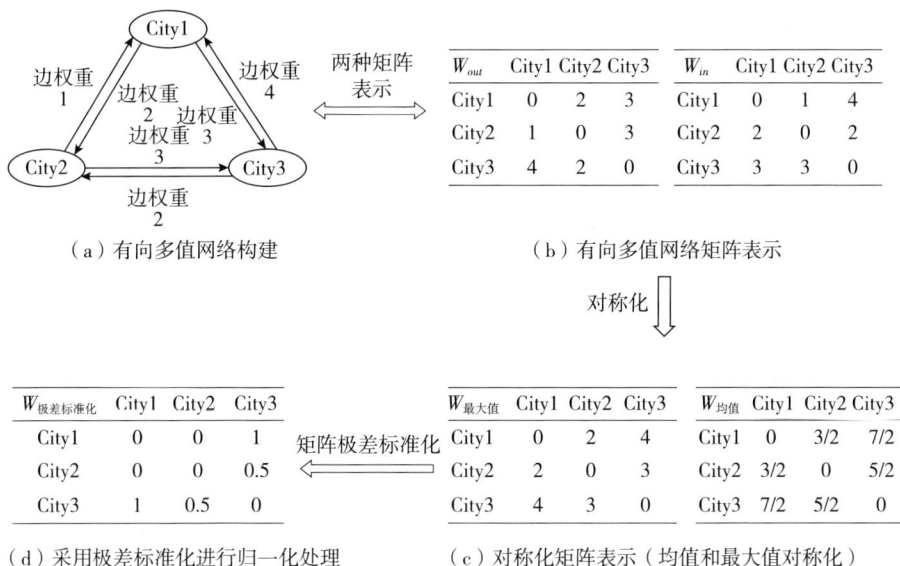

图4-2 有向网络构建示意图

本书的区域经济网络由知识溢出网络和交易成本网络整合而成（两类网络中的对应元素加权平均），对整合后的网络进行行标准化处理，将其作为后文空间计量分析的空间权重矩阵。其中，知识溢出网络是由企业联系网络、知识合作网络、技术合作网络和信息联系网络整合而成，采用加权平均法进行整合（见图4-3a至图4-3b），整合后的区域知识溢出网络中的对应元素反映了区域之间知识技术信息的可达性；对整合后的网络进行行标准化处理，将其作为后文空间计量分析的空间权重矩阵（见图 4-3b 至图 4-3c）。交易成本网络由公路交通网络、铁路交通网络、航空交通网络和货运联系网络整合而成，同样采用加权平均法对网络进行整合，对整合后的网络进行行标准化处理，整合后的区域交易成本网络中的对应元素反映了区域之间商品、货物等流通要素的可达性。

W_1	City1	City2	City3
City1	0	1	0.5
City2	1	0	0.2
City3	0.5	0.2	0

W_2	City1	City2	City3
City1	0	0.2	1
City2	0.2	0	0.4
City3	1	0.4	0

W_3	City1	City2	City3
City1	0	0.6	0.2
City2	0.6	0	1
City3	0.2	1	0

W_4	City1	City2	City3
City1	0	1	0.3
City2	1	0	0.8
City3	0.3	0.8	0

（a）对称化和标准化后的区域经济网络矩阵

网络整合 ⟱

$W_{加权平均}$	City1	City2	City3
City1	0	0.7	0.5
City2	0.7	0	0.6
City3	0.5	0.6	0

矩阵行标准化 ⟹

$W_{行标准化}$	City1	City2	City3
City1	0	0.583	0.417
City2	0.538	0	0.462
City3	0.455	0.545	0

（b）整合后的矩阵表示（对应元素的加权平均值）　　　　（c）行标准化矩阵

图 4-3　网络整合与行标准化示意图

二、研究方法

（一）社会网络分析

1. 网络整体指标

参考相关学者研究，采用网络密度、平均路径长度和平均聚集系数来衡量网络整体指标（刘军，2014；王录仓等，2021；周锐波等，2021；吴江，2015）。

①网络密度 $d(n)$。由 n 个节点和 l 条链接组成的区域经济网络，其网络密度是实际拥有的链接数与最多可能拥有的链接数 $n(n-1)$ 之比，刻画了区域经济网络中节点之间连线的紧密程度，算式如下：

$$d(n) = 2l/n(n-1) \qquad (4-1)$$

②平均路径长度 $L(n)$。区域经济网络中任意两个节点之间距离的平均值，反映了区域经济网络中节点之间的分离程度，算式如下：

$$L(n) = \frac{2}{n(n-1)} \sum_{i \neq j} d_{ij} \qquad (4-2)$$

式（4-2）中，d_{ij} 为区域经济网络中节点 i 与 j 之间的距离，用连接两个节点的最短路径上的边数表示。

③平均聚集系数 $C(n)$。网络聚集系数表征了网络中节点相邻的可能性，反映了区域经济网络中节点之间集聚成团的程度，算式如下：

$$C(n) = \sum_i^n C_i / n = \sum_i^n \frac{2E_i}{k_i(k_i-1)} / n \qquad (4-3)$$

式（4-3）中，C_i 为节点 i 的聚集系数，k_i 为节点 i 的邻居个数，E_i 为 k_i 个邻居之间的实际链接数。

2. 网络中心性

网络中心性是社会网络分析中衡量节点重要性的常用指标，相关的具体计算方式参见刘军（2014）、周锐波等（2021）、吴江（2015）。度数中心性是指与该节点连接的边的数量，表示节点在网络中与其他节点发生直接联系的可能性的大小，直接体现节点的中心性。若一个节点具有较高的度数中心性，则该节点居于网络的中心，拥有较高的权力、地位、资源集散能力和影响力。特征向量中心性认为一个节点的重要性，不仅取决于其邻居节点的数量（度数），而且取决于每个邻居节点的重要性，即与该节点相连的邻居节点越重要，则该节点就越重要，反映了节点在网络中的重要性。

需要特别说明的是，节点的加权度数中心性和特征向量中心性的计算，不仅考虑了节点度数和特征向量中心性的大小，而且包括了节点间的边权重大小。针对多值有向网络，采用加权出度中心性与加权入度中心性之和来表示节点的加权度数中心性。本章的区域经济网络演化特征部分，采用了加权度数中心性指标，后文的实证分析将加权特征向量中心性用于稳健性检验。

3. 社团探测算法

社团探测是指寻找网络中社团结构的过程，需要将网络划分为密集连接的节点社团，不同社团之间的节点仅稀疏地连接。

首先，选择目前研究中常用的分区模块度指标，其思想是将社团探测定义为优化问题，然后搜索目标值最优的社团结构，模块度 Q 算式（王姣娥等，2019，吴江，2015）如下：

$$Q = \frac{1}{2m} \sum_{i,j} \left[A_{ij} - \frac{k_i k_j}{2m} \right] \delta(c_i, c_j)$$

$$= \frac{1}{2m} \left[\sum_{i,j} A_{ij} - \frac{\sum_i k_i \sum_j k_j}{2m} \right] \delta(c_i, c_j) \qquad (4-4)$$

式（4-4）中，A_{ij} 为节点之间相连的边权重值，当无边权重时，此权重值为 1；k_i 表示所有指向节点 i 的边权重之和，当无边权重时，则为节点 i 的度数，k_j 同理；m 表示图中所有的边权重之和；c_i 为节点 i 所在社团的编号；$\delta(c_i, c_j)$ 函数为示性函数，若节点 i 和节点 j 为同一社团，其值为 1，若节点 i 和节点 j 不属于同一社团，其值为 0。

其次，采用 Louvain 算法对社团结构进行探测，该算法可以在短时间内找到大型网络的高模块度分区，并为网络展开完整的分层社区结构，模块化增益算式（吴江，2015）如下：

$$\Delta Q = \left[\frac{\sum in + 2k_{i,\,in}}{2m} - \left(\frac{\sum tot + k_i}{2m} \right)^2 \right] - \left[\frac{\sum in}{2m} - \left(\frac{\sum tot}{2m} \right)^2 - \left(\frac{k_i}{2m} \right)^2 \right]$$

$$(4-5)$$

式（4-5）中，ΔQ 表示模块度增益量；$\sum in$ 表示社区内部的边权重之和；$\sum tot$ 表示与社区内的节点相连的边权重之和；$k_{i,in}$ 表示社区内节点与节点 i 的边权重之和；其他字母含义同上。

4. 二次指派程序（QAP）

在关系数据中，矩阵之间关系的检验是复杂的。为了克服关系数据模型中的自相关、多重共线性、遗漏变量偏误等问题，在关系数据的假设检验时，采用非参数检验方法中的二次指派程序（Quadratic Assignment Procedure，QAP）来定量揭示区域经济网络演化的影响机制（刘军，2014；李敬等，2014）。

与常规的检验方法相比，QAP 提供了一种特定类型的置换检验，在该种置换方法下能够保持关系数据结构的完整性，不需要满足自变量之间相互独立或无共线性条件，因而比参数方法更加可靠和稳健，适合对关系型数据的分析。具体分析步骤如下：首先，根据相关理论分析，选取区域经济网络演化的影响指标，构建以相关指标为自变量、区域经济网络为因变量的模型；其次，用 QAP 相关分析检验区域经济网络与相关指标的相关关系；最后，剔除上述相关系数不显著的指标，将剩余指标与因变量进行 QAP 回归分析，并得到相应的回归系数及检验统计量。

（二）集中度指数

为了揭示区域经济网络整体的集中与分散趋向，本书采用已有文献中最常用的几种衡量集中度的指标（李琬等，2018；盛科荣等，2019c）：

1. 齐夫指数（Zipf）

借鉴相关研究的做法，采用对数变换的方法将位序规模法则线性化，来表征节点网络中心性的集中度，算式（周宏浩和谷国锋，2021）如下：

$$\ln S_i = \ln S_1 - q \ln R_i \qquad (4-6)$$

式（4-6）中，S_i 表示第 i 个节点的加权度数中心性；S_1 表示网络中节点中心性最大的加权度数中心性数值，R_i 表示第 i 个节点的加权度数中心性在整个网络中的位序，i 表示网络中的节点个数；方程的回归斜率 q 为齐夫指数，表示区域经济网络的集中度。

2. 首位度指数（Primacy）

首位度指数刻画的是首位节点的相对规模，在本书中是指网络中加权度数中心性最大的节点（即首位城市）占网络中所有节点加权度数中心性的比重（李琬等，2018）。

3. 10 城市指数（Ten City）

10 城市指数指的是前 10 个最大的节点加权度数中心性数值之和占整个网络中所有节点加权度数中心性之和的比重（盛科荣等，2019c）。

4. 赫芬达尔—赫希曼指数（HHI）

本书将赫芬达尔—赫希曼指数定义为节点的加权度数中心性数值占整个网络中所有节点加权度数中心性之和比重的平方和（李琬等，2018）。

5. 帕累托指数（Pareto）

本书使用最小二乘法拟合节点加权度数中心性位序的对数以及节点加权度数中心性的对数来计算，借鉴相关学者研究，将位序减去 0.5（最优位移量）进行估算，以保证降低小样本估计有偏（李琬等，2018）。

第二节 中国区域经济网络的演化特征

一、区域经济网络的整体演化特征

第一，中国区域经济网络集聚性有所提升，网络通达性和可达性有所增强，具有集聚成团发展趋势。本书运用网络整体指标计算方法，计算出中国区域经济网络的网络密度、平均聚集系数、平均路径长度（见图4-4），以上三个指标分别由2011年的0.311、0.829、1.689变化为2019年的0.377、0.841、1.623，网络密度和平均聚集系数分别增加了21.22%、1.45%，而平均路径长度降低了3.91%。结果表明，区域经济网络中节点之间连线的紧密程度有所增强，区域经济网络中节点之间集聚成团程度有所提高，而区域经济网络中节点之间的分离程度有所下降。

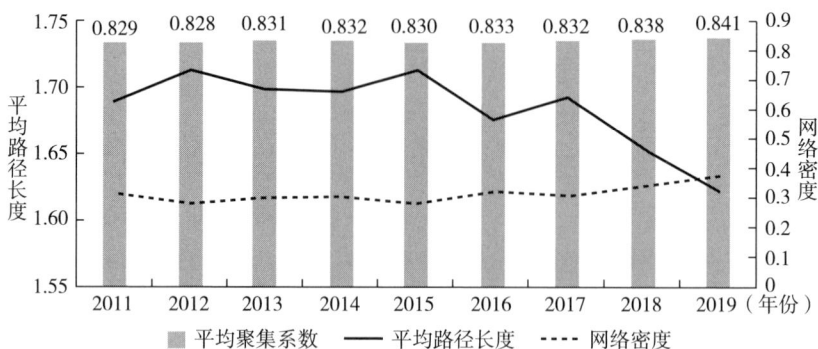

图 4-4　区域经济网络的网络密度、平均聚集系数和平均路径长度

第二，中国区域经济网络格局整体上倾向于多中心化发展，但呈现出先集中、后分散的发展趋向。本书采用齐夫指数、首位度指数、10 城市指数、赫芬达尔—赫希曼指数、帕累托指数，来综合测度中国区域经济网络节点分布的集中程度，结果如表 4-2 所示。结果显示，齐夫指数和帕累托指数均小于 1，表明中国区域经济网络整体上倾向于呈现多中心化的发展格局。但 2011~2015 年区域经济网络度数中心性的五项集中度指数分别增加了 6.838%、10.011%、8.037%、5.988% 和 6.829%，而 2015~2019 年区域经济网络度数中心性的五项集中度指数分别降低了 0.298%、9.393%、3.105%、1.883% 和 0.305%，表明 2011~2019 年中国区域经济网络格局整体上具有先集中、后分散的发展趋势。

表 4-2　区域经济网络的集中度指数

年份	齐夫指数（%）	首位度指数（%）	10 城市指数（%）	赫芬达尔—赫希曼指数（%）	帕累托指数（%）
2011	50.601	1.858	12.343	0.501	48.877
2015	54.061	2.044	13.335	0.531	52.215
2019	53.900	1.852	12.921	0.521	52.056

第三，中国区域经济网络具有异质性，呈现典型的幂律分布，表现出无标度特性。加权度数中心性的位序—规模分布函数呈现典型的长尾分布，核心节点的加权度数中心性较高但数量较少，如北京、上海、广州、深圳和重庆等，边缘节点数量多但连接强度不足，2011~2019 年中国区域经济网络的加权度数中心性与

幂律分布函数拟合的相关系数均在 0.97 以上，呈现出幂律分布特征，具有明显的极化效应（见图 4-5）。2011 年、2015 年和 2019 年拟合的指数参数分别是 -0.374、-0.349 和-0.301，说明中国区域经济网络结构持续优化，区域经济网络中核心节点仅存在于少数城市而导致的极化现象有所减弱。

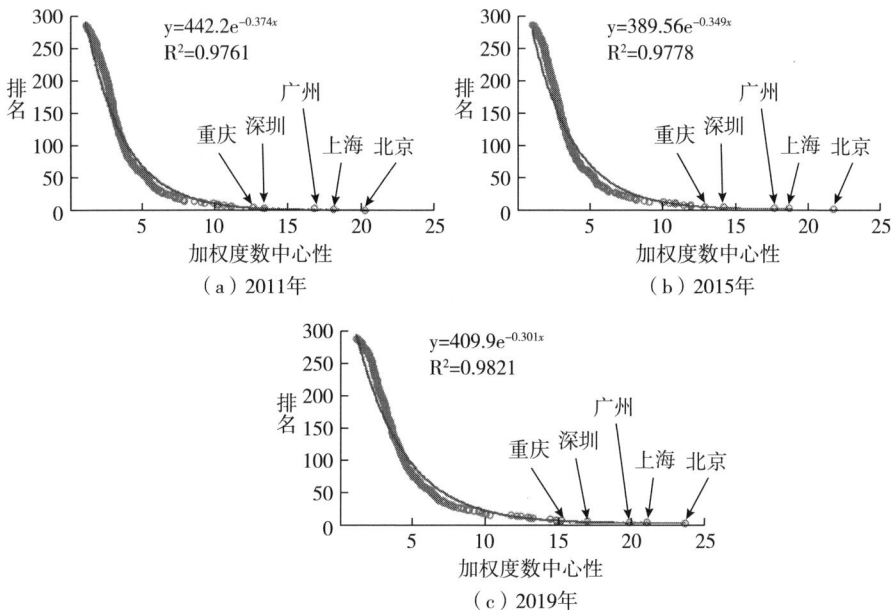

图 4-5 区域经济网络的加权度数中心性的分布规律

综上所述，2011~2019 年中国区域经济网络密度逐渐提高，区域之间集聚成团的倾向明显，区域之间的联系路径有所缩短，区域经济网络的通达度和可达性有所改善。中国区域经济网络呈多中心化发展格局，从时间变化来看，先集中化发展，具有向直辖市、省会城市和中心城市等集聚的中心化发展趋势，而后逐渐向分散化转变，网络中心性高的核心节点逐渐由直辖市或省会城市向其他等级城市分散演化。中国区域经济网络呈现幂律分布且具有无标度特征，核心节点吸引力往往很大，拥有较多的链接且数量较少，而大多数非核心节点拥有很少的链接，在网络中处于边缘地位，但这种极化现象具有弱化趋势。

（一）区域知识溢出网络的演化特征

第一，中国区域知识溢出网络集聚性有所提升，网络通达性和可达性有所增强，具有集聚成团发展趋势。本书运用网络整体指标计算方法，计算出中国区域知识溢出网络的网络密度、平均聚集系数、平均路径长度（见图 4-6），以上三个指标分别由 2011 年的 0.333、0.838、1.667 变化为 2019 年的 0.446、0.849、1.553,网络密度和平均聚集系数分别增加了 33.93%、1.31%,而平均路径长度降低了 6.84%。结果表明,区域知识溢出网络中节点之间连线的紧密程度有所增强,区域知识溢出网络中节点之间集聚成团程度有所提高,而区域知识溢出网络中节点之间的分离程度有所下降。

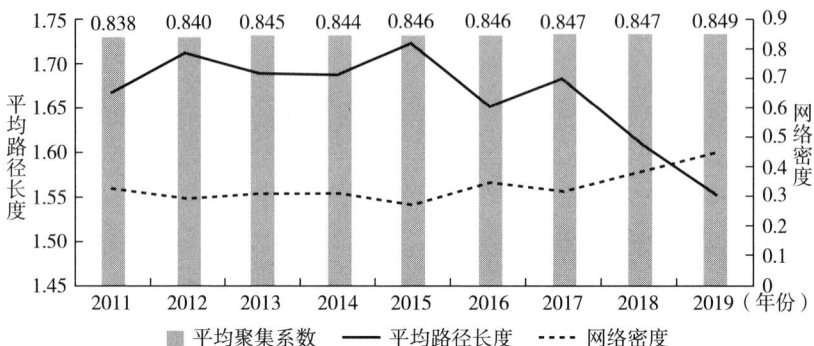

图 4-6 区域知识溢出网络的网络密度、平均聚集系数和平均路径长度

第二,中国区域知识溢出网络格局整体上倾向于多中心化发展,但呈现出先集中、后分散的发展趋向。本书采用齐夫指数、首位度指数、10 城市指数、赫芬达尔—赫希曼指数和帕累托指数五类集中度指数,来综合测度中国区域知识溢出网络中节点分布的集中程度,结果如表 4-3 所示。结果显示,齐夫指数和帕累托指数均小于 1,表明中国区域知识溢出网络整体上倾向于呈现多中心化的发展格局。但 2011~2015 年区域知识溢出网络度数中心性的五项集中度指数分别增加了 15.094%、23.863%、21.437%、18.626% 和 15.084%,而 2015~2019 年区域知识溢出网络度数中心性的五项集中度指数分别降低了 6.890%、22.780%、9.928%、10.976% 和 6.966%,表明 2011~2019 年中国区域知识溢出网络格局整体上具有先集中、后分散的发展趋势。

表 4-3 区域知识溢出网络的集中度指数

年份	齐夫指数（%）	首位度指数（%）	10 城市指数（%）	赫芬达尔—赫希曼指数（%）	帕累托指数（%）
2011	58.415	2.573	13.155	0.553	56.396
2015	67.232	3.187	15.975	0.656	64.903
2019	62.600	2.461	14.389	0.584	60.382

第三，中国区域知识溢出网络具有异质性，呈现典型的幂律分布，表现出无标度特性。加权度数中心性的位序—规模分布函数呈现典型的长尾分布，核心节点的加权度数中心性较高但数量较少，如北京、上海、深圳、广州和杭州等，边缘节点数量多但连接强度不足，2011~2019 年中国区域经济网络的加权度数中心性与幂律分布函数拟合的相关系数均在 0.96 以上，呈现出幂律分布特征，具有明显的极化效应（见图 4-7）。2011 年、2015 年和 2019 年拟合的指数参数分别是-0.403、-0.362 和-0.270，说明中国区域知识溢出网络结构持续优化，区域知识溢出网络中核心节点仅存在于少数城市而导致的极化现象有所减弱。

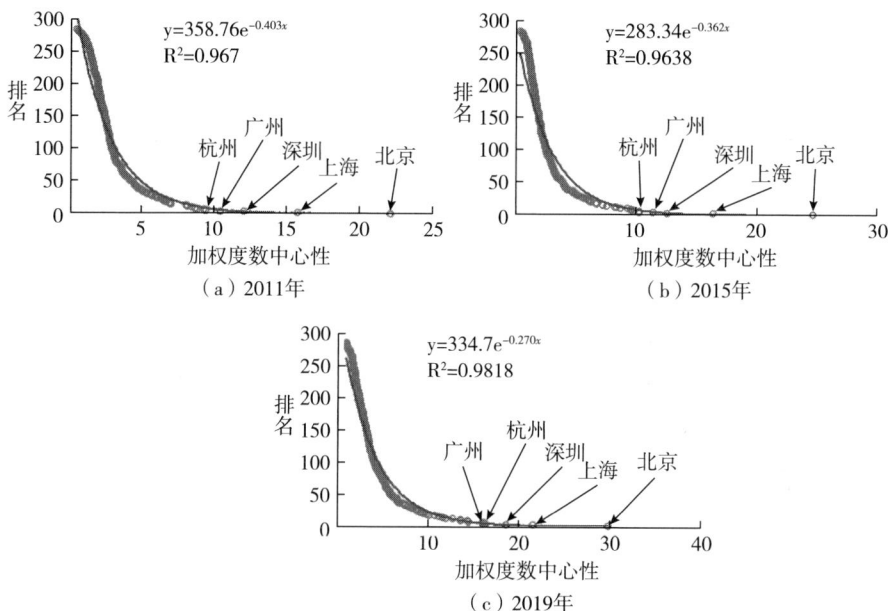

图 4-7　区域知识溢出网络的加权度数中心性的分布规律

综上所述，2011~2019 年中国区域知识溢出网络密度逐渐提高，区域之间集聚成团的倾向明显，区域之间的联系路径有所缩短，区域知识溢出网络的通达度和可达性有所改善。中国区域知识溢出网络呈多中心化发展格局，从时间变化来看，先集中化发展，具有向直辖市、省会城市和中心城市等集聚的中心化发展趋势，而后逐渐向分散化转变，网络中心性高的核心节点逐渐由直辖市或省会城市向其他等级城市分散演化。中国区域知识溢出网络呈现幂律分布且具有无标度特征，核心节点吸引力往往很大，拥有较多的链接且数量较少，而大多数非核心节点拥有很少的链接，在网络中处于边缘地位，但这种极化现象具有弱化趋势。这与区域经济网络总体特征的表现也较为一致。

（二）区域交易成本网络的演化特征

第一，中国区域交易成本网络集聚性有所提升，网络通达性和可达性有所增强，具有集聚成团发展趋势。本书运用网络整体指标计算方法，计算出中国区域交易成本网络的网络密度、平均聚集系数、平均路径长度（见图4-8），以上三个指标分别由2011年的0.298、0.816、1.704变化为2019年的0.304、0.818、1.696，网络密度和平均聚集系数分别增加了2.01%、0.25%，而平均路径长度降低了0.47%。结果表明，区域交易成本网络中节点之间连线的紧密程度有所增强，区域交易成本网络中节点之间集聚成团程度有所提高，而区域交易成本网络中节点之间的分离程度有所下降。

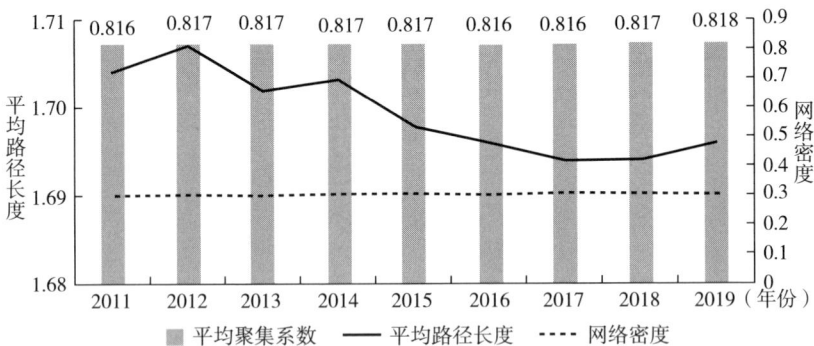

图4-8 区域交易成本网络的网络密度、平均聚集系数和平均路径长度

第二，中国区域交易成本网络格局整体上倾向于多中心化发展，但呈现出先集中、后分散的发展趋向。本书采用齐夫指数、首位度指数、10城市指数、赫芬达尔—赫希曼指数、帕累托指数，来综合测度中国区域经济网络节点分布的集中程度，结果如表4-4所示。结果显示，齐夫指数和帕累托指数均小于1，表明中国区域交易成本网络整体上倾向于呈现多中心化的发展格局。但2011~2015年齐夫指数、10城市指数、赫芬达尔—赫希曼指数、帕累托指数分别增加了1.767%、0.319%、0.612%和1.742%，而首位度指数无变化；2015~2019年区域交易成本网络度数中心性的五项集中度指数分别降低了0.181%、6.259%、0.410%、0.406%和0.228%，表明中国区域交易成本网络格局整体上具有先集中、后分散的发展趋势。

表 4-4　区域交易成本网络的集中度指数

年份	齐夫指数（％）	首位度指数（％）	10 城市指数（％）	赫芬达尔—赫希曼指数（％）	帕累托指数（％）
2011	49.516	1.390	11.907	0.490	47.819
2015	50.391	1.390	11.945	0.493	48.652
2019	50.300	1.303	11.896	0.491	48.541

第三，中国区域交易成本网络具有异质性，呈现典型的幂律分布，表现出无标度特性。加权度数中心性的位序—规模分布函数呈现典型的长尾分布，核心节点的加权度数中心性较高但数量较少，如广州、上海、北京、重庆和深圳等，边缘节点数量多但连接强度不足，2011~2019 年中国区域交易成本网络的加权度数中心性与幂律分布函数拟合的相关系数均在 0.98 以上，呈现出幂律分布特征，具有明显的极化效应（见图 4-9）。2011 年、2015 年和 2019 年拟合的指数参数分别是 -0.324、-0.313 和 -0.316，说明中国区域交易成本网络中核心节点仅存在于少数城市而导致的极化现象有所减弱。

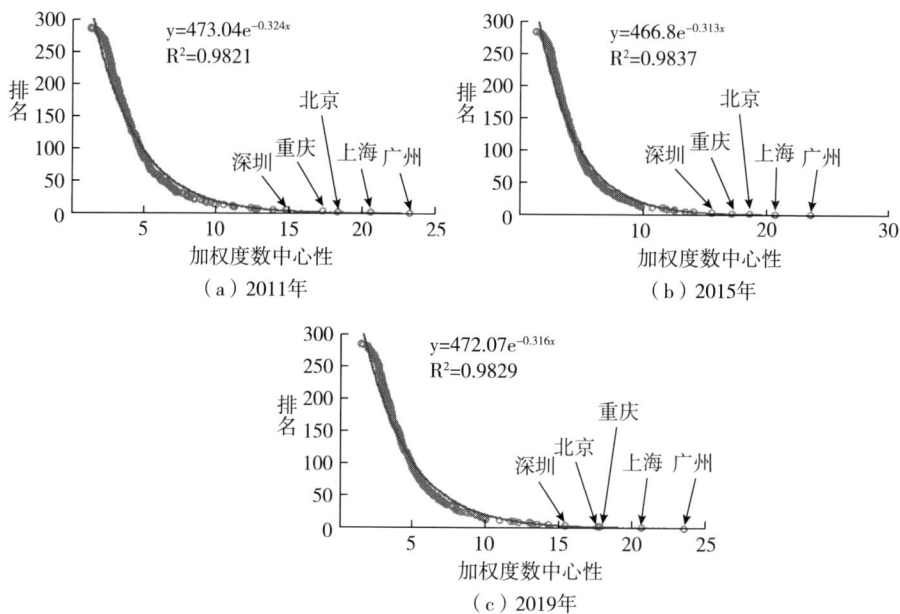

（a）2011年

（b）2015年

（c）2019年

图 4-9　区域交易成本网络的加权度数中心性的分布规律

综上所述，2011~2019 年中国区域交易成本网络密度逐渐提高，区域之间集聚成团的倾向明显，区域之间的联系路径有所缩短，使得区域交易成本网络的通达度和可达性有所改善。中国区域交易成本网络呈多中心化发展格局，从时间变化来看，先集中化发展，具有向直辖市、省会城市和中心城市等集聚的中心化发展趋势，而后逐渐向分散化转变，网络中心性高的核心节点逐渐由直辖市或省会城市向其他等级城市分散演化。中国区域交易成本网络呈现幂律分布且具有无标度特征，核心节点吸引力往往很大，拥有较多的链接且数量较少，而大多数非核心节点拥有很少的链接，在网络中处于边缘地位，但这种极化现象具有弱化趋势，与区域经济网络特征的表现较为一致。

二、区域经济网络的社团演化特征

区域经济网络本质上是区域之间流动要素的相互关系，而不同区域在各类流动要素网络中的深度、强度和广度等方面存在异质性，也就使得网络联系会呈现群聚性、层级性和差异性等特征。社团结构探测能够刻画中国区域经济网络要素流的邻近联系与区域分异，本书利用 Louvain 算法对区域经济网络的社团结构进行划分，并选取 2011 年、2015 年和 2019 年三个代表性年份的结果进行分析。

2011 年三大社团结构围绕京津冀、长三角和珠三角为核心集聚（见图 4-10a）。其中，京津冀社团主要以北京市为核心、天津市为次核心，向周边辐射到石家庄、保定、青岛、济南、沈阳、哈尔滨、长春、太原和呼和浩特等城市，涉及北京、天津、河北、山东、黑龙江、辽宁、吉林、山西和内蒙古 9 个省级行政单元的大部分城市。长三角社团以上海市为核心、杭州市为次核心，延及周边的苏州、南京、合肥、宁波、南昌和厦门等城市，涉及上海、江苏、安徽、浙江、江西和福建 6 个省级行政单元的大部分城市。珠三角社团以广州市为核心、深圳市和重庆市为次核心，延伸至成都、武汉、长沙、昆明、南宁和海口等城市，涉及广东、重庆、四川、湖北、湖南、云南、广西、贵州和海南 9 个省级行政单元的大部分城市。此外，两个小的区域性社团结构分别围绕西安市和郑州市形成。其中，西安核心社团主要汇集了西安、咸阳、兰州、乌鲁木齐、西宁和银川等城市，涉及陕西、甘肃、宁夏、青海和新疆 5 个省级行政单元的大部分城市，且大多分布在西北地区。郑州核心社团主要汇集了河南省内大部分城市。可见，受地理距离、城市发展水平和省域边界效应的综合作用，区域经济网络联系主要遵循地理邻近组团原则，城市社团在省域边界表现出空间分布的耦合特征，基本呈多中心、多层级的区域经济网络空间分布格局。

（a）2011年

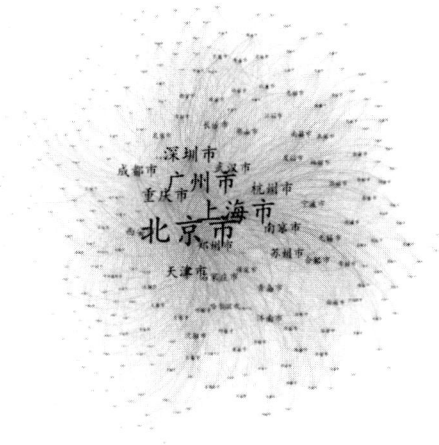

（b）2015年

图 4-10　区域经济网络社团探测①

---

① 因篇幅所限，此部分仅展示了联系强度大于 0.02 的链接。

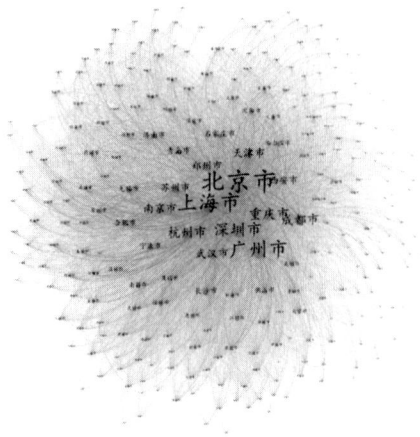

（c）2019年

图 4-10　区域经济网络社团探测（续图）

2015 年出现了明显的跨区域分布特征，区域经济网络社团数量减少为 4 个，呈现出以京津冀社团、长三角社团和珠三角社团三大社团及成渝社团为代表的新格局（见图 4-10b）。其中，京津冀社团的腹地呈扩大趋势，向西延伸至宁夏。长三角社团的总体结构保持不变，仍以上海市为核心，腹地覆盖与 2011 年相同省级行政单元的大部分城市。珠三角社团虽然仍以广州市为核心，但腹地范围大大缩小，重庆市、云南省和四川省的城市均退出珠三角城市群社团，同时往北延伸至河南。而退出珠三角的重庆市、云南省和四川省与西部腹地重组，形成了成渝社团。成渝社团以重庆市为核心、成都市为次核心，包括重庆、四川、陕西、甘肃和新疆 5 个省级行政单元的大部分城市，反映了西部地区在区域均衡发展政策的牵引下形成了新的网络联系。

2019 年社团探测结果呈现出稳定的四核心结构，分别是京津冀社团、长三角社团、珠三角社团和成渝社团（见图 4-10c）。四个社团的总体结构保持不变，以北京市、上海市、广州市和重庆市为核心，这一发展格局揭示了以京津冀、长三角、珠三角和成渝城市群为顶点的"菱形结构"的形成。

总的来看，我国跨区域要素流动逐渐自由化和频繁化，区域经济网络呈现多层级、多中心的空间格局。从演化过程来看，区域经济网络社区结构从 2011 年的三大两小社团演变为 2015 年和 2019 年的三大一小社团。北京市、上海市和广州市一直都是网络中的核心节点，2015 年开始重庆市成为西部区域经济网络的核心，2019 年区域经济网络基本形成以北京市、上海市、广州市和重庆市为顶点的"菱形"结构网络框架。这也表明，区域经济网络已经打破了传统的由增长极带动经济发展的规律，促使各流要素在城市间高效流动，社团内各城市间进行资源配置和优势互补，从竞争关系逐渐演变为新兴的竞合关系（秦娅风和郭建科，2022）。同时，区域经济网络具有显著的空间异质性特征，京津冀、长三角和珠三角等城市群之间形成了成熟的跨区域网络化交织的空间形态，而成渝社团之间的经济网络关联仍有待于进一步发育。

（一）区域知识溢出网络的社团演化特征

为揭示区域知识溢出网络团体聚合程度，在结构演化特征基础上进一步挖掘网络中社区结构演变过程和社区的具体成员。选取 2011 年、2015 年和 2019 年三个代表性年份，区域知识溢出网络的社区结构分别划分为四大两小 6 个社团、三大两小 5 个社团以及四大一小 5 个社团。

2011 年区域知识溢出网络联系维持在相对较为分散的状态，呈现出京津冀社团、长三角社团、珠三角社团和中原社团四大网络集群，以及分别以兰州和武汉为中心的两个区域性社团结构，如图 4-11a 所示。其中，京津冀社团以北京为核心、天津为次核心，腹地辐射范围延伸至山西、河北、内蒙古、辽宁、吉林、黑龙江等省级行政单元的大部分城市，较远的延伸至宁夏、新疆和青海，知识溢出沿华北—西北方向延展，跨区域特征明显。长三角社团以上海市为核心、杭州市为次核心，腹地包括合肥、南京、苏州和厦门等城市，涉及安徽、浙江、江苏和福建等省级行政单元的大部分城市。珠三角社团以深圳市为核心、广州为次核心，腹地延伸至广东、重庆、四川、江西、湖南、海南、广西、云南和贵州等省级行政单元的大部分城市。中原社团以西安和郑州为双核心，腹地包括陕西、河南和山东等省级行政单元的大部分城市。此外，还有两个规模较小的区域性社团结构，包括以兰州市为核心和以甘肃省为腹地、以武汉市为核心和以湖北省为腹地的两个社区结构。

2015 年区域知识溢出网络社团数量减少为 5 个，划分为以京津冀社团、长三角社团、珠三角社团以及成渝社团、中原社团为代表的知识溢出格局（见图 4-11b）。其中，京津冀社团、长三角社团和珠三角社团的总体结构保持不变，以北京、上海、广州和深圳为核心，山东省的大部分城市从中原社团转移到京津冀社团。需要指出的是，与 2011 年的社团结构相比，珠三角社团的西部腹地重组为以成都市为核心的成渝社团，腹地包括重庆市和四川省的大部分城市。以武汉为核心和湖北省其他城市为腹地的区域性社区加入珠三角社团中。甘肃省的大部分城市加入中原社团中。

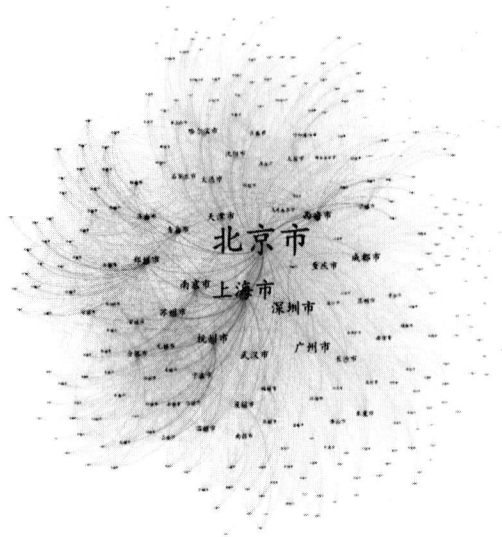

（a）2011年

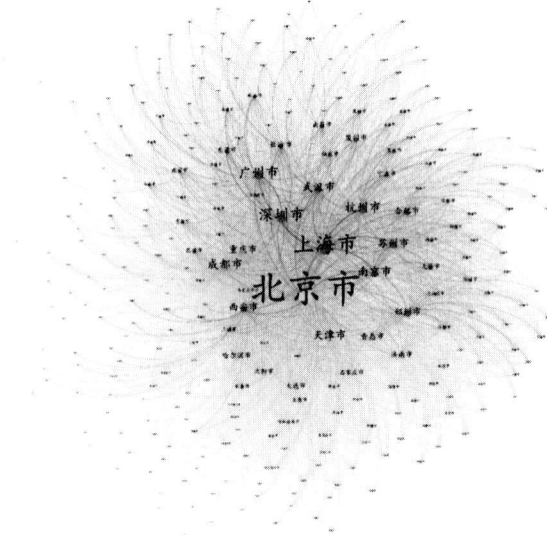

（b）2015年

图 4-11　区域知识溢出网络社团探测①

---

① 因篇幅所限，此部分仅展示了联系强度大于 0.02 的链接。

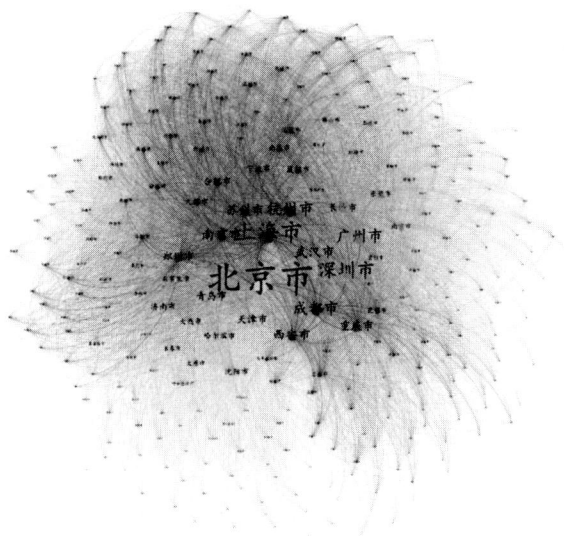

（c）2019年

图 4-11　区域知识溢出网络社团探测（续图）

2019 年的区域知识溢出网络主要由京津冀、长三角、珠三角和成渝四大社团以及中原小社团组成（见图 4-11c），跨区域的网络关联程度更加密切，呈多中心的密集网络分布特征。其中，长三角社团和珠三角社团的结构较为稳定。成渝社团仍以成都市为主要核心，但腹地呈现显著扩大趋势，往西北延伸至陕西、宁夏、甘肃、青海和新疆等省级行政单元的大部分城市，往南则延伸至云南的大部分城市。受到成渝社团扩大的挤压影响，京津冀社团的腹地范围大大缩小，腹地仅为京津冀城市群和东北地区的大部分城市。

综上所述，2011~2019 年，区域知识溢出网络出现较为显著的变化，由分散的社团结构向联系密集的社团结构转变，区域核心城市及次核心城市的辐射带动、相邻的地理空间影响了区域知识溢出网络社区结构的形成。区域知识溢出主要活跃于京津冀、长三角和珠三角等大城市群，体现了知识、技术和信息的流动和企业间追求利益的双向交互型知识溢出路径。不容忽视的是，成渝社团和以郑州为核心的中原社团的知识溢出能力逐渐显现，因知识溢出效应与网络相邻地区形成较强的知识集聚力，在一定程度上缓解了地理距离和隐性知识传播的摩擦阻力。

（二）区域交易成本网络的社团演化特征

随着我国主要公路交通基础设施的日趋完善、高速铁路的陆续开通、航空线路的不断拓展和货运线路的优化布局，区域交易成本网络的全面发展，扩展了网络结构的深度与广度，由此产生的"时空压缩"效应降低了区域之间的交易成本，使得区域交易成本网络的社区结构也处于不断演化的过程中。基于多元交通流视角，探测区域交易成本网络社团结构，本书仍利用 Louvain 算法划分区域交易成本网络的社团结构，将 2011 年、2015 年和 2019 年区域交易成本网络社团结构均划分为四大一小 5 个社团的演变格局，但社团结构中的具体成员存在显著的不断演化态势。

2011 年区域交易成本网络呈现出四大一小的社团结构（见图 4-12a）。第一大社团是以北京市—上海市—西安市—重庆市—成都市—昆明市—深圳市为枢纽的远距离联动社团，腹地辐射北京、上海、陕西、四川、重庆、云南、广东、内蒙古、新疆、甘肃、宁夏等省级行政单元的部分城市，并带动其周边城市形成贯穿南北的空间格局，覆盖范围最为广泛。第二大社团是以广州市—福州市—南宁市—贵阳市—武汉市—长沙市—南昌市为连接点的邻近省份组团，交通联系范围涉及广东、福建、广西、贵州、湖北、湖南和江西等省级行政单元的大部分城市。第三大社团是郑州市—石家庄市—济南市—太原市等核心城市腹地组团，连接河南省、河北省、山东省和山西省的大部分城市。第四大社团是以杭州市—南京市—合肥市等城市为连接点，腹地范围包括浙江、安徽和江苏等省份的大部分城市。一个小社团主要是以天津市—哈尔滨市—沈阳市—长春市等城市为连接点，交通联系范围涉及天津、东北三省的大部分城市及河北省的部分城市。

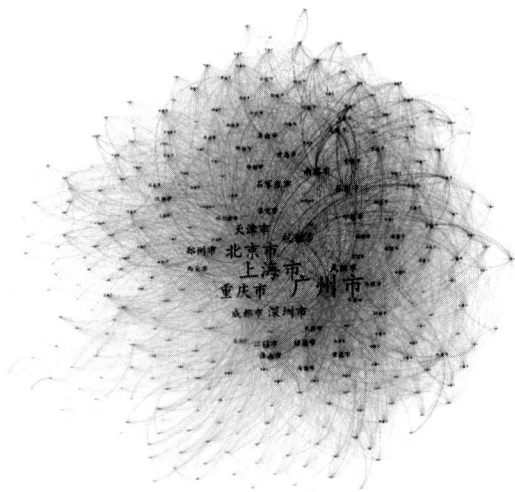

（a）2011年

图 4-12　区域交易成本网络社团探测①

---

① 因篇幅所限，此部分仅展示了联系强度大于 0.02 的链接。

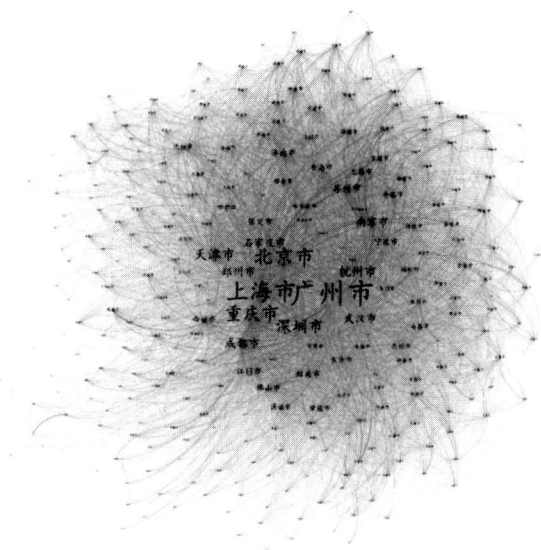

（b）2015年

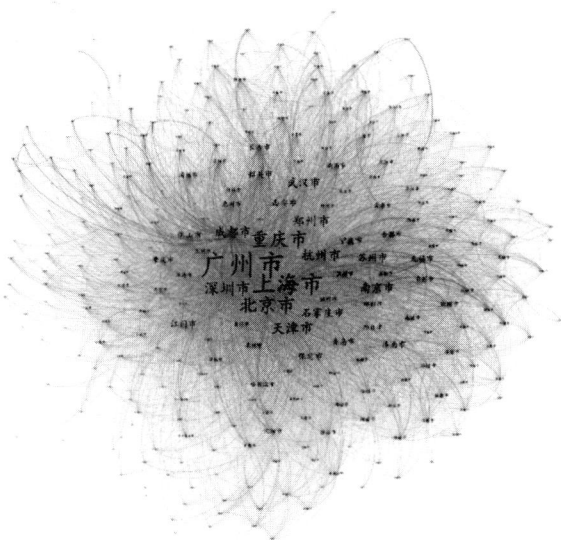

（c）2019年

图4-12　区域交易成本网络社团探测（续图）

2015年区域交易成本网络的联系强度逐渐趋于紧密，社团结构内部出现了显著的变化重组（见图4-12b）。第一大社团变为由北京市—天津市—济南市—上海市—重庆市—成都市—太原市—呼和浩特市—哈尔滨市—沈阳市—长春市—

银川市为枢纽的远距离联动社团，腹地辐射范围明显改变，与周边地区及东北地区的交通联系更为频繁，而与南方地区和西北地区交通联系减少。第二大社团变为广州市—深圳市—杭州市—福州市—昆明市—南宁市—贵阳市—南昌市—长沙市等大规模的邻近省份组团，与 2011 年相比腹地范围不断扩大，浙江省和云南省的大部分城市加入该社团。第三大社团变为石家庄市—郑州市—武汉市等核心城市腹地组团，山东省和山西省的社团成员退出，交通联系向南延伸至湖北省的大部分城市。第四大社团变为以南京市—合肥市等城市为连接点，以杭州市为枢纽的浙江社团成员退出，新形成了以西安市为枢纽、涉及陕西省大部分城市的小社团。

2019 年区域交易成本网络的社团结构呈现交叉复杂的演化特征（见图 4-12c）。第一大社团变为由北京市—天津市—济南市—哈尔滨市—沈阳市—长春市为枢纽的邻近省份组团，腹地辐射范围进一步缩小，主要与京津冀城市群联系密切。相比于 2015 年，第二大社团中以杭州为核心的浙江省大部分城市退出该社团，加入第三大社团；同时重庆市加入第二大社团。第三大社团成员发生显著的重组，主要是上海市—杭州市—南京市等长三角城市群的核心城市腹地组团，社区联系主要集中在上海、浙江和江苏等省级行政单位的大部分城市。第四大社团变为以石家庄市—郑州市—武汉市—太原市—兰州市—西安市—乌鲁木齐市为核心枢纽形成的跨省连片综合体。此外，以成都市为枢纽和四川省大部分城市变为单独的小社团。

可见，区域交易成本网络表现出明显的空间指向性和路径依赖特征。从网络演化的过程来看，区域交易成本网络由 2011 年的社区结构松散到 2019 年的关联程度紧密，分别以北京市、上海市和广州市为中心的三大社团凭借其极高的交通线路密度和空间关系范围，构成了区域交易网络的主干框架。而以成都市为中心的社团网络发育较弱，关联密度普遍弱于上述三大社团。本书综合多种类型的交通运输方式和货运联系，将其纳入区域交易成本网络并揭示其社团结构演化过程，弥补了已有研究中采用某类单一交通方式的不足，在一定程度上拓宽了区域交易成本网络关系的区域认知。

第三节　中国区域经济网络的演化机制

在分析了中国区域经济网络的演化特征之后，接下来要探究的是中国区域经济网络演化的影响因素和作用机制。多维邻近性的概念多用于解释经济活动的互动过程，类似于社会学中的同质性或趋同性，表示区域之间在地理、经济、社会、组织和制度等方面的相似性特征，刻画了节点之间的不同关系，认为网络演化受到节点之间相似性的影响。经过多年来的发展，基于多维邻近性的分析框架逐渐被用于解释网络形成过程和演化机制的相关研究，认为网络联系主要依赖于节点之间的相似性程度（Boschma，2005）。因此，遵循现有文献的研究策略，从多维邻近性的分析框架对区域经济网络演化的影响展开讨论，本书认为区域经济网络演化受到地理邻近、经济邻近、社会邻近、组织邻近和制度邻近等多维邻近性因素的综合作用，通过影响区域之间的知识溢出（企业联系、知识合作、技术合作和信息联系）和交易成本（公路交通、铁路交通、航空交通和货运联系），从而对区域经济网络演化产生影响。

一、区域经济网络演化机制的理论分析

（一）地理邻近性

地理邻近性是指区域经济网络中节点之间在地理空间上的共同位置和接近程度，是区域经济学和经济地理学中基础的邻近性概念。区域经济网络主体之间在地理空间上越接近，物理分割距离越小，地理邻近性越高。地理邻近性主要通过促进知识溢出、降低交易成本和增强其他邻近性等渠道，促进区域经济网络中节点之间的联系。第一，地理空间邻近有利于网络节点之间企业联系互动、知识技术合作共享、信息交流传递畅通，提高区域之间沟通交流的频次和效率，促进主体间的知识溢出，进而加强区域经济网络联系。区域之间的知识溢出强度可能随着距离的增加而增加，溢出效应被束缚在一定的空间范围内，具有显著的距离衰减效应，受到空间距离对知识流动的限制（Caragliu and Nijkamp，2016）。第二，地理空间邻近使得区域之间的交通便捷、货运线路增多，商品和货物流通性增强，有助于提升网络节点之间的空间可达性，从而降低交易成本。区域经济网络中节点之间商品和货物的传输、转运和投递，依赖于完善的交通基础设施和优化的物流线路，而一般而言，交通成本和物流成本随着地理距离的增加而增加，地理空间邻近能够降低行动者与其他行动者之间的交易成本（胡杨和李郇，2016），进而加强区域经济网络联系。第三，地理空间邻近有助于区域经济网络中节点之间发挥间接作用，为其他类型邻近性创造发展优势，通过互补关系而促进其他类型邻近性的建立与发展（Boschma，2005）。从不同尺度、不同类型的实证研究结果来看，地理距离对区域经济网络演化具有重要影响，虽然随着交通基础设施的

完善和高新技术的发展，地理距离的重要性有所削弱，但隐性的知识流动和显性的商品交易仍依赖于近距离的沟通交流和面对面传递，地理邻近性仍然是区域经济网络演化的重要影响因素之一。基于上述的讨论，提出如下研究假说：

假说1：地理邻近性对区域经济网络联系具有正向促进作用。

（二）经济邻近性

经济邻近性也是一种度量邻近的模式，反映的是区域之间经济发展水平的相似程度。经济发展水平的相似性常被视为影响区域之间联系的重要因素。研究表明，经济发展水平相似性高的地区拥有相似的发展阶段、产业和技术水平，使得区域之间的企业互动、知识技术合作、信息交换和商品货物流通等更容易发生。第一，区域之间的经济发展水平越接近，就越有利于知识流动，促进经济互动和人员交往，增强发展模式和技术经验的相互学习，有助于开展经济领域和技术领域的合作和共享，从而产生知识溢出效应，进而增强区域经济网络联系。第二，区域之间的经济发展水平越接近，越有利于商品和货物的流动，促进多种形式的交通联系，增强区域之间商品和货物的流通性，使得市场规模扩大，形成完善和统一的大市场，进而降低跨区域的交易成本，从而加强区域经济网络联系。因此，经济邻近性对区域经济网络演化具有重要影响，随着经济发展和技术水平的提升，经济发展水平相似的地区之间更容易获得知识溢出和交易机会，经济邻近性是区域经济网络演化的重要影响因素之一。基于上述的讨论，提出如下研究假说：

假说2：经济邻近性对区域经济网络联系具有正向促进作用。

（三）社会邻近性

社会邻近性是指行为主体在网络中的亲疏程度和关系远近，已有研究指出网络形成和演化会受到行为主体之间社会关系的影响。第一，网络中具有较高社会邻近的主体之间信任程度较高，能够降低双方协调成本，减少合作中的不确定性，进而提升合作意愿，并进一步增强合作关系和合作强度，这有利于组织之间互动学习，为知识扩散和吸收提供了有效途径，有利于隐性的知识传递。也就是说，社会邻近水平高的行为主体之间的信任关系能够促进知识流动，有利于维持长期稳定的网络关系。第二，区域之间的社会邻近性越高，声誉和威望等社会因素所带来的激励作用越强，具有密切社会关系的行为主体之间越容易建立联系，带动交通联系的繁荣，方便更深入地进行开放流动，提升商品和货物的交易频次和强度，可以进一步降低沟通和交易成本，进而增强区域经济网络联系。基于此，本书认为社会邻近性是区域之间交流合作和沟通联系的结果，随着区域经济网络的进一步演化，行为主体联系强度不断增加且日趋多样化，增加了相互之间的协作和联系。因此，社会邻近性在区域经济网络中的重要性不断提升。基于上述的讨论，提出如下研究假说：

假说3：社会邻近性对区域经济网络联系具有正向促进作用。

（四）组织邻近性

组织邻近性是指同一组织框架内的规则和程序在组织框架内的行为主体之间关系的共享程度。区域经济网络中的组织邻近性是指网络中节点之间被连接到同一组织框架内的关系强度和自主程度，对于处在同一组织体系中的区域来说，组织邻近性较高；反之，相对独立区域的组织邻近性则较低。第一，组织邻近性有助于企业互动、知识技术合作和信息交流，基于同一组织框架的约束，如总部与分支机构之间建立合作关系的可能性远大于一般企业，有助于企业之间的互动联系，促使同一组织框架内部的企业之间建立合作关系；在同一组织框架内开展知识交流和技术合作，有利于促进区域之间知识技术合作和信息交流，有助于信息传递和沟通交流，从而促进了知识溢出效应的发挥，进而加强区域经济网络联系。第二，区域之间相似的规则制度和激励机制，促进组织内部商品和货物流动，有利于发展组织内部的交通和货运线路，使得行为主体在同一组织框架内节省交易费用并降低交易成本，进而加强区域经济网络联系。因此，组织邻近性对区域经济网络演化具有重要作用，并且随着组织结构和政策体系机制的完善，将持续发挥着较为稳定的促进作用。基于上述的讨论，提出如下研究假说：

假说4：组织邻近性对区域经济网络联系具有正向促进作用。

（五）制度邻近性

制度邻近性是指区域经济网络中行为主体之间在制度设计上的相似性或便利性，主要表现为基于国家、区域和组织等体制框架内的相似性（Giuliani，2013；夏丽娟等，2017）。第一，制度邻近性在区域之间发挥着协同作用，是区域间建立合作关系的基础因素，可以减少网络中行为主体间进行合作的不确定性和冲突，达到促进知识合作和交流的作用，有助于促进相同制度框架下不同行为主体之间更多交流和互相学习（Giuliani，2013），有利于知识合作和技术创新，进而产生知识溢出效应，增强区域经济网络联系。第二，制度邻近性将发挥制度优势、相同价值观建立起来的凝聚力、便利的政策环境和优惠的政策支持，有利于网络行为主体之间的沟通交流，减少合作的摩擦和不确定性，有助于增进商品和货物的流通性，降低交通成本和物流成本，进而降低交易成本，增强区域经济网络联系。基于此，本书认为对于区域经济网络而言，区域之间基于相似的宏观制度和体制框架更有可能建立联系，制度邻近性在区域经济网络演化过程中扮演着重要角色。基于上述的讨论，提出如下研究假说：

假说5：制度邻近性对区域经济网络联系具有正向促进作用。

二、区域经济网络演化机制的实证检验

（一）模型设定与估计方法

考虑到区域经济网络是整合区域知识溢出网络和交易成本网络而形成的综合网络，不符合采用负二项回归模型对知识或技术网络影响机制进行分析的数据特征，如论文合作或专利数量为计数变量且数据分布过于分散。由于网络关系的数据特征限制，网络数据不适合采用常规的统计检验方法进行估计，相关研究逐渐认识到网络计量模型的分析优势，二次指派程序（QAP）、指数随机图模型（ERGM）和随机行动者模型（SAOM）受到大多数研究者的青睐，用来检验网络关系型变量之间的关系。考虑到ERGM和SAOM重点关注网络内生结构的演化机制，相对而言对网络演化外生动力的分析有所弱化，而且当内生结构变量和外生属性变量较多时，模型收敛性可能无法满足，从而影响了模型的估计效率。鉴于此，本书采用关系数据分析范式，利用多元回归二次指派程序（MRQAP）对区域经济网络的演化机制进行计量分析，模型中的所有变量均是286×286的矩阵形式，对角线值为零。根据上述假说，设立如下模型：

$$Y=\alpha+\beta X+\varepsilon \tag{4-7}$$

式（4-7）中，Y表示被解释变量，即区域经济网络矩阵，α、β分别表示待估计参数，X表示解释变量，在本书中为表示多维邻近性的一组解释变量矩阵，ε表示常数项。各变量均采用关系数据进行模型估计，其数据形式表现为n阶矩阵，如下所示。

$$Y=\begin{bmatrix} 0 & y_{1,2} & \cdots & y_{1,n-1} & y_{1,n} \\ y_{2,1} & 0 & \cdots & y_{2,n-1} & y_{2,n} \\ \vdots & \vdots & \ddots & \vdots & \vdots \\ y_{n-1,1} & y_{n-1,2} & \cdots & 0 & y_{n-1,n} \\ y_{n,1} & y_{n,2} & \cdots & y_{n,n-1} & 0 \end{bmatrix}, X=\begin{bmatrix} 0 & x_{1,2} & \cdots & x_{1,n-1} & x_{1,n} \\ x_{2,1} & 0 & \cdots & x_{2,n-1} & x_{2,n} \\ \vdots & \vdots & \ddots & \vdots & \vdots \\ x_{n-1,1} & x_{n-1,2} & \cdots & 0 & x_{n-1,n} \\ x_{n,1} & x_{n,2} & \cdots & x_{n,n-1} & 0 \end{bmatrix}$$

$$\tag{4-8}$$

本书构建多种形式的邻近性指标，对区域之间的邻近性进行度量，具体如下：

1. 地理邻近性（geo）

地理邻近性的测度方式有很多种，最常用的主要是地理距离和边界邻近，地

理距离（geo1）主要采用依据城市重心所在的经纬度坐标计算的球面距离得到，算式如下：

$$geo_{ij} = 1 - \ln\left(\frac{d_{ij}}{\max(d_{ij})}\right)(i \neq j) \tag{4-9}$$

式（4-9）中，d_{ij} 为城市 i 与城市 j 之间的球面距离。边界相邻（geo2）采用地理边界相邻的虚拟变量来表示，若两个城市相邻则为 1，不相邻则为 0。

2. 经济邻近性（eco）

经济邻近性主要反映的是经济发展水平的相似性，研究认为，区域之间经济发展水平越相似，则越容易发生区域经济网络联系。本书采用依据人均 GDP 计算得到每组城市每年的经济邻近性。算式如下：

$$eco_{ij} = GDP_i \times GDP_j (i \neq j) \tag{4-10}$$

式（4-10）中，GDP_i 表示城市 i 的人均 GDP，GDP_j 表示城市 j 的人均 GDP，城市 i 和城市 j 的人均 GDP 乘积表示城市之间经济发展水平的相似性，其值越大，表明经济邻近性越高。

3. 社会邻近性（soc）

社会邻近性表征了区域之间的社会关系，反映了社会关系的亲疏，本书借鉴已有研究，通过构建 Jaccard 指数方法来计算，其含义是两个集合的交集元素在两个集合的并集中所占的比例。算式（Leydesdorff，2008）如下：

$$soc_{ij} = \frac{R_{ij}}{C(i) + C(j) - R_{ij}} \tag{4-11}$$

式（4-11）中，$C(i)$ 表示城市 i 的关系数量，$C(j)$ 表示城市 j 的关系数量，R_{ij} 表示城市 i 和城市 j 的共同关系数量。计算时，将矩阵转换为二值矩阵，1 表示两者之间存在合作关系，否则为 0。

4. 组织邻近性（org）

在区域经济网络中，组织邻近性是指区域经济网络中各节点之间被纳入同一组织框架内的关系强度。现有研究的测度方法主要包括微观和宏观两个层面：微观层面主要考虑企业是否同属一个集团公司，宏观层面主要考虑城市是否属于同一个省份或者城市群。由于讨论的是区域之间的关系，因此，本书选择宏观层面的测度方法来构建组织邻近性矩阵，如果两个城市同属于一个城市群，则赋值为 1，否则为 0，将其记为城市群内部组织邻近性（org1）；如果两个城市同属于一个省级行政单元，则赋值为 1，否则为 0，将其记为省域组织邻近性（org2）。

5. 制度邻近性（ins）

在区域经济网络中，制度邻近性是指区域之间规则的相似性，从本质上来说，反映了区域之间在制度设计上的相似性，以达到网络可达性提升和区域联系畅通的作用。考虑到中国地方政府在区域经济网络中的组织作用和优势特点，区域经济网络具有典型的行政等级分层特征，一个城市的行政等级越高，则该城市能够获得越多的发展政策倾斜、试点优惠政策和优势资源激励。因此，本书采用城市所属的行政等级来测度城市之间的制度邻近性，如果两个城市均属于副省级及以上城市，则赋值为1，否则为0，将其记为副省级制度邻近性（ins1）；如果两个城市均属于省会级及以上城市，则赋值为1，否则为0，将其记为省会级制度邻近性（ins2）。

需要说明的是，本节重点关注的是区域经济网络的演化机制，由于构建多值网络统计模型需要结合有效的高维矩阵方法，现有多值网络模型仍停留在理论探讨的阶段，针对多值网络情形尚无法进行有效的模型参数估计和相关统计检验，不足以支撑对区域经济网络演化机制进行研究（Broekel et al.，2014；李敬和刘洋，2022）。因此，本书需要把多值无向网络二值化，参考相关研究将大于均值的设为1，否则为0。

（二）计量结果与机制分析

回归分析的目的是研究多维邻近性的多个矩阵（自变量）和区域经济网络一个矩阵（因变量）之间的回归关系，估计过程分为两步：首先，将自变量矩阵和因变量矩阵转换为边列表格式，进行常规的多元回归分析；其次，重复对因变量矩阵的行和列同时随机置换多次并重新计算回归，同时计算出统计量及其标准误。本书采用 UCINET 软件进行估计，选择 MRQAP 程序，进行 1000 次随机置换，对多个年份的截面数据进行回归分析，所得各变量矩阵的回归系数及统计检验指标如表4-5所示。

表4-5　MRQAP 回归分析结果

变量	2011年	2012年	2013年	2014年	2015年	2016年	2017年	2018年	2019年
geo1	0.175***	0.167***	0.172***	0.169***	0.163***	0.172***	0.168***	0.182***	0.186***
	(0.014)	(0.014)	(0.014)	(0.014)	(0.014)	(0.015)	(0.015)	(0.015)	(0.015)
geo2	0.040*	0.065***	0.055**	0.057**	0.082***	0.054**	0.070***	0.042*	0.019
	(0.021)	(0.021)	(0.021)	(0.021)	(0.021)	(0.021)	(0.021)	(0.022)	(0.023)
eco	0.047***	0.043***	0.045***	0.044***	0.041***	0.046***	0.044***	0.050***	0.052***
	(0.008)	(0.008)	(0.008)	(0.008)	(0.008)	(0.008)	(0.008)	(0.008)	(0.008)

变量	2011 年	2012 年	2013 年	2014 年	2015 年	2016 年	2017 年	2018 年	2019 年
soc	0.476 ***	0.472 ***	0.393 ***	0.391 ***	0.465 ***	0.458 ***	0.473 ***	0.405 ***	0.455 ***
	(0.050)	(0.048)	(0.047)	(0.047)	(0.047)	(0.047)	(0.046)	(0.047)	(0.047)
$org1$	0.024	0.040 **	0.036 **	0.042 **	0.050 ***	0.027	0.043 **	0.030 *	0.011
	(0.017)	(0.017)	(0.017)	(0.017)	(0.016)	(0.017)	(0.017)	(0.018)	(0.019)
$org2$	0.228 ***	0.223 ***	0.235 ***	0.240 ***	0.217 ***	0.218 ***	0.202 ***	0.190 ***	0.182 ***
	(0.019)	(0.019)	(0.019)	(0.019)	(0.019)	(0.019)	(0.019)	(0.020)	(0.021)
$ins1$	0.271 ***	0.289 ***	0.250 ***	0.250 ***	0.280 ***	0.253 ***	0.277 ***	0.248 ***	0.225 ***
	(0.047)	(0.046)	(0.046)	(0.046)	(0.046)	(0.047)	(0.047)	(0.050)	(0.050)
$ins2$	0.196 ***	0.187 ***	0.238 ***	0.238 ***	0.204 ***	0.223 ***	0.203 ***	0.222 ***	0.231 ***
	(0.034)	(0.033)	(0.034)	(0.035)	(0.033)	(0.035)	(0.034)	(0.037)	(0.037)
常数	−1.305 ***	−1.238 ***	−1.28 ***	−1.268 ***	−1.229 ***	−1.348 ***	−1.321 ***	−1.453 ***	−1.513 ***
	(0.000)	(0.000)	(0.000)	(0.000)	(0.000)	(0.000)	(0.000)	(0.000)	(0.000)
R^2	0.434	0.436	0.438	0.437	0.439	0.431	0.433	0.419	0.416
样本	40755	40755	40755	40755	40755	40755	40755	40755	40755

注：括号中的数值为标准误；*、**、***分别代表在 10%、5%、1%统计水平上显著。

地理距离（$geo1$）变量估计系数位于 0.163~0.186，且均在 1% 的统计水平上显著，2011~2019 年系数值具有上升趋势，这意味着区域经济网络关系的建立受到地理距离因素的影响，也表明区域之间的地理距离越近，越有利于区域经济网络的形成，计量结果证实了假说 1，即地理邻近性对区域经济网络联系具有正向促进作用。边界相邻（$geo2$）变量估计系数位于 0.019~0.082，只有 2019 年的估计结果不显著，其他年份结果均在 10% 及以上的统计水平上显著，2011~2019 年系数值具有先升后降的发展趋势，这说明区域经济网络关系的建立受到边界相邻因素的影响，同时也表明边界相邻对区域经济网络联系的正向促进作用在减弱。

经济邻近性（eco）变量估计系数位于 0.041~0.052，且均在 1% 的统计水平上显著，2011~2019 年系数值具有上升趋势，这意味着区域经济网络关系的建立受到经济邻近因素的影响，也表明区域之间的经济发展水平越相似，越有利于区域经济网络的形成，计量结果证实了假说 2，即经济邻近性对区域经济网络联系具有正向促进作用。

社会邻近性（soc）变量估计系数位于 0.391~0.476，且均在 1% 的统计水平上显著，2011~2019 年系数值具有先降后升的发展趋势，这意味着区域经济网络关系的建立受到社会邻近因素的影响，也表明在网络中行为主体的关系越亲近，越有利于区域经济网络关系的形成，计量结果证实了假说 3，即社会邻近性对区域经济网络联系具有正向促进作用。

城市群内部组织邻近性（$org1$）变量估计系数位于 0.011 ~ 0.050，只有 2011 年、2016 年和 2019 年的估计结果不显著，其他年份结果均在 10% 及以上的统计水平上显著，2011 ~ 2019 年系数值具有先升后降的发展趋势，这意味着区域经济网络关系的建立受到组织邻近因素的影响，也表明在网络中行为主体均属于同一个城市群，则有利于区域经济网络关系的形成，计量结果证实了假说 4，即组织邻近性对区域经济网络联系具有正向促进作用。省域组织邻近性（$org2$）变量估计系数位于 0.182 ~ 0.240，且均在 1% 的统计水平上显著，2011 ~ 2019 年系数值具有先升后降的发展趋势，这意味着区域经济网络关系的建立受到组织邻近因素的影响，也表明在网络中行为主体之间均属于同一个省份，则有利于区域经济网络关系的形成，计量结果证实了假说 4 的稳健性。

副省级制度邻近性（$ins1$）变量估计系数位于 0.225 ~ 0.289，且均在 1% 的统计水平上显著，2011 ~ 2019 年系数值具有先升后降的发展趋势，这意味着区域经济网络关系的建立受到制度邻近因素的影响，也表明在网络中行为主体之间均属于副省级及以上级别城市，具有较高的行政等级，则有利于区域经济网络关系的形成，计量结果证实了假说 5，即制度邻近性对区域经济网络联系具有正向促进作用。省会级制度邻近性（$ins2$）变量估计系数位于 0.187 ~ 0.238，且均在 1% 的统计水平上显著，2011 ~ 2019 年系数值具有先升后降的发展趋势，这意味着区域经济网络关系的建立受到制度邻近因素的影响，也表明在网络中行为主体均属于省会级及以上级别城市，具有较高的行政等级，则有利于区域经济网络关系的形成，计量结果证实了假说 5 的稳健性。

1. 区域知识溢出网络的演化机制分析

同样采用 UCINET 软件进行估计，选择 MRQAP 程序，进行 1000 次随机置换，对多个年份的截面数据进行回归分析，所得各变量矩阵的回归系数及统计检验指标如表 4-6 所示。

表 4-6　MRQAP 回归分析结果

变量	2011 年	2012 年	2013 年	2014 年	2015 年	2016 年	2017 年	2018 年	2019 年
$geo1$	0.151***	0.140***	0.135***	0.135***	0.132***	0.142***	0.137***	0.152***	0.159***
	(0.013)	(0.012)	(0.012)	(0.013)	(0.012)	(0.014)	(0.013)	(0.015)	(0.015)

续表

变量	2011 年	2012 年	2013 年	2014 年	2015 年	2016 年	2017 年	2018 年	2019 年
geo2	0.019	0.036**	0.041**	0.059***	0.071***	0.056**	0.080***	0.045**	0.025
	(0.020)	(0.018)	(0.020)	(0.019)	(0.019)	(0.021)	(0.020)	(0.022)	(0.023)
eco	0.069***	0.061***	0.060***	0.056***	0.053***	0.062***	0.061***	0.068***	0.069***
	(0.008)	(0.007)	(0.007)	(0.007)	(0.007)	(0.008)	(0.008)	(0.009)	(0.009)
soc	0.236***	0.195***	0.066*	0.101***	0.170***	0.232***	0.143***	0.176***	0.308***
	(0.044)	(0.041)	(0.039)	(0.038)	(0.037)	(0.038)	(0.035)	(0.038)	(0.042)
org1	−0.018	0.008	0.004	0.004	0.019	−0.016	0.007	−0.015	−0.042**
	(0.016)	(0.015)	(0.016)	(0.016)	(0.015)	(0.017)	(0.016)	(0.018)	(0.020)
org2	0.357***	0.377***	0.387***	0.379***	0.355***	0.340***	0.337***	0.306***	0.260***
	(0.019)	(0.017)	(0.018)	(0.018)	(0.017)	(0.020)	(0.019)	(0.021)	(0.022)
ins1	0.180***	0.225***	0.151***	0.160***	0.223***	0.171***	0.203***	0.144***	0.107**
	(0.043)	(0.040)	(0.040)	(0.041)	(0.040)	(0.045)	(0.043)	(0.048)	(0.051)
ins2	0.303***	0.292***	0.369***	0.365***	0.309***	0.333***	0.322***	0.336***	0.322***
	(0.035)	(0.033)	(0.036)	(0.037)	(0.033)	(0.038)	(0.035)	(0.040)	(0.041)
常数	−1.617***	−1.468***	−1.425***	−1.352***	−1.353***	−1.536***	−1.522***	−1.675***	−1.726***
	(0.000)	(0.000)	(0.000)	(0.000)	(0.000)	(0.000)	(0.000)	(0.000)	(0.000)
R^2	0.465	0.487	0.484	0.477	0.485	0.455	0.473	0.433	0.403
样本	40755	40755	40755	40755	40755	40755	40755	40755	40755

注：括号中的数值为标准误；*、**、***分别代表在10%、5%、1%统计水平上显著。

地理距离（geo1）变量估计系数位于 0.132~0.159，且均在 1% 的统计水平上显著，2011~2019 年系数值具有先降后升的发展趋势，这意味着区域知识溢出网络关系的建立受到地理距离因素的影响，也表明区域之间的地理距离越近，越有利于区域知识溢出网络的形成，说明地理邻近性对区域知识溢出网络联系具有正向促进作用。边界相邻（geo2）变量估计系数位于 0.019~0.080，只有2011 年和 2019 年的估计结果不显著，其他年份结果均在 5% 及以上的统计水平上显著，2011~2019 年系数值具有先升后降的发展趋势，这说明区域知识溢出网络关系的建立受到边界相邻因素的影响，同时也表明边界相邻对区域知识溢出网络联系的正向促进作用在减弱。

经济邻近性（eco）变量估计系数位于 0.053~0.069，且均在 1% 的统计水平上显著，2011~2019 年系数值具有先降后升的发展趋势，这意味着区域知识溢出网络关系的建立受到经济邻近因素的影响，也表明区域之间的经济发展水平越相似，越有利于区域知识溢出网络的形成，说明经济邻近性对区域知识溢出网络联系具有正向促进作用。

社会邻近性（soc）变量估计系数位于 0.066 ~ 0.308，且均在 10% 或 1% 的统计水平上显著，2011 ~ 2019 年系数值具有先降后升的发展趋势，这意味着区域知识溢出网络关系的建立受到社会邻近因素的影响，也表明在网络中行为主体的关系越亲近，越有利于区域知识溢出网络关系的形成，说明社会邻近性对区域知识溢出网络联系具有正向促进作用。

城市群内部组织邻近性（org1）变量估计系数位于 −0.042 ~ 0.019，只有 2019 年的估计结果显著为负，其他年份结果均不显著，这意味着区域知识溢出网络关系的建立不容易受到城市群内部组织邻近因素的影响，也表明在网络中行为主体均属于同一个城市群不太容易建立知识溢出网络关系，甚至可能对区域知识溢出网络联系产生负向阻碍作用，可能的原因在于中国城市群发展阶段和水平存在差异，有些城市群在组织框架和体制机制方面还不够完善，区域间合作组织尚需推进，城市群内部一体化进程缓慢，部分城市之间存在行政壁垒、市场分割和产业结构趋同现象，难以全方位发挥城市群在企业互动、知识技术合作和信息交流中的组织协调作用。省域组织邻近性（org2）变量估计系数位于 0.260 ~ 0.387，且均在 1% 的统计水平上显著，2011 ~ 2019 年系数值具有先升后降的发展趋势，这意味着区域知识溢出网络关系的建立受到省域组织邻近因素的影响，也表明在网络中行为主体之间均属于同一个省份，则有利于区域知识溢出网络关系的形成。

副省级制度邻近性（ins1）变量估计系数位于 0.107 ~ 0.225，且均在 5% 或 1% 的统计水平上显著，2011 ~ 2019 年系数值具有波动下降的发展趋势，这意味着区域知识溢出网络关系的建立受到制度邻近因素的影响，也表明在网络中行为主体之间均属于副省级及以上级别城市，具有较高的行政等级，则有利于区域知识溢出网络关系的形成，说明副省级制度邻近性对区域知识溢出网络联系具有正向促进作用，同时表明副省级制度邻近性对区域交易成本网络联系的正向促进作用在减弱。省会级制度邻近性（ins2）变量估计系数位于 0.292 ~ 0.369，且均在 1% 的统计水平上显著，2011 ~ 2019 年系数值具有波动上升的发展趋势，这意味着区域知识溢出网络关系的建立受到制度邻近因素的影响，也表明在网络中行为主体均属于省会级及以上级别城市，具有较高的行政等级，则有利于区域知识溢出网络关系的形成，同时表明省会级制度邻近性对区域交易成本网络联系的正向促进作用在增加。

2. 区域交易成本网络的演化机制分析

同样采用 UCINET 软件进行估计，选择 MRQAP 程序，进行 1000 次随机置换，对多个年份的截面数据进行回归分析，所得各变量矩阵的回归系数及统计检验指标如表 4-7 所示。

表 4-7　MRQAP 回归分析结果

变量	2011 年	2012 年	2013 年	2014 年	2015 年	2016 年	2017 年	2018 年	2019 年
$geo1$	0.166***	0.165***	0.165***	0.164***	0.163***	0.163***	0.162***	0.164***	0.163***
	(0.016)	(0.016)	(0.016)	(0.016)	(0.016)	(0.016)	(0.016)	(0.016)	(0.016)
$geo2$	0.073***	0.075***	0.066***	0.076***	0.065***	0.060***	0.058**	0.062***	0.066***
	(0.023)	(0.022)	(0.022)	(0.022)	(0.022)	(0.022)	(0.022)	(0.022)	(0.022)
eco	0.031***	0.030***	0.030***	0.030***	0.031***	0.031***	0.030***	0.031***	0.031***
	(0.009)	(0.009)	(0.009)	(0.009)	(0.009)	(0.009)	(0.009)	(0.009)	(0.009)
soc	0.679***	0.674***	0.692***	0.676***	0.718***	0.706***	0.717***	0.695***	0.684***
	(0.057)	(0.057)	(0.057)	(0.057)	(0.056)	(0.057)	(0.057)	(0.057)	(0.056)
$org1$	0.074***	0.076***	0.077***	0.077***	0.070***	0.078***	0.073***	0.076***	0.078***
	(0.019)	(0.019)	(0.019)	(0.019)	(0.019)	(0.019)	(0.019)	(0.019)	(0.019)
$org2$	0.103***	0.107***	0.100***	0.105***	0.110***	0.111***	0.113***	0.104***	0.108***
	(0.021)	(0.021)	(0.021)	(0.021)	(0.021)	(0.021)	(0.021)	(0.021)	(0.021)
$ins1$	0.266***	0.267***	0.266***	0.268***	0.263***	0.266***	0.262***	0.264***	0.268***
	(0.052)	(0.052)	(0.052)	(0.052)	(0.052)	(0.052)	(0.051)	(0.052)	(0.052)
$ins2$	0.132***	0.135***	0.133***	0.133***	0.133***	0.132***	0.134***	0.133***	0.131***
	(0.036)	(0.036)	(0.036)	(0.036)	(0.036)	(0.036)	(0.036)	(0.036)	(0.037)
常数	−1.005***	−0.997***	−1.015***	−1.022***	−1.042***	−1.046***	−1.052***	−1.070***	−1.075***
	(0.000)	(0.000)	(0.000)	(0.000)	(0.000)	(0.000)	(0.000)	(0.000)	(0.000)
R^2	0.373	0.373	0.374	0.372	0.382	0.381	0.383	0.377	0.377
样本	40755	40755	40755	40755	40755	40755	40755	40755	40755

注：括号中的数值为标准误；*、**、***分别代表在10%、5%、1%统计水平上显著。

地理距离（$geo1$）变量估计系数位于 0.162~0.166，且均在 1% 的统计水平上显著，2011~2019 年系数值变动不大，这意味着区域交易成本网络关系的建立受到地理距离因素的影响，也表明区域之间的地理距离越近，越有利于区域交易成本网络的形成，说明地理邻近性对区域交易成本网络联系具有正向促进作用。边界相邻（geo2）变量估计系数位于 0.058~0.076，且在 5% 或 1% 的统计水平上显著，2011~2019 年系数值具有波动下降的发展趋势，这说明区域交易成本网络关系的建立受到边界相邻因素的影响，同时也表明边界相邻对区域交易成本网络联系的正向促进作用在减弱。

经济邻近性（eco）变量估计系数位于 0.030~0.031，且均在 1% 的统计水平上显著，2011~2019 年系数值变动不大，这意味着区域交易成本网络关系的建立受到经济邻近因素的影响，也表明区域之间的经济发展水平越相似，越有利于区域交易成本网络的形成，说明经济邻近性对区域交易成本网络联系具有正向促进作用。

社会邻近性（soc）变量估计系数位于 0.674~0.718，且均在 1% 的统计水平上显著，2011~2019 年系数值具有先升后降的发展趋势，这意味着区域交易成本网络关系的建立受到社会邻近因素的影响，也表明在网络中行为主体的关系越亲近，越有利于区域交易成本网络关系的形成，说明社会邻近性对区域交易成本网络联系具有正向促进作用。

城市群内部组织邻近性（org1）变量估计系数位于 0.070~0.078，且均在 1% 的统计水平上显著，2011~2019 年系数值变化不大，这意味着区域交易成本网络关系的建立受到组织邻近因素的影响，也表明在网络中行为主体均属于同一个城市群，则有利于区域交易成本网络关系的形成，说明城市群内部组织邻近性对区域交易成本网络联系具有正向促进作用。省域组织邻近性（org2）变量估计系数位于 0.100~0.113，且均在 1% 的统计水平上显著，2011~2019 年系数值具有先升后降的发展趋势，这意味着区域交易成本网络关系的建立受到组织邻近因素的影响，也表明在网络中行为主体之间均属于同一个省份，则有利于区域交易成本网络关系的形成，说明省域组织邻近性对区域交易成本网络联系具有正向促进作用。

副省级制度邻近性（ins1）变量估计系数位于 0.262~0.268，且均在 1% 的统计水平上显著，2011~2019 年系数值变化不大，这意味着区域交易成本网络关系的建立受到制度邻近因素的影响，也表明在网络中行为主体之间均属于副省级及以上级别城市，具有较高的行政等级，则有利于区域交易成本网络关系的形成，说明副省级制度邻近性对区域交易成本网络联系具有正向促进作用。省会级制度邻近性（ins2）变量估计系数位于 0.131~0.135，且均在 1% 的统计水平上显著，2011~2019 年系数值变化不大，这意味着区域交易成本网络关系的建立受到制度邻近因素的影响，也表明在网络中行为主体均属于省会级及以上级别城市，具有较高的行政等级，则有利于区域交易成本网络关系的形成，说明省会级制度邻近性对区域交易成本网络联系具有正向促进作用。

综上所述，地理邻近性、经济邻近性、社会邻近性、组织邻近性和制度邻近性均对区域经济网络演化具有正向促进作用；区域交易成本网络与区域经济网络情况类似，只在个别年份的系数估计值和显著性方面有所差别；而与区域经济网络和区域交易成本网络相比，区域知识溢出网络在城市群内部组织邻近性方面存在显著差异，其他邻近性均存在相似特征。

本章小结

本章基于区域经济网络的多维属性内涵，利用2011~2019年中国286个地级以上城市的不同网络类型的数据，从区域经济网络总体以及区域知识溢出网络（企业联系、知识合作、技术合作和信息联系）和区域交易成本网络（公路交通、铁路交通、航空交通和货运联系）两个主要方面，描述了区域经济网络的整体演化特征、空间演化特征和社团演化特征，并揭示了区域经济网络演化的多维邻近性机制。主要结论如下：

第一，中国区域经济网络密度逐渐提高，区域之间的联系路径有所缩短，具有集聚成团的倾向和发展趋势。中国区域经济网络格局整体上倾向于多中心化发展态势，从时间变化来看，先集中化发展，而后逐渐向分散化转变，网络中心性高的核心节点逐渐由直辖市或省会城市向其他等级城市分散演化。中国区域经济网络具有异质性，呈现典型的幂律分布，表现出无标度特性。

第二，中国区域经济网络呈现出明显的社团演化特征，2011~2019年中国区域经济网络由三大两小社团演化为稳定的四核心结构。其中，2011年区域经济网络三大社团结构围绕以京津冀、长三角和珠三角为核心集聚，两个小的区域性社团结构分别围绕西安市和郑州市形成；而2015~2019年区域经济网络社团出现了明显的跨区域分布特征，呈现出以京津冀、长三角和珠三角以及成渝社团为核心的稳定新格局。

第三，区域经济网络演化受到地理邻近性、经济邻近性、社会邻近性、组织邻近性和制度邻近性等多维邻近性因素的综合作用。地理邻近性、经济邻近性、社会邻近性、组织邻近性和制度邻近性均对区域经济网络演化具有正向促进作用；区域交易成本网络与区域经济网络情况类似，只在个别年份的系数估计值和显著性方面有所差别；而区域知识溢出网络在城市群内部组织邻近性方面与区域经济网络和区域交易成本网络上存在显著差异，其他邻近性机制均存在相似特征。

第五章　中国区域经济网络对经济增长影响的实证检验

本章的主要目的是验证第三章理论模型所呈现的特征，对区域经济网络的经济增长效应进行实证检验，主要基于理论模型所显示出的变量之间的关系进行理论梳理，并提出相应的理论假说。基于2011~2019年中国地级以上城市的面板数据，针对本地知识溢出和跨区域知识溢出的经济增长效应、贸易自由度对经济增长的线性和非线性影响问题，构建面板双固定效应模型和空间计量模型，检验本地和跨区域知识溢出对经济增长的影响，详细分析贸易自由度对经济增长影响的非线性特征，并进行了稳健性检验和内生性检验。同时，考虑到中国地域空间尺度较大，区域之间具有较大的差异性，分别从区位条件、规模等级和环境污染水平等方面，针对本地和跨区域知识溢出、贸易自由度对经济增长影响的异质性进行了实证检验。

第一节　理论假说与研究设计

一、理论假说

根据前文分析，区域经济网络是由多种维度的网络构成，区域经济网络的经济增长效应不囿于其网络整体，而在细分维度上也能够产生深远影响。区域经济网络带来的经济增长效应主要体现在以隐性特征为主的知识溢出网络和以显性特征为主的交易成本网络。依据前文理论模型的分析可知，区域经济网络对经济增长的影响主要有两条路径：一是通过知识溢出网络对经济增长产生影响；二是通过交易成本网络对经济增长产生影响，如图 5-1 所示。

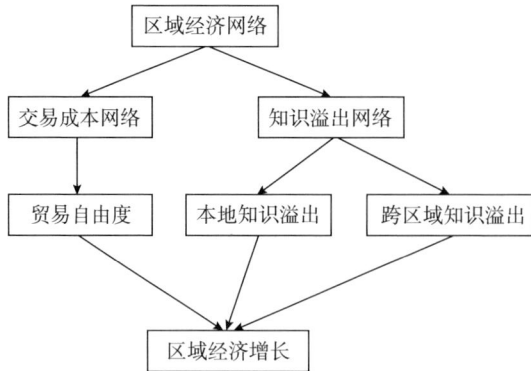

图 5-1　区域经济网络对区域经济增长影响的作用路径

第一，对于知识溢出网络而言，区域之间企业（上市公司、科研机构）和消费者（论文作者、专利所有人、普通劳动力）等经济行为主体，在企业联系、知识技术合作和信息交流方面可达性的提升，一方面，可以提高知识溢出网络中节点的权力、地位和影响力，降低经济主体的信息传递和沟通交流成本，同时可以增强知识技术可达性，提高区域技术创新能力，有利于技术更新升级和创新发展，进一步降低知识资本创造成本，通过直接影响本地区的企业生产效率、知识资本创造效率，作用于区域经济增长；另一方面，也可以通过影响网络相邻地区、依赖区域之间的知识溢出网络联系，从区域外部获得收益。跨区域知识溢出的提升，有利于打破区域之间技术信息共享的壁垒，增强跨区域之间的资源共享和技术溢出，通过跨区域的交流合作、功能互补和技术溢出而产生协同和整合效应，提升要素资源空间配置效率，促进跨区域要素的自由流动和有效整合，通过规模借用、功能借用和技术借用，从而实现区域经济增长。

因此，知识溢出网络可以通过本地知识溢出和跨区域知识溢出，对产品生产效率和资本创造效率产生提升作用，进而减少资本创造成本，增加经济行为主体的收入，从而促进经济增长。

假说 6-1：本地知识溢出能够促进经济增长。

假说 6-2：本地和跨区域知识溢出能够促进经济增长。

第二，对于交易成本网络而言，其从商品交易、资源流通等方面对贸易自由度产生影响，而贸易自由度影响区域之间的交易成本，进而影响经济地理空间分布格局，从而对经济增长产生影响。而且由理论模型中不同的空间分布模式与经济增长的关系可知，企业或资本的空间格局演化对经济增长具有重要影响。因此，交易成本网络通过贸易自由度带来的要素集聚与分散格局演化，对经济增长产生影响。具体来说：一方面，当知识溢出分散力小于或等于环境污染溢出集聚力时，随着贸易自由度的提升，经济系统逐渐由分散向集聚空间格局转变，而此时核心—边缘均衡状态下的经济增长率大于或等于对称均衡状态下的经济增长率，因此，提高贸易自由度有利于经济增长。另一方面，当知识溢出分散力大于环境污染溢出集聚力时，随着贸易自由度的提升，经济系统逐渐由分散向集聚空间格局转变，经济系统呈现出"分散—集聚—分散"空间演化格局，而此时对称均衡状态下的经济增长率大于核心—边缘均衡状态下的经济增长率，因此，贸易自由度对经济增长的影响呈现出先增加、后减小、再增加的"N"形非线性波动变化态势。

假说 7-1：贸易自由度的提升会促进经济增长。

假说 7-2：贸易自由度对经济增长的影响具有非线性特征。

二、计量模型设定

（一）本地和跨区域知识溢出对经济增长的影响

为了验证依据前述理论分析所提出的假说 6-1，采用面板数据固定效应模型进行实证分析。将经济增长作为被解释变量，把知识溢出网络中心性作为核心解释变量；同时，为了控制本地知识溢出和区域经济增长之间的混淆因素，并缓解遗漏变量偏误问题，在模型中加入了影响经济增长的相关社会经济变量，建立了本地知识溢出对经济增长影响的基准模型，算式如下：

$$eg_{it} = \alpha_0 + \alpha_1 kn_{it} + \alpha_2 X_{it} + c_i + u_t + \varepsilon_{it} \tag{5-1}$$

式（5-1）中，eg_{it} 是经济增长变量的对数值，其值越大，表示经济增长水平越高；kn_{it} 是知识溢出网络中心性的对数值，表示知识溢出网络节点对知识技术信息流动的集散能力，体现了网络节点的权力、地位和影响力；X_{it} 是一组其他影响经济增长的控制变量；ε_{it} 表示误差项，i 代表城市，t 代表时间，c_i 表示个体效应，u_t 表示时间效应。

为了验证依据前述理论分析所提出的假说 6-2，探讨本地知识溢出和跨区域知识溢出对经济增长的影响，本书采用面板空间计量模型进行实证分析。与普通面板回归模型相比，在考虑空间因素的影响时或变量存在空间自相关时，为了防止估计偏误，宜采用空间计量模型进行分析，而且空间计量模型在探讨空间溢出效应方面具有明显优势，适用于探讨跨区域的知识溢出效应。由于空间计量经济学中传统的空间权重矩阵基于地理距离或邻接性，忽略了区域之间的复杂联系，无法识别区域之间网络外部性的异质性（Huang et al., 2020），本书的空间权重是采用知识溢出网络表征的，以便反映区域之间知识技术信息联系的影响。因此，从区域经济的网络外部性视角出发，进一步探究本地和跨区域知识溢出对经济增长的影响，建立面板空间计量模型如下：

$$eg_{it} = \beta_0 + \rho \sum_{i=1}^{n} Weg_{it} + \beta_1 kn_{it} + \rho_1 \sum_{i=1}^{n} Wkn_{it} + \beta_2 X_{it} + \rho_2 \sum_{i=1}^{n} WX_{it} + c_i + u_t + \varepsilon_{it} \quad (5\text{-}2)$$

式（5-2）中，kn_{it} 是知识溢出网络的加权度数中心性的对数值，表示本地知识溢出强度，将其当作本地知识溢出指标；$\sum_{i=1}^{n} Wkn_{it}$ 是知识溢出网络加权度数中心性对数值的空间滞后项，表示跨区域知识溢出强度，将其当作跨区域知识溢出指标。W 是采用知识溢出网络表征的空间权重（W_{kn}），后文采用地理距离权重（WD）、空间邻接权重（WQ）和区域经济网络构建的空间权重（WE）进行稳健性检验；ρ、ρ_1 和 ρ_2 分别是经济增长、跨区域知识溢出和各个控制变量的空间效应系数；其他字母含义与上式相同。

（二）贸易自由度对经济增长的影响

为了验证依据前述理论模型所提出的假说7-1，采用面板数据固定效应模型和空间计量模型进行实证分析。将经济增长作为被解释变量，把市场可达性（用来表征贸易自由度）当作核心解释变量；为了缓解遗漏变量偏误问题，在模型中加入了一系列相关社会经济变量，建立了市场可达性对经济增长影响的计量模型。

$$eg_{it} = \alpha_0 + \alpha_1 cn_{it} + \alpha_2 X_{it} + c_i + u_t + \varepsilon_{it}$$

$$eg_{it} = \beta_0 + \rho \sum_{i=1}^{n} Weg_{it} + \beta_1 cn_{it} + \rho_1 \sum_{i=1}^{n} Wcn_{it} + \beta_2 X_{it} + \rho_2 \sum_{i=1}^{n} WX_{it} + c_i + u_t + \varepsilon_{it} \quad (5\text{-}3)$$

同时，为了验证依据前述理论模型所提出的假说7-2，探讨贸易自由度对经济增长影响的非线性特征，本书构建了市场可达性及其二次项和三次项对经济增长影响的计量模型，算式如下：

$$eg_{it} = \alpha_0 + \alpha_1 cn_{it} + \alpha_2 cn_{it}^2 + \alpha_3 cn_{it}^3 + \alpha_2 X_{it} + c_i + u_t + \varepsilon_{it}$$

$$eg_{it} = \beta_0 + \rho \sum_{i=1}^{n} Weg_{it} + \beta_1 cn_{it} + \beta_2 cn_{it}^2 + \beta_3 cn_{it}^3 + \rho_1 \sum_{i=1}^{n} Wcn_{it} + \rho_2 \sum_{i=1}^{n} Wcn_{it}^2 + \rho_3 \sum_{i=1}^{n} Wcn_{it}^3 +$$

$$\beta_4 X_{it} + \rho_4 \sum_{i=1}^{n} WX_{it} + c_i + u_t + \varepsilon_{it} \quad (5\text{-}4)$$

式（5-4）中，cn_{it} 是市场可达性的对数值，表示接近市场能力和交易便捷程度，市场可达性越高，贸易自由度越大，体现了区际交易的成本优势和商品等资源要素流动的便捷程度，其他字母含义与式（5-1）相同。

三、变量选取与数据来源

（一）变量选取与说明

1. 被解释变量

本书采用人均 GDP 来表示各区域的经济增长情况。为了弥补统计数据在统计体系与核算技术方面的依赖性，参考相关学者研究（王贤彬等，2017），用夜间灯光数据来反映经济发展真实状况，采用人均夜间灯光亮度的对数值进行稳健性检验。

2. 核心解释变量

（1）本地知识溢出。本书采用知识溢出网络的节点加权度数中心性（kn_{it}）进行表征，计算方法与第四章保持一致。同时为了检验模型的稳健性，采用知识溢出网络的节点加权特征向量中心性进行稳健性分析。

（2）跨区域知识溢出。为了考察跨区域的知识溢出对经济增长的影响，将本地知识溢出变量的空间滞后项当作跨区域知识溢出变量，具体采用知识溢出网络作为空间权重计算的本地知识溢出空间滞后项来表示（$\sum_{i=1}^{n} Wkn_{it}$），反映区域之间的知识溢出，其值越大，表示跨区域知识溢出效应越大，越容易从跨区域的企业联系、知识技术交流和信息传播中获得好处。同时，为了检验跨区域知识溢出的稳健性，分别采用区域经济网络构建的空间权重（WE）、地理距离权重（WD）和空间邻接权重（WQ）进行稳健性检验和异质性分析。

（3）贸易自由度。本书认为，贸易自由度的大小依赖于交易成本网络联系而产生的市场可达性。因此，采用市场可达性（cn_{it}）来表征理论模型中的贸易自由度，用以表征区域之间的市场接近程度，市场可达性越高，说明贸易自由度越大。综合借鉴 Harris1954 年提出的市场潜能以及市场可达性的计算方法（Otsuka，2020；程名望等，2019；刘冲等，2020），选取人口和 GDP 的乘积并开方与交易成本网络矩阵进行交乘，可以得到：

$$cn_{it} = \sum_{i \neq j} \sqrt{POP_{jt} \times GDP_{jt}} \times c_{ijt} \tag{5-5}$$

式（5-5）中，cn_{it} 表示第 t 年的市场可达性；i 和 j 表示不同的区域；POP_{jt} 和 GDP_{jt} 分别表示第 t 年区域 j 的人口数量和 GDP 总量；c_{ijt} 表示第 t 年区域 i 和 j 之间商品、货物等要素的可达性，采用区域交易成本网络中的对应元素来表征。

3. 控制变量

为了尽量减少因遗漏变量造成的估计偏差，本书参考相关研究，将如下控制变量加入到计量模型中：①人口密度（ppd）。人口密度体现了人口集聚水平，在一定程度上能够影响经济增长水平，采用总人口与土地面积之比来表示。②物质资本（gdgdp）。资本对经济增长的贡献中包含物质资本的作用，为经济增长提供生产和创造所必需的资本，进而影响经济增长，采用资本存量与 GDP 之比来表示。③政府干预（gov）。考虑到政府可以通过宏观调控调节资源配置，政府干预程度也是影响经济增长的重要因素，采用政府财政支出占 GDP 的比重来衡量。④产业结构（ind）。一般来说，产业结构变化将影响经济增长水平，本书采用第三产业增加值与第二产业增加值之比来表示。⑤科技投入（sp）。科技投入有利于提高资源利用效率，促进技术进步和科技创新，对经济增长起到重要作用，采用科技支出与财政总支出之比来表征。⑥人力资本（pstu）。资本对经济增长的贡献中包含人力资本的作用，人力资本是促进经济增长的重要因素，本书采用高等学校在校生人数与总人口之比来表征人力资本水平。⑦经济开放度（fdi）。经济开放度越高，与国外先进技术和知识接轨的程度越高，经济开放不仅可以提高技术水平，也可以提高产出水平，从而对经济增长产生影响。本书采用外商直接投资额与 GDP 之比表示经济开放度。⑧外贸依存度（imex）。加强对外联系和开放市场环境，可以吸引人力资本、加快技术引进和促进要素集聚，进而影响区域经济增长，本书采用进出口总额与 GDP 之比表示（见表 5-1）。

表 5-1　变量选取与说明

变量类型	变量符号	变量名称	变量说明	参考文献
被解释变量	eg	区域经济增长	人均 GDP 取对数	徐斌等（2019）
核心解释变量	kn	本地知识溢出	知识溢出网络的加权度数中心性取对数，其空间滞后项用来表示跨区域知识溢出	周宏浩和谷国锋（2022）、姚常成和吴康（2022）、曹文超和韩磊（2022）
控制变量	cn	贸易自由度	市场可达性取对数	Otsuka（2020）、Herzog（2021）
	ppd	人口密度	总人口与土地面积之比取对数	丁焕峰等（2020）
	gdgdp	物质资本	资本存量与 GDP 之比取对数	秦蒙等（2016）、刘修岩等（2012）、秦蒙等（2019）

变量类型	变量符号	变量名称	变量说明	参考文献
控制变量	*gov*	政府干预	政府财政支出与 GDP 之比取对数	林伯强和谭睿鹏（2019）
	ind	产业结构	第三产业与第二产业增加值之比取对数	杨本建和张立龙（2019）、周宏浩和谷国锋（2020）
	sp	科技投入	政府预算中科技支出与总支出之比取对数	李金培等（2022）
	pstu	人力资本	高等学校在校生人数与总人口之比取对数	郭丽燕等（2020）
	fdi	经济开放度	外商实际投资总额与 GDP 之比	秦蒙等（2019）、李金培等（2022）
	imex	外贸依存度	进出口总额与 GDP 之比取对数	李敬等（2014）

（二）研究样本与数据来源

本书的研究对象是中国 286 个地级及以上城市，截至 2019 年底共有 297 个地级及以上城市（因数据所限，不包括中国港澳台地区和西藏自治区）。考虑到数据的连续性、可比性、可获得性和行政区划调整等因素，剔除的城市包括海南省三沙市和儋州市、青海省海东市以及新疆维吾尔自治区吐鲁番市和哈密市。

本书所使用的经济社会属性数据主要来源于中国经济社会大数据研究平台（https：//data. cnki. net）和 CEIC 经济数据库（https：//insights. ceicdata. com），以及国家统计局官方网站、各省市统计年鉴等。区域经济网络的相关数据（知识溢出网络、交易成本网络等）来源与第四章相同；PM2.5 年均浓度数据来源于华盛顿大学大气成分分析工作组（Van Donkelaar et al. ，2019；Hammer et al. ，2020）（https：//sites. wustl. edu/acag/datasets/surface-pm2-5/）；用于稳健性检验的夜间灯光数据来源于 Harvard Dataverse 平台中基于跨传感器校正后的全球NPP-VIIRS 扩展时间序列夜间灯光观测数据（Chen et al. ，2021），采用全国地理信息资源目录服务系统（https：//www. webmap. cn）公布的行政区划矢量图进行栅格分区统计得到；用于稳健性检验的人口密度数据来源于 WorldPop 项目网站（https：//www. worldpop. org）并经过 ArcGIS 提取与处理得到。

针对各类货币量指标特征的变量，为了消除价格变动的影响，以 2010 年为基期，采用 GDP 平减指数对相关数据进行了平减处理；针对外币统计的指标，采用当年的平均汇率转为本币后进行相关计算。针对部分年份和地区缺失数据情况，采用相应省级统计年鉴和统计公报予以补齐，若还有缺失，则采用线性插值法将其补齐。各项指标的统计性描述结果如表5-2所示。

表5-2 变量的统计性描述

变量符号	样本量	均值	标准差	最小值	最大值
eg	2574	10.655	0.617	8.702	12.794
kn	2574	0.916	0.663	-1.059	3.397
cn	2574	8.647	0.545	7.063	10.564
ppd	2574	5.740	0.918	1.628	7.863
gdgdp	2574	3.980	0.347	2.322	4.883
gov	2574	5.213	0.434	3.563	6.770
ind	2574	-0.117	0.473	-2.175	1.675
sp	2574	0.107	0.879	-2.721	2.572
pstu	2574	-0.020	1.344	-10.982	2.671
fdi	2574	0.016	0.016	0.000	0.116
imex	2574	-2.669	1.497	-11.251	0.912

第二节　计量结果分析

一、基准回归

（一）本地知识溢出对经济增长的影响——对假说6-1的实证检验

本书使用Stata软件对计量模型（5-1）进行了估计，采用面板双固定效应模型检验本地知识溢出对经济增长的影响，使用面板数据固定效应模型主要有以下考虑：当回归分析局限于一些特定的个体时，固定效应模型是更好的选择（邵帅等，2019）；现实中很难满足随机效应中个体固定效应项与解释变量不相关的假设（秦蒙等，2019），而且Hausman检验结果显示，本书面板回归模型适合采用固定效应进行估计，同时为了进一步参照比对，也汇报了随机效应的结果。

基于2011~2019年中国地级以上城市的面板数据，考察了本地知识溢出对经济增长的直接影响效果，双固定效应的面板回归模型估计结果如表5-3所示。结果表明，本地知识溢出对经济增长的影响存在显著的正向促进效应，加入了控制变量之后，估计结果依然显著。从系数大小来看，本地知识溢出对经济增长影响的效应系数为 0.105，表明本地知识溢出每增加 1%，会使得经济增长平均提升 0.105%。

表 5-3　本地溢出效应对经济增长的影响

变量及统计量	（1）固定效应	（2）固定效应	（3）随机效应	（4）随机效应
kn	0.164 ***	0.105 ***	0.187 ***	0.130 ***
	(0.012)	(0.009)	(0.011)	(0.009)
常数项	10.175 ***	10.152 ***	10.155 ***	10.679 ***
	(0.011)	(0.137)	(0.030)	(0.110)
控制变量	否	是	否	是
个体效应	控制	控制	控制	控制
时间效应	控制	控制	控制	控制
Hausman	80.19 ***	531.73 ***		
R^2	0.942	0.967	0.942	0.967
N	2574	2574	2574	2574

注：***、**与*分别表示 1%、5%与 10%的显著性水平；括号中数字表示对应的统计量。

（二）本地和跨区域知识溢出对经济增长的影响——对假说 6-2 的实证检验

本书采用 Stata 软件对计量模型（5-2）进行了估计，考察了本地知识溢出和跨区域知识溢出对经济增长的影响效果。在空间计量模型构建之前，进行无空间交互作用的面板计量模型检验。表 5-4 列（1）检验结果表明，空间回归方程对应的 Moran's I 在 1%的水平上显著，且无论是传统的 LM 检验还是稳健的 LM 检验均在 1%的水平上显著，表明回归方程的被解释变量存在明显的空间相关性，说明模型中不能忽视空间关系的影响，通过空间面板模型来考察所研究的问题是必要的。表 5-4 列（4）的 LR 检验在 1%的水平上显著，说明模型具有时间和个体固定效应的联合显著性，支持选择空间和时间固定效应模型。表 5-4 列（2）和列（3）LR 统计量均在 1%的水平上显著，说明空间杜宾模型不能简化为空间滞后和空间误差模型，而且表 5-4 列（4）的 Hausman 检验拒绝了随机效应的原假设。因此，最终选择了包含空间和时间双固定效应的空间杜宾模型，估计结果如表 5-4 列（4）所示。结果表明，Rho 的估计系数为 0.688 且在 1%的水平上显著，说明经济增长存在着正向的空间交互效应，在知识溢出网络空间权重下，本地区的经济增长对相邻地区的经济增长产生强化作用，存在明显的空间效应。

表 5-4　OLS、SAR、SEM 和 SDM 的估计结果

变量及统计量	（1）OLS	（2）SAR	（3）SEM	（4）SDM	
				Main	Wx
kn	0.070***	0.093***	0.087***	0.072***	0.642***
	（0.019）	（0.008）	（0.008）	（0.008）	（0.114）
Rho		0.932***		0.688***	
		（0.022）		（0.098）	
Lambda			0.900***		
			（0.033）		
Moran's I	134.121***				
LM-Lag	6995.658***				
LM-Lag-R	118.512***				
LM-Err	1.5e+04***				
LM-Err-R	8246.051***				
LR-Lag/Err		501.19***	635.99***		
LR-space				267.59***	
LR-time				10905.66***	
Hausman				867.52***	
常数项	17.238***				
	（0.172）				
控制变量	是	是	是	是	
个体效应		控制	控制	控制	
时间效应		控制	控制	控制	
R^2	0.967	0.046	0.283	0.040	
N	2574	2574	2574	2574	
Log-L		4995.538	4928.139	5246.136	

　　注：***、**与*分别表示1%、5%与10%的显著性水平；括号中数字表示对应的统计量；Main表示主效应项的回归系数及统计量，Wx表示空间滞后项的回归系数及统计量。

　　由于空间杜宾模型中空间效应为全局效应而非局部效应，当空间滞后解释变

量与空间溢出效应估计不一致时，应该采用空间溢出效应的结果（Elhorst，2014），空间溢出效应是空间计量模型估计的核心内容和分析空间交互影响的关键所在。因此，本书采用 Lesage 和 Pace 提出的偏微分法进行空间效应分解（Lesage and Pace，2009），从而进一步准确测算跨区域知识溢出对经济增长的影响，结果如表5-5所示。

表5-5 基于面板空间杜宾模型的空间效应分解

变量	直接效应	间接效应	总效应
kn	0.079***	2.480**	2.559**
	(0.009)	(1.155)	(1.159)

注：***、**与*分别表示1%、5%与10%的显著性水平；括号中数字表示对应的统计量。

结果表明，直接效应系数在1%的水平上显著为正，表明本地知识溢出对经济增长的影响具有显著的正向促进作用；间接效应系数在5%的水平上显著为正，说明跨区域知识溢出对经济增长的影响同样具有显著的正向促进作用。具体来说：直接效应系数为0.079且在1%的水平上显著，表明本地知识溢出每提升1%，将使得经济增长平均增加0.079%，该结果验证了上文提出的假说6-1，即本地知识溢出能够促进经济增长，区域知识溢出网络中节点中心性的增强，有助于提升本地区的经济增长水平。间接效应系数为2.480且在5%的统计水平上显著，表明跨区域的知识溢出对本地区的经济增长具有显著的正向促进作用，意味着知识溢出网络关联地区的加权度数中心性提升，有助于提升本地区的经济增长水平，即跨区域知识溢出促进了经济增长。综上所述，以上回归结果均证实了本书理论模型所提出的假说6-2。

（三）贸易自由度对经济增长的影响——对假说7-1的实证检验

本书使用Stata软件对计量模型（5-3）进行了估计，检验贸易自由度对经济增长的影响，采用面板双固定效应模型对假说7-1进行检验，估计结果如表5-6所示。其中，表中结果是将市场可达性当作贸易自由度表征指标的回归结果。估计结果表明，贸易自由度对经济增长的影响存在显著的正向促进效应，加入了控制变量之后，估计结果依然显著。从系数大小来看，贸易自由度对经济增长影响的效应系数为0.213，表明贸易自由度每增加1%，经济增长水平将会提升0.213%。

与上文方法保持一致，空间效应分解结果（见表5-7）表明，直接效应系数在5%的水平上显著为正，表明贸易自由度对经济增长的影响具有显著的正向促进作用；间接效应系数为负，但不显著。以上回归结果均证实了依据本书理论模型所提出的假说 7-1。

表 5-6　贸易自由度对经济增长的影响估计结果

变量及统计量	（1）固定效应	（2）固定效应	（3）随机效应	（4）随机效应
cn	0.442***	0.213***	0.420***	0.229***
	（0.045）	（0.035）	（0.036）	（0.027）
常数项	6.590***	8.439***	6.781***	9.002***
	（0.382）	（0.318）	（0.308）	（0.233）
控制变量	否	是	否	是
个体效应	控制	控制	控制	控制
时间效应	控制	控制	控制	控制
Hausman	0.70	571.74***		
R^2	0.939	0.966	0.939	0.965
N	2574	2574	2574	2574

注：***、**与*分别表示1%、5%与10%的显著性水平；括号中数字表示对应的统计量。

表 5-7　基于面板空间杜宾模型的空间效应分解

变量	直接效应	间接效应	总效应
cn	0.069**	-3.739	-3.670
	（0.030）	（3.587）	（3.593）

注：***、**与*分别表示1%、5%与10%的显著性水平；括号中数字表示对应的统计量。

（四）贸易自由度与经济增长的非线性关系——对假说 7-2 的实证检验

虽然以上计量结果支持贸易自由度对经济增长影响的正向促进作用，但依据本书理论模型及研究假说，贸易自由度对经济增长的影响还可能存在非线性特征。因此，为了验证贸易自由度与经济增长之间的非线性关系，参考相关学者对于非线性影响的研究（邵帅等，2019），将市场可达性及其二次项、三次项纳入回归模型，以便探讨贸易自由度对经济增长的非线性影响。

首先，对无空间交互作用的面板计量模型进行估计。结果表明，表 5-8 列（1）中报告的空间回归方程对应的 Moran's I 在 1% 的水平上显著，而且无论 LM 检验还是稳健的 LM 检验均在 1% 的水平上显著，从而表明方程的被解释变量存在明显的空间相关性，说明模型中不能忽视空间关系的影响，通过空间计量模型来考察所研究的问题是必要的。其次，表5-8列（4）LR检验在1%的水平上显著，说明模型具有时间和个体固定效应的联合显著性，支持选择时空固定效应模型。表5-8列（2）的LR统计量在1%的水平上显著，LR检验拒绝了选择空间滞后模型，但表5-8列（3）的LR统计量不显著，未能拒绝选择空间误差模型，而且根据Log-Likehood值来看，空间误差模型的双固定效应模型的极大似然函数值较大，说明空间误差模型的双固定效应模型优于其他模型。Hausman检验拒绝了随机效应的原假设，适合采用固定效应进行估计。因此，笔者最终选择基于空间误差模型的双固定效应模型检验贸易自由度对经济增长的非线性影响。表5-8列（3）结果显示，贸易自由度的一次项、二次项和三次项系数均在1%的水平上显著，系数符号分别为正、负和正，表明贸易自由度与经济增长之间确实存在显著的"N"形非线性关系。

表5-8　OLS、SAR、SEM和SDM的估计结果

变量及统计量	（1）OLS	（2）SAR	（3）SEM	（4）SDM	
				Main	W_x
cn	-7.663^*	-0.092	3.834^{***}	2.254^{**}	-12.393
	(4.254)	(1.052)	(0.972)	(1.121)	(15.291)
$cn2$	0.652	0.032	-0.431^{***}	-0.234^*	1.810
	(0.483)	(0.120)	(0.109)	(0.127)	(1.704)
$cn3$	-0.016	-0.001	0.016^{***}	0.008^*	-0.087
	(0.018)	(0.005)	(0.004)	(0.005)	(0.064)
Rho		0.942^{***}		0.741^{***}	
		(0.019)		(0.083)	
$Lambda$			5.209^{***}		
			(0.080)		
Moran's I	140.282^{***}				
$LM-Lag$	6969.171^{***}				
$LM-Lag-R$	162.049^{***}				
$LM-Err$	$1.7e+04^{***}$				
$LM-Err-R$	9811.274^{***}				
$LR-Lag/Err$		546.68^{***}	-20.22		

续表

变量及统计量	(1) OLS	(2) SAR	(3) SEM	(4) SDM	
				Main	Wx
LR-space				214.03 ***	
LR-time				10825.14 ***	
Hausman				446.03 ***	
常数项	44.786 *** (12.441)				
控制变量	是	是	是	是	
个体效应		控制	控制	控制	
时间效应		控制	控制	控制	
R²	0.662	0.244	0.321	0.054	
N	2574	2574	2574	2574	
Log-L		4944.167	5227.615	5217.505	

注：***、**与*分别表示1%、5%与10%的显著性水平；括号中数字表示对应的统计量。

为了详细探究贸易自由度对经济增长影响的非线性效应，本书将所求得的回归系数构建回归方程，通过对回归方程求一阶偏导令其为零，可以求解出对应拐点值分别为8.113和9.845。当贸易自由度小于8.113时，贸易自由度对经济增长影响的效应系数为3.834，表明贸易自由度与经济增长显著正相关，经济增长随着贸易自由度水平的上升而提高；当贸易自由度大于8.113且小于9.845时，贸易自由度对经济增长影响的效应系数为-0.431，表明贸易自由度与经济增长显著负相关，经济增长随着贸易自由度水平的提高而降低；当贸易自由度大于9.845时，贸易自由度对经济增长影响的效应系数为0.016，表明贸易自由度与经济增长显著正相关，意味着经济增长随着贸易自由度水平的上升而提高。以上结果验证了本书理论模型所提出的假说7-2，贸易自由度对经济增长的影响具有先增强、后减弱、再增强的"N"形非线性特征。

二、稳健性检验

(一) 替换被解释变量与核心解释变量

1. 替换被解释变量

本书采用替换被解释变量的方式对估计结果进行稳健性检验，具体而言，借鉴相关学者的研究（王贤彬等，2017；邓仲良和张可云，2020），将人均GDP（*pgdp*）替换为人均夜间灯光亮度（*viirsp*），重新进行模型估计。所得估计结果［见表5-9列（1）］表明，本地和跨区域知识溢出对经济增长的影响依然显著为正，这进一步验证了前文的估计结果是稳健的。

2. 替换核心解释变量

本书采用替换核心解释变量的方式对估计结果进行稳健性检验，具体而言，将知识溢出网络的加权度中心性（*kn*）替换为特征向量中心性（*keig*），重新进行模型估计。所得估计结果［见表5-9列（2）］表明，替换核心解释变量之后，本地知识溢出和跨区域知识溢出对经济增长的影响依然显著为正，且在估计系数的大小方面，与前文差异不大，这意味着前文估计结果是稳健的。

表5-9　基于面板空间杜宾模型的空间效应分解

变量	(1) *viirsp*		(2) *pgdp*	
	直接效应	间接效应	直接效应	间接效应
kn	0.379**	79.344*		
	(0.177)	(47.945)		
keig			0.091***	2.670**
			(0.010)	(1.252)

注：***、**与*分别表示1%、5%与10%的显著性水平；括号中数字表示对应的统计量。

（二）增替控制变量

针对可能遗漏变量而造成的估计偏差，本书在模型中增加环境污染变量对基准回归估计结果进行稳健性检验，考虑到环境污染对经济增长的影响可能是非线性的，模型中同时引入环境污染变量（*ep*，采用PM2.5年均浓度表征）及其二次项（*ep2*），重新进行模型估计。所得估计结果［见表5-10列（1）］表明，本地和跨区域知识溢出对经济增长的影响依然显著为正，这意味着前文的估计结果是稳健的。

针对可能由于度量误差而造成的估计偏差，本书在模型中将人口密度的度量方式（总人口与土地面积之比）替换为基于遥感栅格数据的人口密度（*pd*），重新进行模型估计，对基准回归估计结果进行稳健性检验。所得估计结果（见表5-10列（2））表明，本地知识溢出和跨区域知识溢出对经济增长的影响依然显著为正，这意味着前文的估计结果是稳健的。本书还在模型中将科学技术支出占比替换为人均研发支出（ps，科学技术支出与研发科技人员从业人数之比），重新进行模型估计，对基准回归估计结果进行稳健性检验。所得估计结果［见表 5-10 列（3）］表明，本地和跨区域知识溢出对经济增长的影响显著为正，这意味着前文的估计结果是稳健的。

表 5-10　基于面板空间杜宾模型的空间效应分解

变量	(1) pgdp		(2) pgdp		(3) pgdp	
	直接效应	间接效应	直接效应	间接效应	直接效应	间接效应
kn	0.076***	2.025*	0.084***	2.916**	0.079***	2.460**
	(0.009)	(1.123)	(0.009)	(1.273)	(0.009)	(1.091)
pd			0.017	-6.075**		
			(0.025)	(2.787)		
ps					0.015***	0.761***
					(0.002)	(0.292)
ep	-0.022	-11.490*				
	(0.076)	(6.477)				
ep2	0.005	1.483*				
	(0.010)	(0.835)				

注：***、** 与 * 分别表示 1%、5% 与 10% 的显著性水平；括号中数字表示对应的统计量。

（三）改变研究时段和样本重新回归

针对可能由于研究时段选择而造成的估计偏差，在模型中删除了 2011 年和 2019 年的数据，重新进行模型估计，对基准回归估计结果进行稳健性检验。所得估计结果［见表 5-11 列（1）］表明，本地知识溢出和跨区域知识溢出对经济增长的影响依然显著为正，这意味着前文的估计结果是稳健的。

表 5-11　基于面板空间杜宾模型的空间效应分解

变量	(1) pgdp		(2) pgdp		(3) pgdp	
	直接效应	间接效应	直接效应	间接效应	直接效应	间接效应
kn	0.068***	1.386**	0.076***	1.573***	0.095***	2.461**
	(0.009)	(0.668)	(0.008)	(0.599)	(0.009)	(1.083)

注：***、** 与 * 分别表示 1%、5% 与 10% 的显著性水平；括号中数字表示对应的统计量。

针对可能由于样本选择而造成的估计偏差，在模型中删除北京市、天津市、上海市和重庆市的数据，重新进行模型估计，对基准回归估计结果进行稳健性检验。所得估计结果［见表5-11列（2）］表明，本地知识溢出和跨区域知识溢出对经济增长的影响依然显著为正，这意味着前文的估计结果是稳健的。

针对可能由于样本选择而造成的估计偏差，为了剔除一些极端值对研究的影响，在模型中针对回归模型中的被解释变量、核心解释变量和控制变量进行缩尾处理，对99%分位数以上数据进行缩尾处理，将异常值用指定分位数取值替代，重新进行模型估计，对基准回归估计结果进行稳健性检验。所得估计结果［见表5-11列（3）］表明，本地知识溢出和跨区域知识溢出对经济增长的影响依然显著为正，这意味着前文的估计结果是稳健的。

（四）替换空间权重

由于空间计量模型估计依赖于给定的空间权重，为了避免可能由于空间权重选择不同而造成的估计偏差，在模型中同时引入地理距离权重（WD）、空间邻接权重（WQ）和区域经济网络构建的空间权重（WE），重新进行模型估计。所得估计结果（见表5-12）表明，本地知识溢出和跨区域知识溢出对经济增长的影响依然显著为正，这意味着前文的估计结果是稳健的。

表5-12 基于面板空间杜宾模型的空间效应分解

变量	（1） WD		（2） WQ		（3） WE	
	直接效应	间接效应	直接效应	间接效应	直接效应	间接效应
kn	0.065 ***	0.371 ***	0.075 ***	0.112 ***	0.072 ***	2.021 **
	(0.007)	(0.066)	(0.008)	(0.021)	(0.008)	(0.921)

注：***、**与*分别表示1%、5%与10%的显著性水平；括号中数字表示对应的统计量。

三、内生性检验

（一）本地知识溢出对经济增长影响的内生性检验

本书考察的是本地知识溢出对经济增长的影响，在本书理论模型的逻辑上并不存在明显的反向因果问题，由反向因果关系引致内生性的可能性较小，即区域经济增长不太可能影响本地知识溢出（知识溢出网络中节点的权力、地位和影响力）。然而，在实证检验过程中仍然面临如下现实方面的内生性挑战：

一是现实中经济发展水平相对较高的地区可能在对外联系方面具有明显优

势，而且由于经济增长与知识资本积累有关，资本积累会导致生产的集中，资本收入在本地消费，从而改变了经济区位，导致知识资本的集聚效应增强，进而对本地知识溢出产生影响。二是由于影响本地知识溢出和经济增长的因素很多，本地知识溢出和经济增长可能同时受到不可观测因素的影响，基准模型设定无法完全避免遗漏变量而产生的估计偏误，即存在遗漏变量问题或者说两者的变动存在相同的诱因。例如，区域发展过程中的某种宏观或微观的产业政策和区域发展政策等，可能同时促进本地知识溢出和经济增长，遗漏这类因素会导致回归模型中系数值被高估；再如，技术革新和信息化冲击，一方面可能通过技术交流合作推动本地知识溢出，另一方面可能从技术进步方面促进本地经济增长，这方面的因素缺失会导致系数值被低估。因此，若不考虑本地知识溢出的内生性问题，前文得出的本地知识溢出与经济可能仅仅是相关关系，而不是因果关系。本书试图为核心解释变量寻找适宜的工具变量来克服内生性问题，准确地识别本地知识溢出和经济增长之间的因果关系。

为解决内生性问题，参考相关学者在研究中将历史驿站（Baum-Snow et al.，2017；王晓红等，2022）作为评估交通基础设施、城市空间结构的工具变量，本书选用明朝驿站开通作为工具变量出于以下考虑：第一，尽管历史驿站不能直接反映知识溢出，但古代的驿站是通信和交通的主要方式，综合考虑了所在地的地理条件等因素的影响，侧面反映了驿站开通地区在交通网络、商品物资流通、信息传递和知识交流等方面的区位优势。尽管历史驿站不能直接反映知识溢出，但与本地知识溢出具有一定的相关性，满足工具变量的相关性前提。因此，本地知识溢出与明朝驿站具有一定的相关性，符合工具变量法的满足相关性要求。第二，明朝驿站最重要的作用是政府管理、军情报送和政情传达等，其受当地经济发展水平影响较小，与开通驿站地区的经济发展不直接相关。此外，明朝驿站开通变量的信息是数百年前的历史信息，距今历史悠久，对现代经济发展的影响较小，只能通过本地知识溢出来影响经济增长，不会对区域经济增长产生直接影响，因此，该工具变量的构造满足外生性要求。

参考相关研究（马涛等，2020），选取城市是否存在明朝驿站作为本地知识溢出的工具变量（王晓红等，2022）。更进一步地，由于驿站开通数据为历史恒定数据，属于截面数据，本书基准回归属于面板数据，借鉴常见的构造工具变量的思路，采取工具变量与国家层面宏观变量相结合作为工具变量的方式（黄群慧等，2019；孙伟增和郭冬梅，2021），这种构造工具变量的方式，也称为工具变量的份额—转移（Shift-Share）方法，其外生性主要由份额部分决定（Goldsmith-Pinkham et al.，2020）。本书中份额部分（Share）对应明朝驿站开通变量，转移部分（Shift）使用上一年全国信息服务技术收入，以便能够在面板模型中使用。因此，使用明朝驿站数据（随地区变化）分别与上一年全国信息服务技术收入（随年份变化）的交互项（*yizhan*），作为本地知识溢出的工具变量。同时，为了稳健性检验，参考其他学者研究（牛子恒和崔宝玉，2022），采用明朝驿站变量与年份虚拟变量的交乘项作为工具变量引入模型，既克服了截面工具变量的数据维度限制，又可以充分体现不同年份工具变量对于内生变量的影响。

工具变量回归结果如表 5-13 所示，从第（2）列估计结果，即第一阶段回归结果来看，明朝驿站与上一年信息服务技术收入的交乘项，都与本地知识溢出呈正相关关系，且在 1% 的统计水平上显著，说明在历史上开通驿站的城市有利于本地知识溢出的提升，与理论预期一致。在加入所有的控制变量之后，第一阶段回归的 F 统计量为 141.24，大于 10 且在 1% 的统计水平上显著，则拒绝存在弱工具变量的原假设。

表 5-13 本地溢出效应对经济增长的影响工具变量估计

变量及统计量	(1) lnpgdp	(2) kn	(3) lnpgdp	(4) lnpgdp	(5) lnpgdp
kn	0.105*** (11.827)		0.183* (1.901)		0.105*** (11.697)
yizhan		0.085*** (4.486)		0.016* (1.870)	0.007 (0.820)
常数项	10.152*** (74.102)	0.016 (0.048)	10.125*** (70.679)	10.128*** (69.982)	10.127*** (72.032)
控制变量	是	是	是	是	是
个体效应	控制	控制	控制	控制	控制
时间效应	控制	控制	控制	控制	控制
F test	520.27	141.24	503.39	479.17	487.33
C-D Wald			20.124		
N	2574	2574	2574	2574	2574
R^2	0.967	0.733	0.966	0.965	0.967

注：***、**与*分别表示 1%、5% 与 10% 的显著性水平；括号中数字表示对应的统计量；C-D Wald 表示 Cragg-Donald Wald F 统计量。

根据第（3）列工具变量模型的估计结果，即第二阶段的回归结果，本地知识溢出每提升1%，经济增长将显著上升0.183%。在使用工具变量后，本地知识溢出的系数仍然显著为正，也就是说，本地知识溢出显著地促进了经济增长。同时，Cragg-Donald Wald F检验（C-D Wald）统计量20.124大于临界值，说明不存在弱工具变量问题。根据第（4）列简约式的估计结果，工具变量对经济增长的直接影响也都显著为正，表明城市交通、通信起步较早的城市更有可能获得较高的经济增长。表中第（5）列同时加入了本地知识溢出和工具变量，此时工具变量的系数仍然为正，但在统计上不再显著；这一结果进一步验证了本书选取的工具变量能够较好地满足排他性约束，工具变量只能通过影响本地知识溢出再影响经济增长，此外不存在其他影响途径。综上所述，工具变量估计结果显示，本地知识溢出对区域经济增长的影响均显著为正，这说明在考虑内生性问题的基础上，本地知识溢出对经济增长的影响依然存在显著的正向关系，表明前文的估计结果是稳健的（邓慧慧和杨露鑫，2019）。

（二）贸易自由度对经济增长影响的内生性检验

本书还考察了贸易自由度对经济增长的影响，同样在理论模型的逻辑上并不存在明显的反向因果问题，由反向因果关系引致内生性的可能性较小，即区域经济增长不太可能影响贸易自由度。然而，本书在实证检验过程中仍然面临如下现实方面的内生性挑战：由于影响贸易自由度和经济增长的因素很多，贸易自由度和经济增长可能同时受到不可观测因素的影响，基准模型设定无法完全避免遗漏变量而产生的估计偏误，即存在遗漏变量问题，遗漏因素将导致回归模型中系数值被高估。因此，若不考虑贸易自由度的内生性问题，前文得出的贸易自由度与经济可能仅仅是相关关系，而不是因果关系。考虑到贸易自由度依赖于区域交易成本网络，与区域知识溢出网络类似，均是在区域经济网络框架下衡量要素流动的变量，因此，与上文本地知识溢出采用相同的工具变量，即选用明朝驿站开通作为工具变量。

工具变量回归结果如表5-14所示，从表中第（2）列估计结果，即第一阶段回归结果来看，工具变量与贸易自由度呈正相关关系，且在1%的统计水平上显著，说明在历史上开通驿站的城市有利于贸易自由度的提升，与理论预期一致。在加入所有的控制变量之后，第一阶段回归的F统计量为2006.52，且在1%的统计水平上显著，符合经验法则，说明不存在弱工具变量问题。根据表中第（3）列工具变量模型的估计结果，即第二阶段的回归结果，贸易自由度每提升1%，经济增长将显著上升0.436%。在使用工具变量后，贸易自由度的系数仍然显著为正，也就是说，贸易自由度显著地促进了经济增长。同时，Cragg-Donald Wald F 检验统计量 52.198 大于临界值，说明不存在弱工具变量问题。

表 5-14　贸易自由度对经济增长的影响工具变量估计

变量及统计量	(1) pgdp	(2) cn	(3) pgdp	(4) pgdp	(5) pgdp
cn	0.213*** (6.139)		0.436* (1.867)		0.208*** (5.923)
yizhan		0.036*** (7.225)		0.016* (1.870)	0.008 (0.975)
常数项	8.439*** (26.568)	8.086*** (94.044)	6.605*** (3.432)	10.128*** (69.982)	8.449*** (26.585)
控制变量	是	是	是	是	是
个体效应	控制	控制	控制	控制	控制
时间效应	控制	控制	控制	控制	控制
F test	511.06	2006.52	501.75	479.17	486.46
C-D Wald			52.198		
N	2574	2574	2574	2574	2574
R^2	0.966	0.969	0.965	0.965	0.966

注：***、**与*分别表示1%、5%与10%的显著性水平；括号中数字表示对应的统计量。

根据表 5-14 第（4）列简约式的估计结果，工具变量对经济增长的直接影响也都显著为正，表明交通和通信起步较早的城市更有可能获得较高的经济增长。第（5）列中同时加入了贸易自由度和工具变量，此时工具变量的系数仍然为正，但在统计上不再显著；这一结果进一步验证了本书选取的工具变量能够较好地满足排他性约束，工具变量只能通过贸易自由度影响经济增长，此外不存在其他影响途径。

综上所述，工具变量估计结果显示，贸易自由度对区域经济增长的影响均显著为正，这说明在考虑内生性问题的基础上，贸易自由度对经济增长的影响依然存在显著的正向关系，表明前文的估计结果是稳健的（邓慧慧和杨露鑫，2019）。

第三节　异质性分析

本节主要从区位条件、规模等级和环境污染水平等方面开展异质性分析，主要厘清以下问题：一是本地和跨区域知识溢出、贸易自由度对经济增长的影响，是否因区位条件不同而存在显著差异；二是区域规模等级不同，能否使得本地和跨区域知识溢出、贸易自由度对经济增长的影响存在差异化的表现；三是非城市群地区和城市群地区在本地和跨区域知识溢出、贸易自由度对经济增长的影响方面是否存在差异；四是与高污染地区相比，是否低污染地区的本地和跨区域知识溢出、贸易自由度对经济增长的影响更加明显。

一、区位条件异质性

考虑到不同区位条件对区域经济网络的经济增长效应可能存在异质性，本书参考相关研究（王春杨等，2020），采用各个城市的质心距离海岸线的距离数据，对中国286个地级以上城市进行了分类整理，将其划分为距海岸线较近城市和距海岸线较远城市两类，将两种类型进行分组并引入到基准模型中，其他变量与基准模型意义相同。为了考察在不同区位条件的城市本地知识溢出、跨区域知识溢出、贸易自由度对经济增长的影响是否存在差异，采用分组回归的方法来检验区位条件的异质性特征。

（一）本地和跨区域知识溢出对经济增长影响的区位条件异质性

空间效应分解结果如表5-15所示。从距海岸线较近城市来说，直接效应系数在1%的水平上显著为正，间接效应系数在5%的水平上显著为正，说明本地和跨区域知识溢出对经济增长具有显著的促进作用。从距海岸线较远城市来说，直接效应系数在1%的水平上显著为正，间接效应系数在10%的水平上显著为正，表明本地和跨区域知识溢出对经济增长具有显著的促进作用。但从系数值的大小来看，距海岸线较近和较远城市的直接效应系数分别为0.092、0.054，距海岸线较近和较远城市的间接效应系数分别为1.684、0.468，意味着与区位条件较差城市相比，区位条件较好城市的本地和跨区域知识溢出对经济增长的作用较大。这表明无论区位条件有无差异，本地知识溢出均能对经济增长产生显著的正向影响，但较之区位条件较差的地区，区位条件好的地区本地知识溢出带来的经济增长效果更加明显。主要原因在于与距海岸线较远城市相比，距海岸线较近的城市不仅地理条件较好，而且区位发展条件明显占据优势地位，广泛获得了国家经济开放、发展试点等政策倾斜，在吸引外资、技术引进、人才吸纳等方面具有不可比拟的优势，使得沿海城市在区域知识溢出网络中的地位和影响力有很大提升，更加有利于网络中心性优势形成，从而促进了本地区经济增长。

表 5-15　基于面板空间杜宾模型的空间效应分解

变量	(1) 距海岸线较近的城市		(2) 距海岸线较远的城市	
	直接效应	间接效应	直接效应	间接效应
kn	0.092***	1.684**	0.054***	0.468*
	(0.011)	(0.794)	(0.011)	(0.245)

注：***、**与*分别表示1%、5%与10%的显著性水平；括号中数字表示对应的统计量。

（二）贸易自由度对经济增长影响的区位条件异质性

从贸易自由度对经济增长的线性影响估计结果来看，采用双固定效应的面板空间杜宾模型进行计量分析，结果如表 5-16 所示。结果表明，距海岸线较近和较远城市的主效应系数分别为 0.083 和 0.100，且均在 5% 的水平上显著，这说明无论距离海岸线远近，即无论区位条件有无差异，贸易自由度均能对经济增长产生显著的正向影响，但较之区位条件较好的地区，区位条件较差的地区贸易自由度的提升更能带来明显的经济增长效果。原因在于区位条件较差地区的地理位置、交通、资源、产业和市场等发展条件相对落后，通过完善交通基础设施和提升市场可达性等，可以很大程度上改善原有的要素空间集聚格局，促进产业转移、市场规模扩大、创新要素流动和集聚，从而有利于经济增长；而区位条件较好地区本身发展条件较好，贸易自由度的提升带来的边际效应，要低于区位条件较差地区。

从贸易自由度对经济增长的非线性影响估计结果来看，将市场可达性及其二次项、三次项同时纳入模型，采用双固定效应的面板空间杜宾模型进行计量分析，结果如表 5-16 所示。结果表明，距海岸线较远城市的主效应项系数分别为 2.662、-0.316 和 0.013，且分别在 10%、10% 和 5% 的水平上显著，而距海岸线较近城市的主效应项系数均不显著。空间效应分解结果（见表 5-17）显示，距海岸线较远和较近城市的贸易自由度及其二次项、三次项间接效应系数均不显著，说明贸易自由度提升未能带来显著的空间溢出效应。这说明在区位条件较差的地区贸易自由度对经济增长的影响存在显著的非线性关系，原因在于区位条件较好地区多位于东部和中部，不仅地理条件较好，而且区位发展条件明显占据优势地位，市场可达性大部分处于较高水平，需求关联效应占主导地位，使得相关经济主体可以同时获得来自本地区和跨区域的市场规模经济收益，从而对经济增长具有很强的推动作用，而不易产生非线性的波动影响，符合假说7-1的情形；而区位条件较差的地区多位于西部、中部和东北，市场可达性属于较低水平，需求关联效应和市场拥挤效应同时存在，二者此消彼长和相互作用，加之资本溢出效应的影响，以上三种效应引起经济系统集聚和分散两种作用力发生变化，随着市场可达性的提升，经济地理空间格局演化表现为"分散—集聚—分散"的波动变化态势，导致贸易自由度对经济增长的影响出现先增大、后减小、再增大的"N"形非线性关系，符合假说7-2的情形。以上结果表明，区位条件较好和较差地区的贸易自由度的提升均能促进经济增长，但与区位条件较好的地区相比，区位条件较差的地区的贸易自由度对经济增长的边际效应更大，同时存在先增大、后减小、再增大的"N"形波动变化。

表5-16　面板空间杜宾模型的估计结果

变量及统计量	(1) 距海岸线较近的城市				(2) 距海岸线较远的城市			
	线性		非线性		线性		非线性	
	Main	Wx	Main	Wx	Main	Wx	Main	Wx
cn	0.083**	−1.108*			0.100**	−0.106		
	(0.037)	(0.575)			(0.046)	(0.455)		
cn			−0.149	12.269			2.662*	−42.479**
			(1.598)	(21.084)			(1.426)	(18.699)
$cn2$			0.024	−1.093			−0.316*	5.080**
			(0.179)	(2.334)			(0.165)	(2.146)
$cn3$			−0.001	0.026			0.013**	−0.200**
			(0.007)	(0.086)			(0.006)	(0.082)
Rho	0.627***		0.624***		0.447***		0.460***	
	(0.116)		(0.117)		(0.144)		(0.141)	
Moran's I	70.981***		78.477***		62.170***		64.046***	
LM-Lag	2867.178***		3328.665***		1679.722***		1884.311***	
LM-Lag-R	123.198***		162.450***		5.245**		41.615**	

续表

变量及统计量	(1) 距海岸线较近的城市				(2) 距海岸线较远的城市			
	线性		非线性		线性		非线性	
	Main	Wx	Main	Wx	Main	Wx	Main	Wx
$LM-Err$	4257.406***		5183.678***		3352.307***		3542.268***	
$LM-Err-R$	1513.426***		2017.463***		1677.830***		1699.572***	
$LR-Lag$	348.09***		337.02***		197.37***		229.70***	
$LR-Error$	414.26***		402.54***		272.15***		67.01***	
$LR-space$	94.89***		77.94***		107.79***		115.91***	
$LR-time$	6049.35***		5978.10***		4712.74***		4570.63***	
$Hausman$	101.53***		236.74***		101.47***		104.69***	
控制变量	是		是		是		是	
个体效应	控制		控制		控制		控制	
时间效应	控制		控制		控制		控制	
R^2	0.066		0.068		0.041		0.035	
N	1458		1458		1116		1116	
$Log-L$	3028.969		3035.251		2267.244		2284.017	

注：***、**与*分别表示1%、5%与10%的显著性水平；括号中数字表示对应的统计量。

表5-17　基于面板空间杜宾模型的空间效应分解

变量	(1) 距海岸线较近的城市				(2) 距海岸线较远的城市			
	线性		非线性		线性		非线性	
	直接效应	间接效应	直接效应	间接效应	直接效应	间接效应	直接效应	间接效应
cn	0.070* (0.038)	-3.125 (2.370)			0.101** (0.046)	-0.105 (0.933)		
cn			-0.009 (2.443)	23.578 (310.519)			2.265 (1.505)	-82.190 (60.711)
$cn2$			0.016 (0.344)	-1.155 (48.851)			-0.269 (0.176)	9.837 (7.098)
$cn3$			-0.001 (0.017)	-0.036 (2.586)			0.011 (0.007)	-0.388 (0.274)

注：***、**与*分别表示1%、5%与10%的显著性水平；括号中数字表示对应的统计量。

二、规模等级异质性

根据2014年国务院印发的《关于调整城市规模划分标准的通知》中对于城市规模的划分标准，参考相关研究（韩峰和李玉双，2019），采用最新的第七次人口普查数据，对中国286个地级以上城市的城区常住人口进行了分类整理，以大城市为基准来构建城市规模等级的虚拟变量，具体划分标准如下：将城区常住人口大于100万人的城市定义为大城市，其他则为中小城市。为了考察不同规模等级城市本地和跨区域知识溢出、贸易自由度对经济增长的影响是否存在差异，依据以上划分标准，采用分组回归的方法来检验规模等级的异质性特征。将两种类型进行分组并引入到基准模型中，其他变量与基准模型意义相同。

（一）本地和跨区域知识溢出对经济增长影响的规模等级异质性

与上文方法保持一致，空间效应分解结果如表5-18所示。从直接效应来看，大城市和中小城市本地知识溢出的经济增长效应系数分别为0.080和0.084，且在1%的水平上显著为正。也就是说，无论是大城市还是中小城市，本地知识溢出均能对经济增长产生显著的正向影响，但与中小城市相比，大城市的本地知识溢出的经济增长效应较高。大城市的人口规模较大，经济发展水平较高，网络中心性的提高有利于发挥创新集散功能，通过集聚创新资源，从而一定程度上促进了本地区经济增长。相比之下，中小城市的人口规模较小，一般情况下经济发展水平较低，限制了本地知识溢出效应的增长，中小城市虽然不具备大城市存在的优势，但是由于中小城市网络中心性的提升，能够通过在知识溢出网络中发挥借用规模和借用技术等能力，通过与其他城市的知识溢出网络联系，积极承接邻近地区的网络溢出，为本地区的知识溢出的经济增长效应提供了作用路径和发展机遇，从而提高本地区的经济增长水平。

表5-18 基于面板空间杜宾模型的空间效应分解

变量	(1) 大城市		(2) 中小城市	
	直接效应	间接效应	直接效应	间接效应
kn	0.080***	0.815	0.084***	3.687**
	(0.017)	(0.773)	(0.013)	(1.768)

注：***、**与*分别表示1%、5%与10%的显著性水平；括号中数字表示对应的统计量。

从间接效应来看，对于中小城市来说，跨区域知识溢出对经济增长影响的间接效应系数为3.678，且在5%的水平上显著为正，表明中小城市跨区域知识溢出的经济增长效应更加显著，而大城市虽然具有正向影响，但这种正向关系不显著。究其原因，一方面，人口规模大的城市之间存在竞争效应，会对相邻城市产生竞争压力，吸引邻近城市的人才、资本等创新要素向本区域聚集，从而减弱了跨区域知识溢出对经济增长的影响；另一方面，人口规模较大的城市可能存在较强的城市内部创新协作体系和完善的本地市场，从而强化了对邻近地区创新要素的虹吸效应，弱化了跨区域知识溢出效应，导致跨区域知识溢出对经济增长的影响不显著。该结果进一步验证了城市规模等级会对本地知识溢出和跨区域知识溢出的经济增长促进效应产生异质性的影响，中小城市之间更能发挥跨区域知识溢出的经济增长效应，而大城市之间由于竞争效应、虹吸效应等因素的制约，潜力还需进一步挖掘。

（二）贸易自由度对经济增长影响的规模等级异质性

从贸易自由度对经济增长的线性影响估计结果来看，采用双固定效应的面板空间杜宾模型进行计量分析，结果如表5-19所示。结果表明，大城市的贸易自由度系数为0.135且在1%的水平上显著，而小城市的贸易自由度系数为0.041且不显著，这说明大城市的贸易自由度能对经济增长产生显著的正向影响，而中小城市贸易自由度的提升未能带来显著的经济增长效果。原因在于与中小城市相比，大城市本身发展条件较好，市场规模大，贸易自由度的提升带来的边际效应高于中小城市，而且大城市的贸易自由度提升能够通过需求关联效应，进一步带来要素、资源流动和集聚，从而推动优势空间集聚格局的形成，产生了显著的经济增长效应。

表5-19　面板空间杜宾模型的估计结果

变量及统计量	(1) 大城市				(2) 中小城市			
	线性		非线性		线性		非线性	
	Main	Wx	Main	Wx	Main	Wx	Main	Wx
cn	0.135*** (0.047)	0.119 (1.011)			0.041 (0.037)	−0.628 (0.398)		
cn			−2.680 (2.678)	87.833* (49.600)			1.362 (2.309)	−106.279*** (28.485)
cn2			0.296 (0.292)	−8.758* (5.227)			−0.134 (0.275)	12.925*** (3.436)

续表

变量及统计量	(1) 大城市				(2) 中小城市			
	线性		非线性		线性		非线性	
	Main	Wx	Main	Wx	Main	Wx	Main	Wx
cn3			−0.010 (0.011)	0.292 (0.185)			0.004 (0.011)	−0.525*** (0.138)
Rho	0.424** (0.181)		0.436** (0.178)		0.872*** (0.041)		0.869*** (0.042)	
Moran's I	43.894		46.030***		104.556***		103.821***	
LM−Lag	1341.859		1449.029***		4165.099***		4293.092***	
LM−Lag−R	218.240		240.448***		59.248***		38.615***	
LM−Err	1605.111		1759.808***		9702.042***		9553.285***	
LM−Err−R	481.493		551.227***		5596.191***		5298.808***	
LR−Lag	208.96		216.88***		194.04***		213.25***	
LR−Error	230.84		239.83***		329.55***		351.98***	
LR−space	125.63		133.36***		88.01***		72.37***	
LR−time	3667.76		3627.64***		6640.50***		6609.12***	
Hausman	99.18***		230.59***		1472.70***		41.61***	
控制变量	是		是		是		是	
个体效应	控制		控制		控制		控制	
时间效应	控制		控制		控制		控制	
R²	0.020		0.069		0.051		0.063	
N	909		909		1665		1665	
Log−L	1967.518		1974.342		3264.453		2284.017	

注：***、**与*分别表示1%、5%与10%的显著性水平；括号中数字表示对应的统计量。

从贸易自由度对经济增长的非线性影响估计结果来看，将贸易自由度及其二次项、三次项同时纳入模型，采用双固定效应的面板空间杜宾模型进行计量分析，结果如表5-19所示。结果表明，大城市、中小城市的贸易自由度及其二次项和三次项的主效应系数均不显著，空间效应分解结果（见表5-20）的直接效应和间接效应同样不显著，说明大城市和中小城市的贸易自由度均不存在显著的非线性关系，表明规模等级差异不能使贸易自由度对经济增长的影响产生非线性的波动影响。以上结果表明，与中小城市相比，大城市贸易自由度提高能够显著地促进经济增长，而且这种影响不存在非线性关系。

表5-20 基于面板空间杜宾模型的空间效应分解

变量	(1)大城市				(2)中小城市			
	线性		非线性		线性		非线性	
	直接效应	间接效应	直接效应	间接效应	直接效应	间接效应	直接效应	间接效应
cn	0.138***	0.329			0.015	-5.115		
	(0.049)	(2.251)			(0.043)	(4.705)		
cn			-1.575	184.316			-3.502	-923.633
			(3.240)	(150.439)			(4.547)	(712.714)
$cn2$			0.184	-18.416			0.458	112.524
			(0.349)	(15.534)			(0.550)	(86.511)
$cn3$			-0.007	0.617			-0.020	-4.578
			(0.013)	(0.540)			(0.022)	(3.504)

注：***、**与*分别表示1%、5%与10%的显著性水平；括号中数字表示对应的统计量。

三、环境污染异质性

本书使用样本分组回归方法检验不同环境污染水平下，本地和跨区域知识溢出对经济增长影响的异质性特征。具体来说，根据环境污染变量（PM2.5年均浓度）的平均值将其分为高污染地区（大于平均值）和低污染地区（小于平均值）两类，将两种类型进行分组并引入到基准模型中，其他变量与基准模型意义相同。

（一）本地和跨区域知识溢出对经济增长影响的环境污染异质性

与上文方法保持一致，空间效应分解结果如表5-21所示。从直接效应来看，高污染地区和低污染地区本地知识溢出的经济增长效应系数分别为0.066和0.092，且均在1%的水平上显著为正。也就是说，无论是高污染地区还是低污染地区，本地知识溢出均能对经济增长产生显著的正向影响，但与高污染地区相比，低污染地区本地知识溢出的经济增长效应较高。原因在于低污染地区具有较低的内部环境污染治理成本和外部环境污染防范成本，当本地知识溢出效应增强时，有利于本地知识资本部门创造新知识，进而会降低资本创造部门的生产成本，使得企业生产效率和知识资本创造效率有所提升，进而促进了本地经济增长。

表 5-21　基于面板空间杜宾模型的空间效应分解

变量	(1) 高污染城市		(2) 低污染城市	
	直接效应	间接效应	直接效应	间接效应
kn	0.066***	3.154*	0.092***	1.324**
	(0.020)	(1.918)	(0.011)	(0.554)

注：***、**与*分别表示1%、5%与10%的显著性水平；括号中数字表示对应的统计量。

从间接效应来看，高污染和低污染地区的跨区域知识溢出对经济增长影响的间接效应系数分别为3.154和1.324，分别在10%和5%的水平上显著为正，表明与低污染地区相比，高污染地区的跨区域知识溢出对经济增长影响效果更加明显。不难解释这种现象，由于高污染地区自身的污染治理和污染防范成本较高，往往可以通过跨区域知识溢出对相邻城市之间的信息交流、知识技术合作产生积极影响，促进跨区域的创新体系协作、市场共享和污染联防联治，发挥借用规模和借用技术效应，从而弥补了自身的内部污染治理和外部污染防范的不足，相邻地区的知识溢出使得本地区的产品生产效率和资本创造效率有所增强，进而降低了生产成本和研发成本，进一步弱化了自身发展劣势，强化资本创造能力，提高资本增长率并促进经济增长。

综上所述，低污染城市本地知识溢出对经济增长的促进作用更大，而高污染城市跨区域知识溢出的经济增长效应更强，该结果进一步验证了环境污染水平的高低会对本地知识溢出和跨区域知识溢出的经济增长促进效应产生异质性的影响。

（二）贸易自由度对经济增长影响的环境污染异质性

从贸易自由度对经济增长的线性影响估计结果来看，采用双固定效应的面板空间杜宾模型进行计量分析，结果如表5-22所示。结果表明，低污染城市的主效应系数为0.125且在5%的水平上显著，而且空间效应分解结果显示低污染城市的直接效应和间接效应系数分别为0.139和2.816，分别在1%和10%的水平上显著，而高污染城市的主效应系数和空间效应系数均不显著，这说明低污染城市的贸易自由度提升能够显著地促进经济增长，同时存在显著的空间溢出效应。原因在于，与高污染城市相比，低污染城市的环境质量较高，内部环境污染的治理成本和外部环境污染的防范成本较低，从而提高了企业生产效率；同时，优质的环境质量能够吸引人才和产业的集聚，有利于扩大市场规模和提升创新水平，进而提高了资本创造效率。在此基础上，完善交通基础设施和提升市场可达性等，通过网络联系促进协同创新和空间溢出，进而改善原有的要素空间集聚格局，促进产业转移、市场规模扩大、创新要素流动和集聚，不仅有利于本地区的经济增长，而且能够促进邻近地区的经济增长。

表5-22　面板空间杜宾模型的估计结果

变量及统计量	(1)高污染城市				(2)低污染城市			
	线性		非线性		线性		非线性	
	Main	Wx	Main	Wx	Main	Wx	Main	Wx
cn	-0.002 (0.035)	-1.232** (0.604)			0.125** (0.049)	1.078** (0.541)		
cn			-0.417 (1.977)	32.246 (20.375)			3.279** (1.421)	-42.178*** (15.326)
$cn2$			0.059 (0.220)	-2.856 (2.202)			-0.365** (0.163)	5.088*** (1.743)
$cn3$			-0.003 (0.008)	0.075 (0.080)			0.014** (0.006)	-0.199*** (0.067)
Rho	0.790*** (0.069)		0.770*** (0.075)		0.559*** (0.129)		0.570*** (0.127)	
$Moran's\ I$	58.365***		60.857***		78.877***		83.370***	
$LM-Lag$	2203.637***		2289.094***		2582.240***		2877.521***	
$LM-Lag-R$	280.546***		349.359***		19.277***		4.522**	
$LM-Err$	2848.936***		3080.529***		5359.176***		5962.948***	
$LM-Err-R$	925.844***		1140.795***		2796.212***		3089.948***	
$LR-Lag$	243.70***		287.47***		189.89***		204.68***	
$LR-Error$	280.10***		323.85***		265.98***		280.55***	
$LR-space$	189.16***		150.76***		57.80***		58.74***	
$LR-time$	4341.51***		4465.10***		6152.72***		5990.82***	
$Hausman$	251.96***		108.70***		215.74***		145.57***	
控制变量	是		是		是		是	
个体效应	控制		控制		控制		控制	
时间效应	控制		控制		控制		控制	
R^2	0.121		0.111		0.099		0.038	

变量及统计量	(1)高污染城市				(2)低污染城市			
	线性		非线性		线性		非线性	
	Main	Wx	Main	Wx	Main	Wx	Main	Wx
N	1098		1098		1476		1476	
Log-L	2423.049		2446.702		2797.111		2804.941	

注：***、**与*分别表示1%、5%与10%的显著性水平；括号中数字表示对应的统计量。

从贸易自由度对经济增长的非线性影响估计结果来看，将市场可达性及其二次项、三次项同时纳入模型，采用双固定效应的面板空间杜宾模型进行计量分析，结果如表5-22所示。结果表明，低污染城市贸易自由度及其二次项、三次项的主效应系数分别为3.279、-0.365和0.014，且均在5%的水平上显著，同时空间效应分解结果（见表5-23）表明其直接效应在10%的水平上显著，系数符号与主效应项保持一致，间接效应不显著；而高污染城市的主效应系数和直接效应、间接效应均不显著。这说明高污染城市不存在显著的非线性关系，而低污染城市贸易自由度与对经济增长的影响存在显著的非线性关系。原因在于，低污染城市大多分布在西部地区和东北地区，市场可达性属于较低水平，需求关联效应和市场拥挤效应同时存在，二者此消彼长和相互作用，加之资本溢出效应的影响，以上三种效应引起经济系统集聚和分散两种作用力发生变化，随着市场可达性的提升，经济地理空间格局演化表现为"分散—集聚—分散"的波动变化态势，导致贸易自由度对经济增长的影响出现先增大、后减小、再增大的"N"形非线性关系，符合假说7-2的情形。以上结果表明，与高污染城市相比，低污染城市贸易自由度的提升能够促进经济增长，但这种经济增长效应存在先增大、后减小、再增大的"N"形波动变化。

表5-23　基于面板空间杜宾模型的空间效应分解

变量	(1)高污染城市				(2)低污染城市			
	线性		非线性		线性		非线性	
	直接效应	间接效应	直接效应	间接效应	直接效应	间接效应	直接效应	间接效应
cn	-0.048 (0.052)	-6.651 (4.985)			0.139*** (0.049)	2.816* (1.594)		

变量	（1）高污染城市				（2）低污染城市			
	线性		非线性		线性		非线性	
	直接效应	间接效应	直接效应	间接效应	直接效应	间接效应	直接效应	间接效应
cn			0.850	169.559			2.859*	-104.617
			(2.571)	(199.578)			(1.484)	(73.758)
cn2			-0.056	-15.075			-0.314*	12.661
			(0.273)	(19.779)			(0.171)	(8.643)
cn3			0.001	0.401			0.012*	-0.495
			(0.010)	(0.642)			(0.007)	(0.332)

注：***、**与*分别表示1%、5%与10%的显著性水平；括号中数字表示对应的统计量。

本章小结

本章应用核密度、标准差椭圆、空间自相关和Dagum基尼系数等方法，刻画了中国区域经济增长水平的时空演变格局和区域差异。基于理论模型中变量之间的关系进行理论梳理，提出相应的理论假说，并采用2011~2019年中国地级以上城市的面板数据，应用双固定效应的面板回归模型、面板空间计量模型和交互项模型等，实证分析了本地和跨区域知识溢出、贸易自由度对经济增长的影响，并进行稳健性检验和内生性检验；采用面板空间计量模型和分组回归方法，对区位条件、规模等级和环境污染水平等方面的异质性进行了实证检验。主要结论如下：

第一，本地知识溢出和跨区域知识溢出对区域经济增长具有显著的正向促进作用，具体来说，本地和跨区域知识溢出越高，越有利于区域经济增长。贸易自由度的提升不仅会促进经济增长，而且二者之间还存在显著的非线性关系，贸易自由度对经济增长的影响具有先增强、后减弱、再增强的"N"形非线性特征。替换被解释变量、替换核心解释变量、增删与替换控制变量、改变研究时段和样本重新回归、替换空间权重等的稳健性检验，以及基于工具变量法的内生性检验的估计结果均支持了基准回归结果。

第二，本书从区位条件、规模等级和环境污染三个方面揭示了本地和跨区域知识溢出、贸易自由度对经济增长影响的异质性特征。从区位条件来看，区位条件较好城市的本地和跨区域知识溢出对经济增长的促进作用较大；区位条件较差城市贸易自由度提高带来的经济增长的边际效应更大，同时存在先增大、后减小、再增大的"N"形波动变化趋势。从规模等级来看，大城市和中小城市的本地知识溢出对经济增长均起到了促进作用，中小城市跨区域知识溢出的经济增长效应更加显著；大城市的贸易自由度对经济增长产生了显著的正向影响，但这种影响不存在非线性关系。从环境污染来看，低污染城市的本地知识溢出对经济增长的促进作用更大，高污染城市跨区域知识溢出的经济增长效应更强；低污染城市贸易自由度的提升能够显著地促进经济增长，同时存在空间溢出效应，并呈现出先增大、后减小、再增大的"N"形变化态势。

第六章　中国区域经济网络对经济增长影响的机制分析

前文理论模型揭示了本地和跨区域知识溢出、贸易自由度与经济增长之间的理论关系，而这种理论关系是通过何种机制起作用，则需要进一步对理论模型所得到的结论进行梳理并合理延伸，探究模型所体现出的作用路径以及暗含的机制。本书从集聚效应和效率提升效应等方面着手，分析区域经济网络对经济增长的作用机制并提出相应的研究假说，采用空间计量模型和交互项模型等方法，实证检验区域经济网络对经济增长影响的作用机制。

区域经济网络对经济增长的影响主要分为两种路径：一是由区域知识溢出网络形成的本地和跨区域知识溢出对经济增长的影响；二是由区域交易成本网络形成的贸易自由度对经济增长的影响。这在第五章中已经得到充分讨论。对于区域经济网络如何通过以上两种路径对经济增长产生影响，区域经济网络对经济增长影响的作用机制如图6-1所示。

第一，本地和跨区域知识溢出对经济增长影响的作用机制包含集聚效应和效率提升效应。集聚效应体现在本地知识溢出和跨区域知识溢出能够影响资本溢出效应，通过竞争效应、挤出效应、路径依赖和技术锁定等影响专业化集聚、多样化集聚和经济集聚，推动企业或资本的空间格局演化，进而对经济增长产生影响。效率提升效应主要体现在本地和跨区域知识溢出通过企业互动交流、知识技术合作、信息联系共享、规模功能借用、协同整合效应等影响区域信息化水平、技术创新水平、绿色技术创新水平和绿色创新效率，进而对经济增长产生影响。

第二，贸易自由度对经济增长影响的作用机制仅包含集聚效应。集聚效应体现在贸易自由度的变化会引起需求关联效应反向变化，而引起市场拥挤效应正向变化，从而引起了集聚力和分散力这两种作用力的此消彼长，进而影响专业化集聚、多样化集聚和经济集聚，推动企业或资本的空间格局演化，对经济增长产生影响。

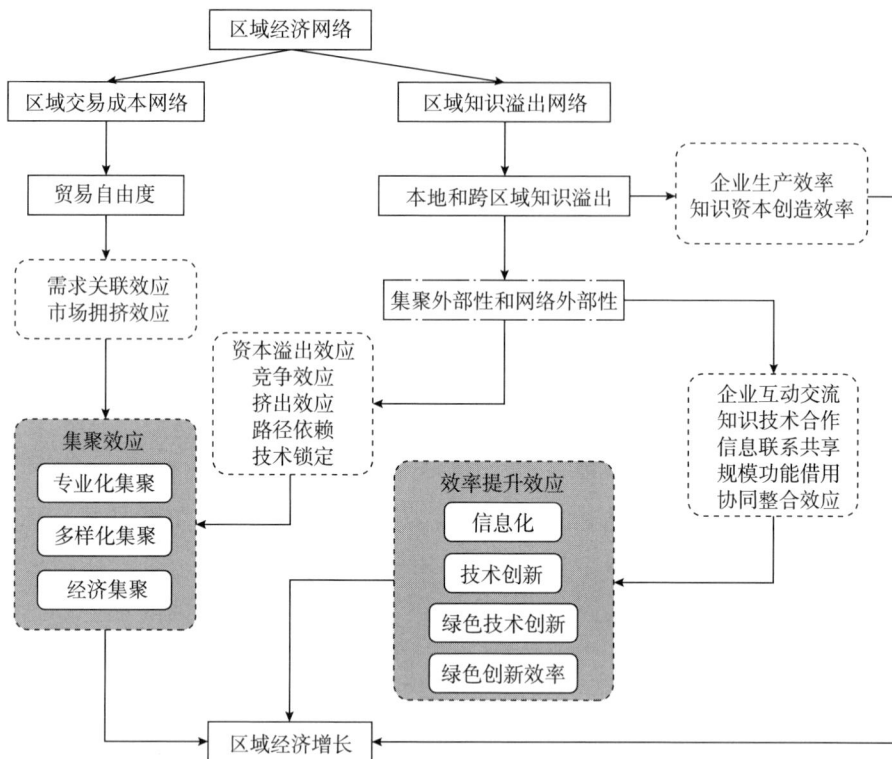

图6-1 区域经济网络对经济增长影响的作用机制

第一节　基于集聚效应的机制分析

一、集聚效应的理论分析

本书模型的长期均衡结果中最能体现的特征就是企业或资本的空间分布模式会影响经济增长，即在知识溢出分散力与环境污染溢出集聚力水平不相等时，不同空间分布模式下的经济增长率不同。由式（3-56）可以得知，知识溢出分散力和环境污染溢出集聚力的相对变化，会导致对称均衡与核心—边缘均衡条件下的经济增长率存在差异，即在知识溢出分散力和环境污染溢出集聚力不同步时，企业或资本的空间分布模式会影响经济增长。而且通过梳理相关文献可知，集聚与经济增长的关系已被诸多新经济地理学、区域经济学和城市经济学等领域的相关研究所证实（Martin and Ottaviano，1999；何雄浪和叶连广，2022；刘修岩等，2012；Henderson and Thisse，2004；Martin and Ottaviano，2001；陈乐，2022）。由理论模型中长期均衡稳定性分析式（3-38）可以得知，对称均衡的稳定性由需求关联效应、市场拥挤效应和资本溢出效应三种力量合力的大小所决定，即企业或资本的空间分布模式受到需求关联效应、市场拥挤效应和资本溢出效应的综合影响。其中，需求关联效应系数 $\frac{2(1-\phi)}{(1+\phi)}$ 是促进企业资本集聚的力量，市场拥挤效应系数 $-\frac{2(1-\phi)^2}{(1+\phi)^2}$ 是维持对称均衡稳定的力量，是一种分散力，二者均与贸易自由度有关；而资本溢出效应系数 $\frac{4\lambda\eta\left(\frac{\overline{\eta}}{\eta}-\frac{\overline{\lambda}}{\lambda}\right)}{(\eta+\overline{\eta})(\lambda+\overline{\lambda})}$ 则与贸易自由度无关，与本地和跨区域知识溢出有关。

因此，可以得到，本地和跨区域知识溢出、贸易自由度可以通过影响企业或资本的空间分布模式，而对经济增长产生影响。

（一）本地和跨区域知识溢出与集聚关系的理论分析

根据理论模型中长期均衡稳定性分析式（3-38），并通过计算资本溢出效应对本地知识溢出 λ 求偏导，可以得到 $\frac{4\overline{\lambda}}{(\lambda+\overline{\lambda})^2}>0$，可知，本地知识溢出效应可以增强资本溢出效应，资本溢出效应表现出集聚力，能够促进资本或企业空间格局向集聚化发展；而通过计算资本溢出效应对跨区域知识溢出 $\overline{\lambda}$ 求偏导，可以得到 $-\frac{4\lambda}{(\lambda+\overline{\lambda})^2}<0$，可知，跨区域知识溢出效应可以减弱资本溢出效应，资本溢出效应表现出分散力，能够抑制资本或企业集聚空间格局的形成。也就是说，本地知识溢出促进空间集聚格局的形成，而跨区域知识溢出则对空间集聚格局具有抑制作用。因此，本地知识溢出和跨区域知识溢出能够通过影响企业或资本的空间格局演化，进而对经济增长产生影响。由此提出：

假说 8-1：本地知识溢出的增强能够促进集聚效应水平的提升。

假说 8-2：跨区域知识溢出的增强能够抑制集聚效应水平的提升。

如果本地和跨区域的知识溢出能够影响资本或企业的空间分布格局，那么，本地知识溢出效应越大，越有助于吸引企业和资本来到当地进行生产活动和知识创造，而跨区域知识溢出效应则相反。本地知识溢出效应越大，越有助于吸引同一产业在本地区域内出现大量聚集，表现为同一产业的企业向本地区聚集，促使经济地理格局呈现出核心—边缘结构，这将更大程度降低本地区企业的生产成本和知识资本创造成本，而产生更高的集聚外部性。跨区域知识溢出效应越大，越有助于同一产业在区域均匀分布，促使同一产业的企业分散化布局，使得经济地理格局呈现出对称结构，由于跨区域知识溢出效应增加，将导致资本向其他区域溢出，不利于本地区的资本创造和产品生产，这将在很大程度上增加本地区企业的生产成本，减弱产品生产和知识资本创造的生产效率，产生更大的分散力，不利于集聚空间格局的形成。因此，本书提出：

假说8-3：本地知识溢出的增强能够促进专业化集聚水平的提高。

假说8-4：跨区域知识溢出的增强能够抑制专业化集聚水平的提高。

需要说明的是，现实中不同产业也可能出现在某一特定区域内聚集的情况，即集聚不总是表现为专业化集聚，可能会表现出多样化集聚。但本地知识溢出和跨区域知识溢出对多样化集聚的影响与专业化集聚不同。由上文分析可知，本地知识溢出增强了资本溢出效应，有利于同一产业在本地区大量集聚，这会增加不同产业之间的市场竞争，将导致对不同产业的发展的挤出效应。同一产业的大量集聚为企业发展带来了市场优势，在一定程度上形成市场垄断，而垄断地位强化了不同产业之间的技术壁垒，这样又进一步支持企业通过更强的市场优势来垄断市场并阻止竞争者进入市场，这将导致不同产业之间资源、技术等要素成本上升，竞争更加激烈，进而引发不同产业之间的技术封锁而产生挤出效应，使得来自不同产业的企业重新选择竞争较小的区位，从而抑制其他产业向本地区集聚，不利于多样化集聚空间格局的形成。跨区域知识溢出减弱了资本溢出效应，促进了同一产业的企业向分散化布局，分散了来自本地区产业之间的竞争效应，降低了企业搜索和获取互补性资源、知识、技术、信息的成本，促使不同产业之间的知识技术资源在区域内不断累积；跨区域知识溢出通过打破知识技术信息在区域之间的流动壁垒，有助于突破区域在技术和制度等方面的发展惯性，有利于引进新的资源、技术和要素，破除产业发展的路径依赖和技术锁定，促进产业之间的技术交流和市场垄断，进而有利于形成产业多样化集聚的空间格局。因此，本书提出：

假说8-5：本地知识溢出的增强能够抑制多样化集聚水平的提升。

假说8-6：跨区域知识溢出的增强则能够促进多样化集聚水平的提升。

由于现实中的区域经济体同时存在多样化和专业化，专业化集聚和多样化集聚都会产生经济集聚（李金滟和宋德勇，2008），经济集聚常常指的是经济活动在空间上的集中，而到底是专业化集聚还是多样化集聚在经济集聚中更占优势，则取决于区域自身产业发展的阶段、特性以及资金与技术联系等（邵帅等，2019；李金滟和宋德勇，2008）。如果专业化集聚更占优势，那么，本地知识溢出会促进经济集聚，而跨区域知识溢出则会阻碍经济集聚发展。若多样化集聚更占优势，则跨区域知识溢出会促进经济集聚，本地知识溢出会阻碍经济集聚发展；若专业化集聚和多样化集聚的优势地位相同，则可能会出现本地和跨区域知识溢出均促进经济集聚，以及本地和跨区域知识溢出均阻碍经济集聚两种状态。因此，本地和跨区域知识溢出对经济集聚的影响受到专业化和多样化集聚的共同影响而呈现出不同的状态。

假说8-7：受到专业化集聚和多样化集聚的影响，本地知识溢出和跨区域知识溢出对经济集聚的影响可能出现四种情况。

假说8-7a：本地知识溢出促进了经济集聚，跨区域知识溢出则抑制了经济集聚。

假说8-7b：本地知识溢出抑制了经济集聚，跨区域知识溢出则促进了经济集聚。

假说8-7c：本地知识溢出和跨区域知识溢出的增强均促进了经济集聚发展。

假说8-7d：本地知识溢出和跨区域知识溢出的增强均阻碍了经济集聚发展。

（二）贸易自由度与集聚关系的理论分析

根据理论模型中长期均衡稳定性分析式（3-38）可知，需求关联效应 $\frac{2(1-\phi)}{(1+\phi)}$ 表现为集聚力，而市场拥挤效应 $-\frac{2(1-\phi)^2}{(1+\phi)^2}$ 表现为分散力，以上两种力量均与贸易自由度相关。需求关联效应对贸易自由度 ϕ 求偏导，可得 $-\frac{4}{(\phi+1)^2}<0$，可知贸易自由度与需求关联效应负相关，即随着贸易自由度的增加，需求关联效应是递减的；市场拥挤效应对贸易自由度 ϕ 求偏导，可得 $\frac{8(1-\phi)}{(\phi+1)^3}\geq0$，可知贸易自由度与市场拥挤效应正相关，即随着贸易自由度的增加，市场拥挤效应是递增的。因此，贸易自由度的变化会引起需求关联效应反向变化，而引起市场拥挤效应正向变化，从而引起了集聚力和分散力这两种作用力的此消彼长，进而推动了集聚格局演化。

根据理论模型中的突破点、维持点与经济地理均衡分析，贸易自由度的变化可以引起多种形式的经济地理稳态。当知识溢出分散力小于或等于环境污染溢出集聚力时，随着贸易自由度的提升，经济系统逐渐向集聚空间格局演化，贸易自由度对集聚的影响存在促进作用；当知识溢出分散力大于环境污染溢出集聚力时，随着贸易自由度的提升，经济系统呈现出"分散—集聚—分散"的空间演化格局，贸易自由度对集聚的影响存在倒"N"形非线性波动变化。因此，贸易自由度的变化会引致需求关联效应、市场拥挤效应发生变化，能够影响经济系统中对称均衡的稳定性，促使经济地理空间格局发生演化，进而对经济增长产生影响。由此提出以下假设：

假说9-1：贸易自由度的提高促进了集聚空间格局的形成。

假说9-2：贸易自由度对集聚具有非线性影响，存在倒"N"形波动变化特征。

需要说明的是，现实中贸易自由度对专业化集聚、多样化集聚和经济集聚的影响如何，取决于专业化集聚与多样化集聚在经济集聚中的力量对比关系。与上文分析类似，当贸易自由度促进专业化集聚时，将吸引同一产业的企业向本地区聚集，使得同一产业的企业数量和资本份额不断增加，由于市场垄断和技术壁垒引致的挤出效应的存在，不同产业的企业在本地区很难获得发展优势，因而不利于多样化集聚空间格局的形成。也就是说，贸易自由度对专业化与多样化集聚的影响存在反向关系。由此提出以下假设：

假说9-3：贸易自由度对专业化集聚存在正向影响。

假说9-4：贸易自由度对多样化集聚存在负向影响。

假说9-5：贸易自由度对专业化集聚的影响存在倒"N"形的非线性特征。

假说9-6：贸易自由度对多样化集聚的影响存在"N"形的非线性特征。

与上文分析类似，贸易自由度对经济集聚的影响依赖于专业化集聚和多样化集聚在经济集聚中的优势对比。如果专业化集聚更占优势，那么经济集聚与专业化集聚的情形类似；若多样化集聚更占优势，则经济集聚与多样化集聚的情形类似。由此提出以下假设：

假说9-7：贸易自由度对经济集聚存在正向影响或存在倒"N"形的非线性特征。

假说9-8：贸易自由度对经济集聚存在负向影响或存在"N"形的非线性特征。

二、集聚效应的实证检验

（一）本地和跨区域知识溢出对集聚的影响

1. 计量模型构建

为了验证依据前述理论模型所提出的假说，本书采用面板数据固定效应模型和空间计量模型进行实证分析。将集聚变量作为被解释变量，把知识溢出网络中心性当作核心解释变量；为了缓解遗漏变量偏误问题，在模型中加入了一系列相关社会经济变量。本书构建了本地和跨区域知识溢出对集聚影响的计量模型，检验本地和跨区域知识溢出通过集聚影响经济增长的作用机制，算式如下：

$$agg_{it} = \alpha_0 + \alpha_1 kn_{it} + \alpha_2 X_{it} + c_i + u_t + \varepsilon_{it}$$

$$agg_{it} = \beta_0 + \rho \sum_{i=1}^{n} Wagg_{it} + \beta_1 kn_{it} + \rho_1 \sum_{i=1}^{n} Wkn_{it} + \beta_2 X_{it} + \rho_2 \sum_{i=1}^{n} WX_{it} + c_i + u_t + \varepsilon_{it} \quad (6-1)$$

式（6-1）中，kn_{it} 是知识溢出网络的加权度数中心性的对数值，表示本地知识溢出强度；$\sum_{i=1}^{n} Wkn_{it}$ 是知识溢出网络加权度数中心性对数值的空间滞后项，表示跨区域知识溢出强度。agg_{it} 表示集聚变量，反映了区域产业或经济的集中程度，将其细分为专业化集聚（$krug$）、多样化集聚（hdy）和经济集聚（$indl$），分别采用克鲁格曼专业化指数、赫芬达尔—赫希曼指数的倒数和经济密度作为集聚变量的代理指标。

2. 集聚指标说明

（1）专业化集聚。专业化集聚是指同一产业的企业和劳动力向某一特定区域大量聚集，形成了明显的核心—边缘结构，从而使得区域内同一产业之间的企业交流频繁，进而通过共享、匹配和学习而产生知识外部性，也被称为 MAR 外部性（曹文超和韩磊，2022；Ning et al.，2016）。借鉴相关研究成果（Krugman，1991；柳卸林和杨博旭，2020；Ning et al.，2016），本书采用克鲁格曼专业化指数来测算区域专业化集聚程度，具体算式如下：

$$krug_{it} = \sum_{j=1}^{n} \left| \frac{e_{ijt}}{\sum_{j=1}^{n} e_{ijt}} - \frac{\sum_{i=1}^{m} e_{ijt}}{\sum_{j=1}^{n} \sum_{i=1}^{m} e_{ijt}} \right| \quad (6-2)$$

式中，$krug_{it}$ 表示第 t 年 i 区域的专业化集聚程度；e_{ijt} 指第 t 年 i 区域的 j 产业的从业人员数量；n 表示区域总体的产业类别，产业分类来源于《中国城市统计年鉴》中的产业分类；m 表示所有区域数量。

（2）多样化集聚。多样化集聚是指不同产业的企业和劳动力向某一特定区域大量聚集，使得产业之间能够进行交流与合作，进而产生知识外部性，也称作Jacobs外部性（Glaeser et al.，1992；Li，2015）。本书借鉴相关研究成果（李金滟和宋德勇，2008），采用赫芬达尔—赫希曼指数的倒数来衡量区域多样化集聚程度，具体算式如下：

$$hdy_{it} = 1 \bigg/ \left[e_{ijt} \bigg/ \sum_{j=1}^{n} (e_{ijt}) \right]^2 \qquad (6-3)$$

式（6-3）中，hdy_{it}表示第t年i区域的多样化集聚程度；e_{ijt}指第t年i区域的j产业的从业人员数量；n表示区域总体的产业类别，产业分类同样来源于《中国城市统计年鉴》中的产业分类。

（3）经济集聚。经济集聚是指经济活动在单位空间内的疏密程度和分布情况，反映单位地理面积上的经济活动承载量，为了避免因地理单元差异所产生的空间偏差（刘修岩等，2012），本书采用经济密度（单位面积上承载的经济活动量）来度量经济集聚程度，经济密度被认为是衡量一个地区经济集聚的良好指标（张可和汪东芳，2014）。因此，借鉴相关研究的做法（邵帅等，2019），采用地级及以上城市的非农产业增加值（第二产业和第三产业增加值之和）与其土地面积之比来度量经济集聚程度。

3. 计量结果分析

（1）本地知识溢出对专业化集聚的影响。本书采用空间计量模型对本地知识溢出的专业化集聚效应进行检验，估计结果如表6-1列（1）所示。在空间计量模型构建之前，进行了无空间交互作用的面板计量模型检验，以便更为准确地衡量本地和跨区域知识溢出对专业化集聚影响的空间交互作用。表6-1列（1）检验结果表明，空间回归方程对应的Moran's I在1%的水平上显著，而且LM检验和稳健的LM检验在1%或10%的水平上显著，从而表明方程的被解释变量均存在明显的空间相关性，说明模型中不能忽视空间关系的影响，通过空间面板模型来考察本书所研究的问题是必要的。时间固定效应和空间固定效应的LR检验结果在1%的水平上显著，说明模型具有时间和个体固定效应的联合显著性，支持选择时空固定效应模型。针对空间滞后和空间误差模型的LR检验统计量在1%的水平上显著，说明模型不能简化为空间滞后模型和空间误差模型，应该选择双固定效应的面板空间杜宾模型进行计量分析。Hausman检验拒绝了随机效应的原假设，适合采用固定效应进行估计。因此，最终选择以面板时空双固定效应的空间杜宾模型，来检验本地和跨区域知识溢出对专业化集聚的影响。结果表明，Rho的估计系数为0.459且在1%的水平上显著，说明专业化集聚存在着正向的空间交互效应，在知识溢出网络空间权重下，相邻地区的专业化集聚对本地区的专业化集聚水平产生强化作用，存在明显的空间效应。从本地知识溢出对专业化集聚的影响来说，本地知识溢出效应系数为 0.031 且在 10%的水平上显著，表明本地知识溢出显著地促进了专业化集聚。以上结果证实了上文理论分析提出的假说 8-1 和假说 8-3。

表 6-1 面板双固定效应 SDM 的估计结果

变量及统计量	（1）专业化集聚		（2）多样化集聚		（3）经济集聚	
	Main	Wx	Main	Wx	Main	Wx
kn	0.031*	−1.275***	−0.071***	1.662***	0.120***	0.887***
	（0.016）	（0.240）	（0.027）	（0.402）	（0.014）	（0.206）
Rho	0.459***		0.300*		0.577***	
	（0.162）		（0.178）		（0.130）	
Moran's I	8.328***		1.255		84.305***	
$LM-Lag$	18.122***		0.382		968.821***	
$LM-Lag-R$	3.420*		3.040*		0.268	
$LM-Err$	54.583***		0.791		5960.074***	
$LM-Err-R$	39.880***		3.449		4991.521***	
$LR-Lag$	93.68***		96.89***		132.34***	
$LR-Error$	96.00***		95.79***		201.41***	
$LR-space$	72.35***		52.96***		64.30***	
$LR-time$	4545.42***		4496.38***		10185.23***	
$Hausman$	95.39***		93.26***		326.18***	
控制变量	是		是		是	
个体效应	控制		控制		控制	
时间效应	控制		控制		控制	
R^2	0.035		0.058		0.668	
N	2574		2574		2574	
Log-L	3323.100		1994.473		3709.891	

注：***、**与*分别表示 1%、5%与 10%的显著性水平；括号中数字表示对应的统计量。

（2）本地知识溢出对多样化集聚的影响。本书采用空间计量模型对本地知识溢出的多样化集聚效应进行检验，估计结果如表 6-1 列（2）所示。结果表明，稳健的 LM 检验在 10%的水平上显著，从而表明方程的被解释变量均存在明显的空间相关性，说明模型中不能忽视空间关系的影响，通过空间面板模型来考察本书所研究的问题是必要的。时间固定效应和空间固定效应的 LR 检验结果在 1%的水平上显著，说明模型具有时间和个体固定效应的联合显著性，支持选择时空固定效应模型。针对空间滞后和空间误差模型的 LR 检验统计量在 1%的水平上显著，说明模型不能简化为空间滞后模型和空间误差模型，应该选择双固定效应的面板空间杜宾模型进行计量分析。Hausman 检验拒绝了随机效应的原假设，适合采用固定效应进行估计。因此，最终选择以面板时空双固定效应的空间杜宾模型，来检验本地和跨区域知识溢出对多样化集聚的影响。结果表明，Rho 的估计系数为 0.300 且在 10%的水平上显著，说明多样化集聚存在着正向的空间交互效应，在知识溢出网络空间权重下，相邻地区的多样化集聚对本地区的多样化集聚水平产生强化作用，存在明显的空间效应；与专业化集聚相比，多样化集聚的空间效应系数值略小，说明多样化集聚的空间交互效应弱于专业化集聚。从本地知识溢出对多样化集聚的影响来说，本地知识溢出效应系数为 -0.071 且在 1%的水平上显著，表明本地知识溢出显著地抑制了多样化集聚；而且与专业化集聚的回归方程的系数相比，多样化集聚回归方程的系数绝对值更大，说明本地知识溢出对多样化集聚的抑制作用更强。以上结果证实了上文理论分析提出的假说 8-5。

（3）本地知识溢出对经济集聚的影响。本书采用空间计量模型对本地和跨区域知识溢出的经济集聚效应进行检验，估计结果如表 6-1 列（3）所示。结果表明，空间回归方程对应的 Moran's I 在 1%的水平上显著，而且大部分的 LM 检验和稳健的 LM 检验在 1%的水平上显著，从而表明方程的被解释变量均存在明显的空间相关性，说明模型中不能忽视空间关系的影响，通过空间面板模型来考察本书所研究的问题是必要的。时间固定效应和空间固定效应的 LR 检验结果在 1%的水平上显著，说明模型具有时间和个体固定效应的联合显著性，支持选择时空固定效应模型。针对空间滞后和空间误差模型的 LR 检验统计量在 1%的水平上显著，说明模型不能简化为空间滞后模型和空间误差模型，应该选择双固定效应的面板空间杜宾模型进行计量分析。Hausman 检验拒绝了随机效应的原假设，适合采用固定效应进行估计。因此，最终选择以面板时空双固定效应的空间杜宾模型，来检验本地和跨区域知识溢出对经济集聚的影响。结果表明，Rho 的估计系数为 0.577 且在 1%的水平上显著，说明经济集聚存在着正向的空间交互效应，在知识溢出网络空间权重下，相邻地区的经济集聚对本地区的经济集聚水平产生强化作用，存在明显的空间效应；而且与专业化集聚和多样化集聚相比，空间效应系数值更大，表明经济集聚的空间交互效应更加明显。从本地知识溢出对经济集聚的影响来说，本地知识溢出效应系数为 0.120 且在 1% 的水平上显著，表明本地知识溢出显著地促进了经济集聚；而且与专业化和多样化集聚的回归方程的系数相比，经济集聚的回归方程系数绝对值更大，说明本地知识溢出对经济集聚的提升作用更强。以上结果证实了上文理论分析提出的假说 8-7c。

（4）跨区域知识溢出对集聚的影响。与上文方法保持一致，空间效应分解结果如表 6-2 所示。结果表明：专业化集聚的间接效应系数为-2.648 且在 10% 的水平上显著为负，说明跨区域知识溢出对专业化集聚的影响具有显著的负向抑制作用，意味着知识溢出网络关联地区的网络中心性提升，不利于专业化集聚的发展，即跨区域知识溢出抑制了专业化集聚。多样化集聚的间接效应系数为 2.560 且在 5% 的水平上显著为正，说明跨区域知识溢出对多样化集聚的影响具有显著的正向促进作用，意味着知识溢出网络关联地区的网络中心性提升，有助于提升多样化集聚水平，即跨区域知识溢出促进了多样化集聚。经济集聚的间接效应系数为 2.525 且在 5% 的水平上显著为正，说明跨区域知识溢出对经济集聚的影响具有显著的正向促进作用，意味着知识溢出网络关联地区的网络中心性提升，有助于提升经济集聚水平，即跨区域知识溢出促进了经济集聚。以上结果证实了上文理论分析提出的假说 8-4、假说 8-6 和假说 8-7c。

表6-2 基于面板空间杜宾模型的空间效应分解

变量	(1) 专业化集聚		(2) 多样化集聚		(3) 经济集聚	
	直接效应	间接效应	直接效应	间接效应	直接效应	间接效应
kn	0.026	-2.648*	-0.066**	2.560**	0.127***	2.525**
	(0.017)	(1.374)	(0.028)	(1.056)	(0.015)	(1.247)

注：***、**与*分别表示1%、5%与10%的显著性水平；括号中数字表示对应的统计量。

（二）贸易自由度对集聚的影响

1. 计量模型构建与指标说明

为了验证依据前述理论模型所提出的假说，采用面板数据固定效应模型和空间计量模型进行实证分析。将集聚变量作为被解释变量，把市场可达性当作核心解释变量；为了缓解遗漏变量偏误问题，在模型中加入了一系列相关社会经济变量。本书构建了市场可达性对集聚影响的计量模型，检验贸易自由度通过集聚影响经济增长的作用路径，算式如下：

$$agg_{it} = \alpha_0 + \alpha_1 cn_{it} + \alpha_2 X_{it} + c_i + u_t + \varepsilon_{it}$$

$$agg_{it} = \beta_0 + \rho \sum_{i=1}^{n} Wagg_{it} + \beta_1 cn_{it} + \rho_1 \sum_{i=1}^{n} Wcn_{it} + \beta_2 X_{it} + \rho_2 \sum_{i=1}^{n} WX_{it} + c_i + u_t + \varepsilon_{it} \quad (6-4)$$

为了探讨贸易自由度对集聚影响的非线性特征，参考相关学者对于非线性影响的研究（邵帅等，2019），构建了市场可达性及其二次项和三次项对集聚影响的计量模型，算式如下：

$$agg_{it} = \alpha_0 + \alpha_1 cn_{it} + \alpha_2 cn_{it}^2 + \alpha_3 cn_{it}^3 + \alpha_2 X_{it} + c_i + u_t + \varepsilon_{it}$$

$$agg_{it} = \beta_0 + \rho \sum_{i=1}^{n} Wagg_{it} + \beta_1 cn_{it} + \beta_2 cn_{it}^2 + \beta_3 cn_{it}^3 + \rho_1 \sum_{i=1}^{n} Wcn_{it} + \rho_2 \sum_{i=1}^{n} Wcn_{it}^2 +$$

$$\rho_3 \sum_{i=1}^{n} Wcn_{it}^3 + \beta_4 X_{it} + \rho_4 \sum_{i=1}^{n} WX_{it} + c_i + u_t + \varepsilon_{it} \quad (6-5)$$

式（6-5）中，cn_{it} 是贸易自由度，表示接近市场能力和交易便捷程度，体现了区际交易成本优势和商品等资源要素流动便捷程度，本书采用市场可达性作为贸易自由度的代理指标。cn_{it}^2 和 cn_{it}^3 分别是市场可达性指标的二次项和三次项，agg_{it} 表示集聚变量，与上文保持一致。

2. 计量结果分析

（1）贸易自由度对专业化集聚影响的估计结果分析。首先，对无空间交互作用的面板计量模型进行估计，结果如表6-3列（1）所示。容易看出，表中报告的空间回归方程对应的 Moran's I 指数均在1%的水平上显著，而且大部分的 LM 检验和稳健的 LM 检验在1%的水平上显著，从而表明各方程的被解释变量均存在明显的空间相关性，说明模型中不能忽视空间关系的影响，通过空间计量模型来考察本书所研究的问题是必要的。其次，对于时间固定效应和空间固定效应的 LR 检验在1%的水平上显著，说明模型具有时间和个体固定效应的联合显著性，支持选择时空双固定效应模型。然后，针对空间杜宾模型的退化检验结果显示，LR 统计量在1%的水平上显著，说明模型不能简化为空间滞后模型和空间误差模型。Hausman 检验拒绝了随机效应的原假设，适合采用固定效应进行估计。因此，本书最终选择面板双固定效应的空间杜宾模型来检验贸易自由度对专业化集聚的非线性影响。从表6-3列（1）的估计结果可知，贸易自由度的一次项、二次项和三次项系数均在1%的水平上显著且依次为负、正和负，表明贸易自由度与专业化集聚之间确实存在显著的倒"N"形曲线关系。

为了探究贸易自由度对专业化集聚的非线性影响，本书将所求得的回归系数构建回归方程，对回归方程求一阶偏导后，令其为零求解出对应的拐点值（见图6-2a），根据回归系数显示的曲线形状和求得的拐点值分别探讨贸易自由度对

表 6-3　面板双固定效应 SDM 的估计结果

变量及统计量	（1）专业化集聚		（2）多样化集聚		（3）经济集聚	
	Main	Wx	Main	Wx	Main	Wx
cn	−8.433 ***	−21.226	45.499 ***	−9.461	−11.754 ***	76.223 ***
	（2.344）	（32.002）	（3.784）	（52.432）	（2.022）	（27.566）
$cn2$	0.946 ***	2.841	−5.233 ***	0.003	1.360 ***	−8.913 ***
	（0.266）	（3.565）	（0.429）	（5.856）	（0.229）	（3.071）
$cn3$	−0.035 ***	−0.124	0.200 ***	0.016	−0.053 ***	0.342 ***
	（0.010）	（0.133）	（0.016）	（0.219）	（0.009）	（0.115）
Rho	0.357 *		0.300 *		0.649 ***	
	（0.185）		（0.176）		（0.110）	
Moran's I	6.593 ***		5.331 ***		86.181 ***	
LM−Lag	22.224 ***		6.735 ***		847.621 ***	
LM−Lag−R	0.018		0.522		2.814 *	
LM−Err	33.707 ***		21.562 ***		6255.884 ***	
LM−Err−R	11.501 ***		15.349 ***		5411.077 ***	
LR−Lag	81.48 ***		129.04 ***		161.94 ***	
LR−Error	84.95 ***		115.42 ***		218.07 ***	
LR−space	50.92 ***		75.64 ***		31.90 **	
LR−time	4515.75 ***		4520.96 ***		10136.55 ***	
Hausman	73.46 ***		85.19 ***		290.33 ***	
控制变量	是		是		是	
个体效应	控制		控制		控制	
时间效应	控制		控制		控制	
R^2	0.010		0.005		0.232	
N	2574		2574		2574	
Log−L	3281.670		2091.362		3699.947	

注：***、** 与 * 分别表示 1%、5% 与 10% 的显著性水平；括号中数字表示对应的统计量。

专业化集聚影响的非线性特征，结果表明：

当贸易自由度小于 8.084 的拐点值时，贸易自由度变化处于第一阶段，贸易自由度会对专业化集聚产生抑制效应。此时的贸易自由度相对较低，对应着经济发展的起步阶段，人口规模不够大，城镇化水平较低，这一阶段的各类基础设施建设处于起步发展阶段，同一产业的企业呈分散化布局，区域内同一产业的企业数量相对较少，未能充分发挥规模经济效应，对专业化集聚产生了一定的抑制作用；由于市场规模不够大，支出份额的增加未能带来资本份额的快速增长，贸易自由度提升带来的需求关联效应，尚未达到促进专业化集聚水平显著提升的临界值，致使贸易自由度对专业化集聚产生了负向影响。

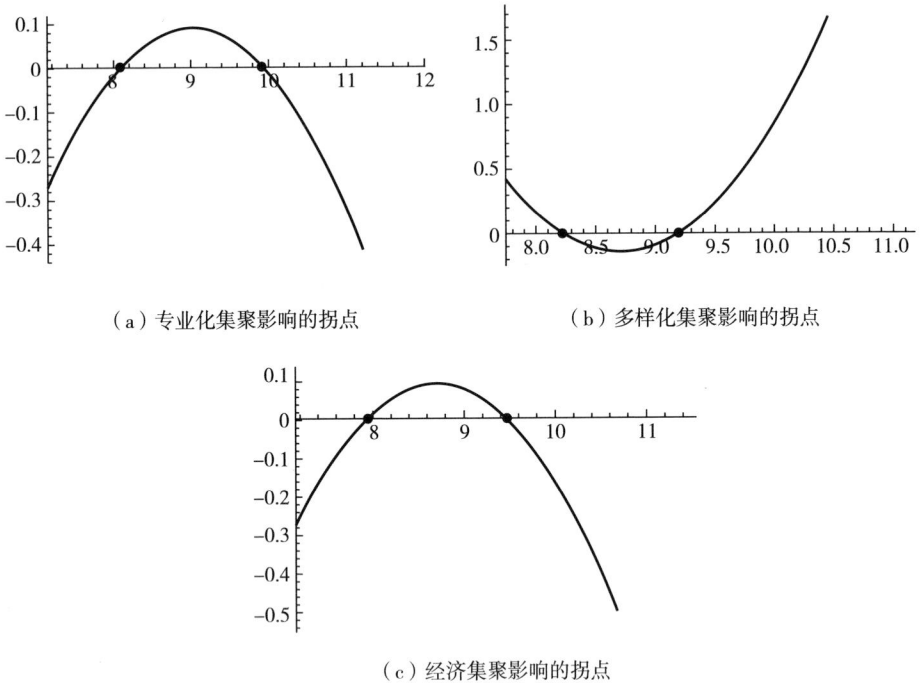

（a）专业化集聚影响的拐点　　　　　（b）多样化集聚影响的拐点

（c）经济集聚影响的拐点

图6-2　贸易自由度对集聚影响的拐点值

当贸易自由度超过拐点值8.084并小于9.935时，贸易自由度变化处于第二阶段，贸易自由度的提升对专业化集聚表现出显著的促进效应。此时经济处于快速增长期，经济活动快速集中，这一阶段的各类基础设施建设处于起飞发展阶段，交通条件的改善，加快了商品货物的流通速度，降低了交易成本，地理邻近可获得的收益增加，促使同一产业的企业集中发展，出现了相同产业的企业在空间布局上的集聚现象；此时人口规模相应增加，城镇化进程加快，形成了具有发展潜力的市场，贸易自由度的提升使得市场规模扩张产生需求关联效应，由于资本创造动力增强，资本份额不断增加，资本分布的空间变化会引起支出的空间变化，使得同一产业的企业为了追逐利润最大化，向相同区位集中，由此带来了显著的专业化集聚现象。

当贸易自由度超过9.935后，贸易自由度变化处于第三阶段，贸易自由度的提升会对专业化集聚产生抑制效应。此时贸易自由度相对较高，经济发展水平处于稳定增长阶段，经济活动在有限空间内过度集聚将产生市场拥挤效应，不利于同一产业的企业进一步集中布局；此时城镇化水平进一步提高，人口规模进一步提升，有限土地资源的过度竞争造成了要素成本上升和环境恶化，阻碍生产效率提升和制约资本创造效率提高（周圣强和朱卫平，2013），使得贸易自由度提升带来的负外部性效应凸显；而此时的各类基础设施建设处于互联互通阶段，交易成本下降，位于集聚中心的企业为了控制生产成本、规避集聚中心带来的拥挤效应具有向外迁出的动力，将产生阻碍企业集聚的分散力，致使专业化集聚水平降低，从而开始对专业化集聚表现出抑制效应。此外，由于贸易自由度与需求关联效应负相关，与市场拥挤效应正相关，随着贸易自由度的增加，需求关联效应是递减的，市场拥挤效应是递增的，此时的市场拥挤效应超过需求关联效应，贸易自由度的提升致使同一产业的企业向分散化格局演化。

从各城市所处的阶段来看，一方面，位于倒"N"形曲线第一阶段（低于第一个拐点值8.084）的样本主要是位于东北地区和西部地区的部分城市，多为资源型城市和经济发展水平较低城市（周宏浩和陈晓红，2018、2019），这部分地区受制于经济发展水平、产业发展方式、人口规模和市场规模等，贸易自由度的提升未能产生强有力的集聚效应，不利于专业化集聚格局的形成。另一方面，对位于倒"N"形曲线第三阶段的地区而言，大于第三个拐点值9.935的样本主要分布在北京市、天津市、成都市、上海市、南京市、杭州市、广州市、深圳市、郑州市等地区，虽然这些城市经济发展水平较高、区位条件好、人口规模和市场规模均较大，但是受到市场拥挤效应影响，生产成本上升，使得这些地区成为产业转移主要转出地，继续提高这些地区的贸易自由度将不利于促进这些地区的专业化集聚。其他城市均处于拐点值为8.084~9.935的倒"N"形曲线第二阶段，该阶段的样本主要分布在广东、河南、山东、安徽、四川、江苏、辽宁、湖南、湖北、河北、江西和广西等省份，说明随着大部分城市的经济发展水平的进一步提高，人口规模优势逐渐显现，形成了强有力的市场规模，有利于发挥需求关联效应，贸易自由度的提升使得这些地区成为产业转移主要承接地，促进了专业化集聚格局的形成。

上述结果表明，前文提出的理论假说9-2和假说9-5是成立的。

（2）贸易自由度对多样化集聚影响的估计结果分析。本书对无空间交互作用的面板计量模型进行估计，结果如表6-3列（2）所示。容易看出，空间回归方程对应的 Moran's I 指数在1%的水平上显著，而且大部分的 LM 检验和稳健的 LM 检验在1%的水平上显著，从而表明各方程的被解释变量均存在明显的空间相关性，说明模型中不能忽视空间关系的影响，通过空间计量模型来考察本书所研究的问题是必要的。对于时间固定效应和空间固定效应的 LR 检验在1%的水平上显著，说明模型具有时间和个体固定效应的联合显著性，支持选择时空双固定效应模型。针对空间杜宾模型的退化检验结果显示，LR 统计量在1%的水平上显著，说明模型不能简化为空间滞后模型和空间误差模型。Hausman 检验拒绝了随机效应的原假设，适合采用固定效应进行估计。因此，最终选择面板双固定效应的空间杜宾模型来检验贸易自由度对多样化集聚的非线性影响。从表6-3列（2）的估计结果可知，贸易自由度的一次项、二次项和三次项系数均在1%的水平上显著且依次为正、负和正，表明贸易自由度与多样化集聚之间确实存在显著的"N"形曲线关系，该结果与贸易自由度对专业化集聚的影响相反，验证了假说9-6。

为了探究贸易自由度对多样化集聚影响的非线性影响，本书将所求得的回归系数构建回归方程，对回归方程求一阶偏导后，令其为零求解出对应的拐点值分别为8.236和9.207，相较于贸易自由度对专业化集聚的影响，贸易自由度对多样化集聚影响的拐点值呈现出向右偏移的特征（见图6-2b），根据回归系数显示的曲线形状和求得的拐点值分别探讨贸易自由度对多样化集聚影响的非线性特征，结果表明：

当贸易自由度小于8.236的拐点值时，贸易自由度变化处于第一阶段，贸易自由度会对多样化集聚产生促进效应。此时的贸易自由度相对较低，该阶段属于经济发展的起步阶段，人口规模不够大，城镇化水平较低，此时提高贸易自由度不利于专业化集聚，即抑制同一产业的企业集中布局，因此不容易产生市场垄断和技术壁垒，促进市场互联互通，提供互补的资源要素，增强技术知识交流，导致多种不同产业的企业在本地区获得微弱的发展优势，更容易吸引多种产业在区域内集聚，从而带来需求关联效应，促进多样化集聚水平显著提升，使得贸易自由度对多样化集聚产生了正向影响。

当贸易自由度超过拐点值8.236并小于9.207时，贸易自由度变化处于第二阶段，贸易自由度的提升对多样化集聚表现出显著的抑制效应。此时经济处于快速增长期，经济活动快速集中，这一阶段的各类基础设施建设处于起飞发展阶段，此时提高贸易自由度，促进了专业化集聚，出现了相同产业的企业在空间布局上的集聚现象，由于市场垄断和技术壁垒引致的挤出效应，不同产业的企业在本地区很难获得集聚优势，导致贸易自由度的提升不利于多样化集聚空间格局的形成。

当贸易自由度超过 9.207 后，贸易自由度变化处于第三阶段，贸易自由度的提升会对多样化集聚产生促进效应。此时贸易自由度相对较高，经济发展水平处于稳定增长阶段，经济活动在有限空间内过度集聚将产生市场拥挤效应，不利于同一产业的企业进一步集中布局，从而对相同产业的企业产生挤出效应，出现相同类型的产业向外迁出的产业转移现象。而此时贸易自由度的提高，促进市场互联互通，提供互补的资源要素，增强技术知识交流，相对来说不容易对多种产业发展产生市场垄断和技术壁垒，有利于多种不同产业的企业在本地区获得微弱的发展优势，促进多样化集聚水平显著提升，使得贸易自由度对多样化集聚产生正向影响。

从各城市所处的阶段来看，位于"N"形曲线第一阶段（低于第一个拐点值 8.236）的样本主要位于东北地区和西部地区的甘肃、四川、广西、吉林、辽宁、黑龙江、云南、内蒙古、宁夏等省份，多为经济发展水平较低的城市，这部分地区受制于经济发展水平、人口和市场规模等，未能产生显著的规模效应，不利于专业化集聚，因而不容易产生市场垄断和技术壁垒，降低了企业获取互补性资源的成本，贸易自由度提升有利于多种产业之间的知识共享，产业呈现多样化集聚发展的空间格局。对位于"N"形曲线第三阶段的地区而言，大于第三个拐点值 9.207 的样本多分布在沿海地区和经济发展水平较高地区，这些地区经济发展水平较高、区位条件好、人口规模和市场规模均较大，受市场拥挤效应的影响，产业专业化部门集聚能力弱，产生了专业化部门向中西部地区和东北地区转移的发展趋势，贸易自由度的提高能够促进市场互联互通，提供互补的资源要素，增强技术知识交流，因而有利于本地区优化调整产业结构，发展多样化的产业部门，促进了多样化集聚格局的形成。其他城市均处于拐点值为 8.236~9.207 的"N"形曲线第二阶段，该阶段的样本主要分布在河南、广东、安徽、山东、湖南、四川、江西、湖北、辽宁和山西等省份，说明随着大部分城市的经济发展水平的进一步提高，人口规模优势逐渐显现，形成了强有力的市场规模，由于市场垄断和技术壁垒引致的挤出效应，不同产业的企业在本地区很难获得发展优势，贸易自由度的提升不利于多样化集聚空间格局的形成。上述结果表明，前文提出的假说 9-6 是成立的。

（3）贸易自由度对经济集聚影响的估计结果分析。本书对无空间交互作用的面板计量模型进行估计，结果如表6-3列（3）所示。容易看出，表中报告的空间回归方程对应的 Moran's I 指数在1%的水平上显著，而且 LM 检验和稳健的 LM 检验在1%或10%的水平上显著，从而表明各方程的被解释变量均存在明显的空间相关性，说明模型中不能忽视空间关系的影响，通过空间计量模型来考察本书所研究的问题是必要的。对于时间固定效应和空间固定效应的 LR 检验在1%和5%的水平上显著，说明模型具有时间和个体固定效应的联合显著性，支持选择时空双固定效应模型。针对空间杜宾模型的退化检验结果显示，LR 统计量在1%的水平上显著，说明模型不能简化为空间滞后模型和空间误差模型。Hausman 检验拒绝了随机效应的原假设，适合采用固定效应进行估计。因此，最终选择面板双固定效应的空间杜宾模型来检验贸易自由度对经济集聚的非线性影响。从表6-3列（3）的估计结果可知，贸易自由度的一次项、二次项和三次项系数均在1%的水平上显著且依次为负、正和负，表明贸易自由度与经济集聚之间存在显著的倒"N"形曲线关系，该结果与贸易自由度对专业化集聚的影响类似，证实了理论假说9-2和假说9-7。

为了探究贸易自由度对经济集聚的非线性影响，本书将所求得的回归系数构建回归方程，对回归方程求一阶偏导后，令其为零求解出对应的拐点值分别为7.935和9.496，相较于贸易自由度对专业化集聚和多样化集聚的影响，贸易自由度对经济集聚影响的拐点值中间范围有所扩大，两侧范围有所收窄（见图6-2c），根据回归系数显示的曲线形状和求得的拐点值分别探讨贸易自由度对经济集聚影响的非线性特征，结果表明：当贸易自由度小于7.935的拐点值时，贸易自由度变化处于第一阶段，贸易自由度会对经济集聚产生抑制效应。当贸易自由度超过拐点值7.935并小于9.496时，贸易自由度变化处于第二阶段，贸易自由度的提升对经济集聚表现出显著的促进效应。当贸易自由度超过9.496之后，贸易自由度变化处于第三阶段，贸易自由度的提升会对经济集聚产生抑制效应。

从各城市所处的阶段来看，位于"N"形曲线第一阶段（低于第一个拐点值7.935）的样本主要位于东北地区和西部地区的甘肃、四川、广西、吉林、辽宁、黑龙江、内蒙古、宁夏等省份，多为经济发展水平较低城市；而就位于"N"形曲线第三阶段的地区而言，大于第三个拐点值9.496的样本主要分布在广东、江苏、浙江、北京和天津等地区，多为沿海地区和经济发展水平较高地区；其他城市均处于拐点值为7.935~9.496的"N"形曲线第二阶段，该阶段的样本主要分布在广东、河南、安徽、四川、山东、辽宁、湖南、广西、湖北和江西等省份。

以上表现与贸易自由度对专业化集聚的影响类似，说明在依据拐点值划分的三个阶段中，专业化集聚在经济集聚中占主导地位。上述结果表明前文提出的理论假说9-2和假说9-7是成立的。

第二节　基于效率提升效应的机制分析

效率提升效应是区域经济网络影响经济增长的机制之一，本节阐述了本地和跨区域知识溢出影响区域效率提升的理论机制，并对信息化水平、技术创新水平和绿色创新效率等效率提升的代理指标进行测算与分析，实证检验了本地和跨区域知识溢出对区域效率提升的影响。

一、基于效率提升效应的理论分析

在本书的理论框架下，本地和跨区域知识溢出是推动经济增长的重要力量，而这种推动作用是通过提升企业生产效率和知识资本创造效率而实现的，经济学理论认为技术进步对经济增长起到核心作用，经济增长主要是由内生的技术变化推动的（Romer，1990）。经济学研究重点关注如何有效利用稀缺性资源并实现产出最大化，从而实现经济运行效率提升，而创新和生产率是实现效率提升的关键问题，在处于新发展阶段、区域经济高质量发展背景下，还必须考虑能源消耗、环境污染等的影响。

本书认为本地和跨区域知识溢出能够为生产要素在区域内部和区域之间的集聚和扩散提供重要载体（Glaeser et al.，2016），促进区域要素流动集散和跨区域资源优化配置（Glaeser et al.，2016；Van Oort et al.，2010），通过降低沟通成本和知识技术信息交流成本，提高生产效率和资本创造效率，从而在信息化、技术创新、绿色技术创新和绿色创新效率等方面获得发展优势，进而对经济增长产生促进作用。因此，有必要在区域经济网络对经济增长影响的框架下纳入效率提升的作用机制。

（一）基于信息化的效率提升机制

本地和跨区域知识溢出主要包含企业联系、知识技术合作和信息联系等内容，本地和跨区域知识溢出的提升能够破除信息传输壁垒，有利于降低企业沟通成本和知识技术信息交流成本，提高知识技术信息传递效率，最终有助于经济增长水平的提升。具体而言，企业联系网络可以通过降低沟通交流成本并建设相应数据传输平台，降低企业之间跨区域联系所需承担的协调成本和信息不对称，有利于区域信息化建设。知识技术网络可以通过降低知识技术合作壁垒和交流成本，通过延伸、扩散、学习、吸收等途径进行知识和技术融合，有利于进一步完善信息基础设施。信息联系网络可以通过降低信息传输成本，使得信息交换、交流、沟通更加便捷，信息共享和便捷使用的需求更强，促进区域信息化发展和建设，弱化了知识溢出边界，促使跨区域要素的自由流动和有效整合，促进产学研合作与交流，从而提升区域信息化水平。而区域信息化水平的提升有助于促进经济增长。具体来说，互联网作为重要的信息传递工具，加快了信息传递和处理速度，极大降低了沟通交流成本，有利于打破信息传递壁垒，提升生产效率和研发效率，促进信息技术的应用和信息化产业的发展，从而实现区域经济增长水平的提高。因此，信息化可以作为本地和跨区域知识溢出影响经济增长的作用路径，即本地和跨区域知识溢出会通过提高区域信息化水平而促进经济增长。由此提出：

假说10-1：本地知识溢出能够通过提升信息化水平而促进经济增长。

假说10-2：跨区域知识溢出能够通过提升信息化水平而促进经济增长。

（二）基于技术创新的效率提升机制

根据总收入和GDP的表达式（3-42）以及长期均衡下经济增长率的决定式（3-49）和式（3-54）可以得知，资本创造成本会影响经济增长，当资本创造成本降低时，经济增长率也随之增加。本书理论模型中资本创造部门生产的是知识资本，也就是说，资本创造部门也就是技术创新部门，区域技术创新水平的提升有利于提高知识资本创造效率，降低知识资本创造成本，进而促进经济增长。更进一步地，根据资本创造成本函数可知，本地和跨区域知识溢出的提高有利于知识资本部门创造新知识，相应地提高了区域技术创新能力，进而降低资本创造部门的生产成本，提升区域技术创新水平。

因此，技术创新能够作为本地和跨区域知识溢出影响经济增长的作用机制，即本地和跨区域知识溢出会通过提高区域技术创新水平和技术溢出能力，影响资本生产率和劳动生产率，进而降低知识资本创造部门的生产成本，从而影响知识资本创造部门的生产效率，最终对经济增长水平产生影响。其中，本地和跨区域知识溢出主要是通过知识溢出网络中节点的权力、地位和影响力而实现的，通过构建知识交互影响的紧密联系，而打破区域之间技术信息共享的壁垒，进而增强区域创新能力，实现技术创新水平提升（姚常成和吴康，2022）。由此提出：

假说11-1：本地知识溢出能够通过提升区域创新水平而促进经济增长。

假说11-2：跨区域知识溢出能够通过提升区域创新水平而促进经济增长。

（三）基于绿色创新效率的效率提升机制

绿色创新效率是指在考虑环境污染约束条件下进行生产活动而带来的经济效益和创新产出（罗茜等，2022；王晗等，2022），是将绿色发展和创新驱动深度融合的双重体现（张明斗和李学思，2022）。绿色创新效率可以通过应用新技术、新知识得到创新产出和绿色发展的双重收益，因此，绿色创新效率在改善环境质量的同时能够创造出较高的技术创新和经济发展水平（罗茜等，2022）。从上文对环境污染效应的分析可知，绿色创新效率的提升，一方面，有利于降低环境污染水平，降低污染治理成本和污染防范成本，提升知识创造效率，从而使得知识溢出对经济增长的影响增强。另一方面，还可以提高技术创新水平，提高技术创新能力，降低资本创造部门的生产成本，进而促进经济增长。以上论述均表明，绿色创新效率提升有利于促进经济增长。

本地和跨区域知识溢出能够促进绿色创新效率提升，具体来说：本地知识溢出效应的增加，代表了区域知识溢出网络中节点中心性的提升，促进了网络中节点权力、地位和影响力的提升，增强知识技术可达性，提升要素资源空间配置效率，有利于保证区域知识溢出网络中节点在产业协作、专业化分工和市场整合方面的优势地位（Van Oort et al.，2010；盛科荣等，2021b；张可，2016），通过环保投入、技术更新、产业升级、污染转移等途径降低污染排放（张可，2016；Wang J et al.，2019），进而提升绿色创新效率。跨区域知识溢出的增加，可以促使区域知识溢出网络中的节点之间通过跨区域的交流合作、功能互补和技术溢出而产生协同和整合效应（程玉鸿和苏小敏，2021；Meijers，2005；Meijers et al.，2017），嵌入网络的节点凭借网络联系而形成的网络外部性，有助于区域分工协作、产业结构调整以及创新技术应用，有利于跨区域之间的资源共享和技术溢出（Wang J et al.，2019；陆军和毛文峰，2020），促进协同效应的发挥，提高城市环境质量（程玉鸿和苏小敏，2021；Wang J et al.，2019；Meijers，2005），强化区域要素资源配置效率和环境协同治理能力，促进绿色创新效率的提升（陆军和毛文峰，2020；丁如曦等，2020）。区域知识溢出网络嵌入为网络外部性的发挥提供重要通道，区域可以从功能互补、交流合作和技术溢出中得到发展优势（姚常成和宋冬林，2019；盛科荣等，2021b；张可，2016），提高技术创新能力，增强环境协同治理能力，提升绿色创新效率（张可，2016；Wang J et al.，2019）。因此，绿色创新效率可以作为本地和跨区域知识溢出影响经济增长的作用路径，即本地和跨区域知识溢出会通过提升绿色创新效率而促进经济增长。由此提出：

假说12-1：本地知识溢出能够通过提升绿色创新效率而促进经济增长。

假说12-2：跨区域知识溢出能够通过提升绿色创新效率而促进经济增长。

二、基于效率提升效应的实证检验

（一）信息化提升效应的实证检验

1. 计量模型构建

由前文分析可知，本地和跨区域知识溢出能够促进区域信息化水平的提升，而区域信息化水平越高，越能够带来经济增长。因此，本书采用区域信息化水平作为本地和跨区域知识溢出对经济增长影响的机制变量。由于前文分析从理论和实证方面，对本地和跨区域知识溢出对经济增长的影响进行了充分讨论，本节为了验证依据前述理论分析所提出的假说，探讨本地知识溢出和跨区域知识溢出对信息化水平的影响。与前文保持一致，本书采用面板空间计量模型进行实证分析。由于空间计量经济学中传统的空间权重矩阵基于地理距离或邻接性，忽略了区域之间的复杂联系，无法识别区域之间网络外部性的异质性（Huang et al.，2020），本书空间权重则是采用知识溢出网络表征的，以便反映区域之间知识技术信息联系的影响。因此，有必要引入面板空间计量模型，从区域经济的网络外部性视角出发，进一步探究本地和跨区域知识溢出对信息化水平的影响，建立面板空间计量模型如下：

$$pnet_{it} = \beta_0 + \rho \sum_{i=1}^{n} Wpnet_{it} + \beta_1 kn_{it} + \rho_1 \sum_{i=1}^{n} Wkn_{it} + \beta_2 X_{it} + \rho_2 \sum_{i=1}^{n} WX_{it} + c_i + u_t + \varepsilon_{it} \quad (6-6)$$

式（6-6）中，$pnet_{it}$ 是信息化水平变量，参考相关研究成果（何凌云和马青山，2021），采用人均互联网用户数量的对数值来表示；kn_{it} 是知识溢出网络的加权度数中心性的对数值，表示本地知识溢出强度；$\sum_{i=1}^{n} Wkn_{it}$ 是知识溢出网络加权度数中心性对数值的空间滞后项，表示跨区域知识溢出强度。W 是采用知识溢出网络表征的空间权重；ρ、ρ_1 和 ρ_2 分别是信息化水平、跨区域知识溢出和各个控制变量的空间效应系数；其他字母含义与上式相同。

2. 计量结果分析

空间效应分解结果如表6-4所示。结果表明，直接效应和间接效应均在1%的水平上显著为正，表明本地和跨区域的知识溢出对信息化水平的影响具有显著的正向促进作用。具体来说：从直接效应结果来看，本地知识溢出对信息化水平的影响系数为0.302且在1%的水平上显著，表明本地知识溢出每提升1%，本地区的信息化水平平均增加 0.302%，说明本地知识溢出促进了区域信息化水平提升。从间接效应结果来看，跨区域知识溢出对信息化水平的影响系数为 5.641 且在 1% 的水平上显著，说明跨区域知识溢出对信息化水平具有正向促进作用，区域知识溢出网络相邻地区的网络中心性的提升，有利于提高本地区信息化水平。综上所述，本地和跨区域知识溢出均可以促进信息化水平提升。以上回归结果均证实了本书理论分析提出的假说 10-1 和假说 10-2。

表 6-4　基于面板空间杜宾模型的空间效应分解

变量	(1) 信息化			(2) 经济增长		
	直接效应	间接效应	总效应	直接效应	间接效应	总效应
kn	0.302***	5.641***	5.943***	0.079***	2.480**	2.559**
	(0.041)	(1.888)	(1.891)	(0.009)	(1.155)	(1.159)

注：***、** 与 * 分别表示 1%、5% 与 10% 的显著性水平；括号中数字表示对应的统计量。

（二）技术创新提升效应的实证检验

1. 计量模型构建

由前文分析可知，本地和跨区域知识溢出能够促进区域技术创新水平的提升，而区域技术创新水平越高，越能够带来经济增长。因此，本书采用区域技术创新水平作为本地和跨区域知识溢出对经济增长影响的机制变量。由于前文分析从理论和实证方面，已经对本地和跨区域知识溢出对经济增长的影响进行了充分讨论，本节为了验证依据前述理论分析所提出的假说，探讨本地知识溢出和跨区域知识溢出对技术创新的影响。与前文保持一致，引入面板空间计量模型，从区域经济的网络外部性视角出发，进一步探究本地和跨区域知识溢出对技术创新的影响，建立面板空间计量模型如下：

$$jsld_{it} = \beta_0 + \rho \sum_{i=1}^{n} Wjsld_{it} + \beta_1 kn_{it} + \rho_1 \sum_{i=1}^{n} Wkn_{it} + \beta_2 X_{it} + \rho_2 \sum_{i=1}^{n} WX_{it} + c_i + u_t + \varepsilon_{it} \quad (6-7)$$

式（6-7）中，$jsld_{it}$ 是技术创新变量，参考技术创新有关研究成果（崔日明等，2021），本书采用劳均专利授权量来衡量区域技术创新水平（徐志伟，2016）；kn_{it} 是知识溢出网络的加权度数中心性的对数值，表示本地知识溢出强度；$\sum_{i=1}^{n} Wkn_{it}$ 是知识溢出网络加权度数中心性对数值的空间滞后项，表示跨区域知识溢出强度。W 是采用知识溢出网络表征的空间权重；ρ、ρ_1 和 ρ_2 分别是技术创新、跨区域知识溢出和各个控制变量的空间效应系数；其他字母含义与式（6-6）相同。

2. 计量结果分析

空间效应分解结果如表6-5所示。结果表明，直接效应和间接效应分别在1%和5%的水平上显著为正，表明本地和跨区域的知识溢出对技术创新的影响具有显著的正向促进作用。具体来说：从直接效应结果来看，本地知识溢出对技术创新的影响系数为0.295且在1%的水平上显著，表明本地知识溢出每提升1%，将使得本地区的技术创新平均增加0.295%，说明本地知识溢出促进了区域技术创新水平提升。从间接效应结果来看，跨区域知识溢出对技术创新的影响系数为12.484且在5%的水平上显著，说明跨区域知识溢出对技术创新具有正向促进作用，区域知识溢出网络相邻地区的网络中心性的提升，有利于提高本地区技术创新水平。综上所述，本地和跨区域知识溢出均可以促进技术创新。以上回归结果均证实了本书理论分析提出的假说11-1和假说11-2。

表6-5　基于面板空间杜宾模型的空间效应分解

变量	(1) 技术创新			(2) 经济增长		
	直接效应	间接效应	总效应	直接效应	间接效应	总效应
kn	0.295***	12.484**	12.779**	0.079***	2.480**	2.559**
	(0.075)	(6.168)	(6.188)	(0.009)	(1.155)	(1.159)

注：***、**与*分别表示1%、5%与10%的显著性水平；括号中数字表示对应的统计量。

（三）绿色创新效率提升效应的实证检验

1. 计量模型构建

由于前文分析从理论和实证方面，已经对本地和跨区域知识溢出对经济增长的影响进行了充分讨论，本节为了验证依据前述理论分析所提出的假说，探讨本地知识溢出和跨区域知识溢出对绿色创新效率的影响。与前文保持一致，引入面板空间计量模型，从区域经济的网络外部性视角出发，进一步探究本地和跨区域知识溢出对绿色创新效率的影响，建立面板空间计量模型如下：

$$sbm_{it} = \beta_0 + \rho \sum_{i=1}^{n} Wsbm_{it} + \beta_1 kn_{it} + \rho_1 \sum_{i=1}^{n} Wkn_{it} + \beta_2 X_{it} + \rho_2 \sum_{i=1}^{n} WX_{it} + c_i + u_t + \varepsilon_{it} \quad (6-8)$$

式（6-8）中，sbm_{it}是绿色创新效率变量，采用包含非期望产出的超效率SBM模型计算得出；kn_{it}是知识溢出网络的加权度数中心性的对数值，表示本地知识溢出强度，将其当作本地知识溢出指标；$\sum\limits_{i=1}^{n} Wkn_{it}$ 是知识溢出网络加权度数中心性对数值的空间滞后项，表示跨区域知识溢出强度，将其当作跨区域知识溢出指标。W 是采用知识溢出网络表征的空间权重；ρ、ρ_1 和 ρ_2 分别是绿色创新效率、跨区域知识溢出和各个控制变量的空间效应系数；其他字母含义与式（6-7）相同。

针对绿色创新效率的测算，本书借鉴相关研究成果（张明斗和李学思，2022），在考虑资本和劳动力投入和经济、创新产出以及环境污染非期望产出的情况下，采用包含非期望产出的超效率 SBM 模型测算绿色创新效率，具体算式（Li et al.，2013）如下：

$$sbm = \min \frac{\dfrac{1}{m}\sum\limits_{i=1}^{m}\dfrac{\overline{x}_i}{x_{i0}}}{\dfrac{1}{s_1+s_2}\left(\sum\limits_{r=1}^{s_1}\dfrac{\overline{y}_r^g}{y_{r0}^g} + \sum\limits_{r=1}^{s_2}\dfrac{\overline{y}_r^b}{y_{r0}^b}\right)},$$

$$\text{s. t.}\begin{cases} \overline{x} \geq \sum\limits_{j=1,\ \neq 0}^{n}\lambda_j x_j, \\ \overline{y}^g \leq \sum\limits_{j=1,\ \neq 0}^{n}\lambda_j y_j^g, \\ \overline{y}^b \geq \sum\limits_{j=1,\ \neq 0}^{n}\lambda_j y_j^b, \\ \overline{x} \geq x_0,\ 0 \leq \overline{y}^g \leq \overline{y}_0^g,\ \overline{y}^b \geq \overline{y}_0^b,\ \lambda \geq 0 \end{cases} \tag{6-9}$$

式（6-9）中，sbm 为绿色创新效率值，x、y^g、y^b 分别为上述效率的投入向量、期望产出向量和非期望产出向量，m、s_1 和 s_2 分别代表投入、期望产出和非期望产出的要素个数，λ 为权重向量。本书选取的投入指标为劳动力数量和资本存量，期望产出指标包括专利授权数和 GDP，非期望产出指标为采用熵值法测算的环境污染综合指数（包括工业废水排放量、工业二氧化硫排放量、工业烟尘排放量3 项指标）。

2. 计量结果分析

空间效应分解结果如表 6-6 所示。结果表明，直接效应和间接效应分别在10% 和 5% 的水平上显著为正，表明本地和跨区域的知识溢出对绿色创新效率的影响具有显著的正向促进作用。具体来说：从直接效应结果来看，本地知识溢出对绿色创新效率的影响系数为 0.131 且在 10% 的水平上显著，表明本地知识溢出每提升 1%，将使得本地区的绿色创新效率平均增加 0.131%，说明本地知识溢出提高了区域绿色创新效率。从间接效应结果来看,跨区域知识溢出对绿色创新效率的影响系数为 6.527 且在 5% 的水平上显著,说明跨区域知识溢出对绿色创新效率具有正向促进作用,区域知识溢出网络相邻地区的网络中心性的提升,有利于提高本地区的绿色创新效率。综上所述,本地和跨区域知识溢出均可以提高绿色创新效率。以上回归结果均证实了本书理论分析提出的假说 12-1 和假说 12-2。

表 6-6　基于面板空间杜宾模型的空间效应分解

变量	(1) 绿色创新效率			(2) 经济增长		
	直接效应	间接效应	总效应	直接效应	间接效应	总效应
kn	0.131*	6.527**	6.658**	0.079***	2.480**	2.559**
	(0.072)	(3.015)	(3.022)	(0.009)	(1.155)	(1.159)

注:***、**与*分别表示 1%、5% 与 10% 的显著性水平;括号中数字表示对应的统计量。

综上所述,区域经济网络可以通过发挥效率提升效应而促进经济增长,本地和跨区域知识溢出可以提高信息化水平、技术创新水平、绿色技术创新水平和提升绿色创新效率,从而带来经济增长。

本章小结

本章对理论模型所得到的结论进行合理延伸,探究模型暗含的机制路径并提出相应的研究假说,基于 2011~2019 年中国 286 个地级以上城市的面板数据,采用空间计量模型、面板门槛模型和交互项模型等方法,分别从集聚效应、环境污染效应和效率提升效应等方面,对区域经济网络的经济增长效应进行机制分析与实证检验。主要结论如下:

第一,集聚效应是区域经济网络影响经济增长的作用机制之一。首先,本地知识溢出能够显著地促进专业化集聚和经济集聚并抑制多样化集聚,跨区域知识溢出能够显著地抑制专业化集聚并促进多样化集聚和经济集聚,从而影响区域经济网络对经济增长的作用效果;其次,贸易自由度与专业化集聚和经济集聚之间存在显著的倒 "N" 形曲线关系,而与多样化集聚之间存在显著的 "N" 形曲线关系,从而影响区域经济网络对经济增长的作用效果。

第二，环境污染效应作为区域经济网络影响经济增长的机制路径，主要体现在环境污染的调节效应和门槛效应。首先，环境污染在本地知识溢出与经济增长的影响关系中具有负向调节作用，随着环境污染水平的提高，本地和跨区域知识溢出的经济增长效应在不断减弱，存在一定的门槛特征，当环境污染超过一定的阈值时，本地和跨区域知识溢出的经济增长效应会进一步减弱；其次，环境污染在贸易自由度与经济增长的影响关系中起到了负向调节作用，随着环境污染水平的提高，贸易自由度的经济增长效应在不断减弱，存在一定的门槛特征，当环境污染超过一定的阈值时，贸易自由度的经济增长效应会进一步减弱。

第三，效率提升效应是区域经济网络影响经济增长的关键路径，区域经济网络可以通过发挥效率提升效应而促进经济增长。一是本地和跨区域知识溢出对信息化水平具有正向促进作用，本地和跨区域知识溢出的提高，有利于信息化水平的提升；二是本地和跨区域知识溢出对技术创新水平具有正向促进作用，本地和跨区域知识溢出的增强，有利于提高技术创新水平；三是本地和跨区域知识溢出对绿色技术创新具有正向促进作用，本地和跨区域知识溢出的增强，有利于提高绿色技术创新水平；四是本地和跨区域知识溢出对绿色创新效率具有正向促进作用，本地和跨区域知识溢出的增强，有利于提升绿色创新效率。

第七章　结论与展望

第一节　主要结论

本书基于内生增长理论、集聚和网络外部性理论，在新经济地理学框架下，构建了包含知识溢出和环境污染溢出的内生增长模型，探讨了区域经济网络与经济增长的理论关系。基于区域经济网络的多维属性内涵，利用 2011~2019 年中国 286 个地级以上城市的不同类型网络数据，探讨了区域经济网络的整体、空间和社团演化特征，并揭示了区域经济网络演化的多维邻近性机制，分析了区域经济增长的发展现状，实证检验了区域经济网络对经济增长的影响及作用机制。本书通过理论和实证研究，得到的主要结论如下：

第一，理论模型显示，区域经济网络主要通过本地知识溢出、跨区域知识溢出和贸易自由度对经济增长产生影响。一方面，本地和跨区域知识溢出、贸易自由度的变化会引致需求关联效应、市场拥挤效应和资本溢出效应，促使空间集聚格局演化，进而对经济增长产生影响。另一方面，本地知识溢出和跨区域知识溢出对经济增长具有正向促进作用；贸易自由度主要通过影响空间集聚格局而对经济增长产生影响，随着贸易自由度的增大，经济增长呈现出先增大、后减小、再增大的"N"形非线性特征。

第二，中国区域经济网络密度逐渐提高，联系路径有所缩短，集聚成团趋势明显，倾向于多中心化发展，呈现典型的幂律分布和无标度特性。中国区域经济网络呈现出明显的社团演化特征，逐渐由以京津冀、长三角和珠三角为核心集聚的"三大社团"以及以西安和郑州为核心的"两小社团"，演化为以京津冀、长三角和珠三角以及成渝社团为核心的稳定新格局。地理邻近性、经济邻近性、社会邻近性、组织邻近性和制度邻近性均对区域经济网络演化具有正向促进作用。

第三，本地和跨区域知识溢出对经济增长具有正向促进作用，贸易自由度的提升会促进经济增长，具有先增强、后减弱、再增强的"N"形非线性特征。中国区域经济网络对经济增长的影响具有异质性，主要表现在以下几个方面：一是区位条件较好城市的本地和跨区域知识溢出对经济增长的促进作用较大，区位条件较差城市的贸易自由度促进经济增长的边际效应更大，同时存在先增大、后减小、再增大的非线性关系。二是大城市的本地知识溢出对经济增长的促进作用较大，中小城市跨区域知识溢出的经济增长效应更加显著，大城市贸易自由度的提高能够显著地促进经济增长。三是低污染城市的本地知识溢出对经济增长的促进作用更大，高污染城市跨区域知识溢出的经济增长效应更强；低污染城市贸易自由度的提升能够显著地促进经济增长，同时存在空间溢出效应，呈现出先增大、后减小、再增大的非线性关系。

第四，本地知识溢出、跨区域知识溢出和贸易自由度均能够通过影响专业化集聚、多样化集聚和经济集聚来对经济增长产生影响。具体来说，本地知识溢出能够显著地促进专业化集聚和经济集聚并抑制多样化集聚，跨区域知识溢出能够显著地抑制专业化集聚并促进多样化集聚和经济集聚；贸易自由度与专业化集聚和经济集聚之间存在显著的倒"N"形非线性关系，而与多样化集聚之间存在显著的"N"形非线性关系。

第五，本地和跨区域知识溢出可以通过提升信息化水平、技术创新水平和绿色创新效率来促进经济增长。一是本地和跨区域知识溢出降低了沟通交流成本，有利于搭建信息传输和数据共享平台，完善信息化基础设施，促进了区域信息化水平提升；二是本地和跨区域知识溢出能够提高资本创造效率，打破知识技术信息共享壁垒，提高区域技术创新能力，促进了区域技术创新水平提升；三是本地和跨区域知识溢出增强了知识技术的可达性，提升了要素资源的空间配置效率，加强了跨区域之间的资源共享，通过跨区域的交流合作、功能互补和技术溢出来产生协同和整合效应，进而提升了绿色创新效率。

第二节 政策建议

根据前文的理论与实证研究发现，区域经济网络演化受到地理邻近性、经济邻近性、社会邻近性、组织邻近性和制度邻近性的影响；区域经济网络主要通过本地知识溢出和跨区域知识溢出来促进经济增长，同时贸易自由度对经济增长的影响存在非线性特征，区域经济网络的经济增长效应还在区位条件、规模等级和环境污染水平等方面表现出明显的异质性特征；区域经济网络对经济增长影响的作用机制包括集聚效应、环境污染效应和效率提升效应。因此，本书从区域经济网络演化的多维邻近性机制、区域经济网络的经济增长效应及作用机制等方面入手，提出以下政策建议：

第一，增强区域之间的多维邻近性，提升区域经济网络联系。提升区域经济网络联系要从强化地理邻近性、经济邻近性、社会邻近性、组织邻近性和制度邻近性等方面着手。

适度推进知识和技术等要素集聚发展，培育区域产业空间集群，畅通区域间共享匹配学习通道，科学合理推动区域交通基础设施规划和建设，建设高效均衡的现代物流体系，提升区域之间的交通可达性，巩固并提高国内大循环的基础支撑能力，增强区域之间的地理邻近性，弱化地理距离对空间溢出的阻碍作用，削弱地理距离因素对区域交易成本的限制，保障资源要素在区域之间的流通速率，促进区域企业互动、知识技术合作和信息交流。

强化和推动区域之间的经济联系交往，合理推动资源要素集聚与扩散，打破区域封锁和市场分割，保障区域经济循环畅通，有序承接产业跨区域转移，提升产业链的空间配置效率，维护区域之间的良性互动关系，扩大经济合作交流圈，维持长久的产业、资金和技术交往优势，推动区域之间在各个领域的协作和共享，避免地方保护和行政藩篱的形成，破除区域间的经济要素流动障碍，进一步强化区域之间知识技术信息等要素的流动性。

完善区域组织结构和协调机制框架，统筹城市群发展的组织规则和激励机制，优化城市群和都市圈的合作交流领域和范围，打通地方行政干预障碍，避免晋升考核和权力分配下的空间竞争，加强组织内部知识技术信息共享和合作，促进区域之间规模、功能和技术等资源要素的共享。优化顶层制度设计，给予区域发展政策倾斜，营造良好的政策环境和优惠制度，科学推进优势资源激励政策，优化落实试点优惠政策，减少合作的摩擦和不确定性，发挥制度优势和组织作用，协调区域经济主体之间的利益关系。

第二，提高知识溢出网络的节点中心性，增强知识溢出网络的联系强度。

区域知识溢出网络为知识技术等流动要素在区域之间的集聚和扩散提供重要载体。针对区域经济网络中处于不同位置节点的地位和作用，培育区域知识溢出网络的核心和重要节点，促进资源要素的跨区域流动，增强区域之间的知识技术流动性，促进企业互动、知识技术合作和信息交流，充分发挥本地和跨区域知识溢出效应。重点关注区域经济网络中节点的权力地位和资源集散能力及其网络结构位置，提升区域知识溢出网络中心性，增强核心节点资源调配能力和区域辐射带动作用，充分发挥其中介枢纽作用和调节能力，促进本地知识溢出效应的提升，进而带动区域经济增长。

通过嵌入区域性乃至全国性的区域经济网络，加强区域经济网络联系强度和通达性，通过交流合作、功能互补和技术溢出来产生协同和整合效应。嵌入网络的中心城市凭借知识溢出网络联系来形成的网络外部性，驱动人才、企业、产业和研发部门跨区域联系，有助于区域分工协作、产业结构调整以及创新技术应用；通过城市之间在空间、制度、功能和文化等方面的多维度整合，增强信息流动性、网络凝聚性、功能互补性、区域组织能力以及地域认同感，促使区域利益共同体的形成，强化区域要素资源配置效率，畅通网络驱动经济增长的实现路径，为跨区域知识溢出效应的发挥创造有利条件。

第三，提升贸易自由度，促进区域经济一体化发展，同时关注贸易自由度对区域经济增长的非线性影响。

提升区域之间公路、铁路和航空交通的通达性以及商品货物运输的可达性是完善交易成本网络的重要基础。科学构建高效畅通的公路交通体系，合理规划铁路运输网络和高速铁路建设，积极发挥航空交通在跨区域长距离交通方面的优势，建立健全现代物流配送体系，增强区域之间的商品货物可达性，提升生产要素的跨区域传递效率，降低区际交通运输和交易成本，提升贸易自由度。

畅通区域经济国内大循环，建立国内统一大市场，降低区际交易壁垒，支持服务型政府建设，提升要素资源空间配置效率，促进区域要素流动集散和跨区域资源优化配置，吸收和引进区外资本、资源和技术等生产要素，扩大自身市场规模，着力保障网络中心城市在产业协作、专业化分工和市场整合方面的优势地位。

在提升贸易自由度的同时，区域经济行为主体要充分关注贸易自由度的门槛阈值，自主合理把握贸易自由化进程，建立区域交易成本网络的系统预警机制，构建互联互通的区域空间结构体系，促进区域产业分工和功能互补，增强协同效应的发挥，促进区域之间的合理分工协作，完善区域经济协调发展体制机制。

第四，充分关注区域经济网络对经济增长影响的异质性，探寻符合不同类型区域特征的经济增长路径。

优先发展区位条件较好城市的本地和跨区域知识溢出能力，充分发挥区域经济网络核心区域的发展优势，提升重要节点城市的要素资源集散能力，重点加强网络边缘区域区位条件的培育优化；着力提升区位条件较差城市的交通基础设施建设水平，完善区域交通和物流基础设施建设，打通区域商品货物要素流动环节，加快推进以贸易自由度为代表的区域经济一体化进程，同时注意贸易自由度的门槛效应。

发挥大城市的市场规模优势和要素集散功能，促进大城市在区域知识技术信息交流过程中的核心作用和辐射带动功能，进一步完善交通物流设施建设，提升需求关联效应，促进资源要素流动和集聚；加强中小城市嵌入区域知识溢出网络中的借用规模、借用功能和借用技术等能力，积极吸纳和承接网络邻近地区的知识技术信息溢出，特别注意规模等级导致的竞争效应和虹吸效应，统筹大中小城市协调发展。

低污染城市应该充分利用其环境质量优越的治理和防范成本优势，同时加强区域之间知识技术的互动与联系，提升自身技术吸收能力和创新水平，提高自身企业生产效率和资本创造效率；高污染城市规避自身环境污染劣势，通过区域知识溢出网络联系，积极完善跨区域创新协作体系，促进跨区域市场共享和污染联防联治，提升知识资本创造效率和技术创新能力。

第五，为了满足新时代区域协调发展的现实需求，有必要打通区域经济网络联系的阻碍因素，拓宽区域经济网络驱动经济增长的作用方式，探索区域经济网络影响经济增长的有效机制路径。

提升区域经济网络中心性和网络外部性，充分发挥集聚效应在促进区域经济增长中的积极作用。增大知识技术信息等生产要素跨区域的流动速率，突破传统地理意义上的距离限制，降低运输和时间成本，破除交易壁垒、市场分割和要素流动障碍；同时要合理规划产业集聚空间布局，降低企业生产成本和知识资本创造成本，优化提升经济集聚外部性，适时支持引导产业专业化和多样化集聚发展，发挥资本溢出效应和市场优势，着力避免市场垄断而产生的竞争效应和挤出效应，打破知识技术信息在区域之间的流动壁垒，破除产业发展的路径依赖和技术锁定，拓展区域经济网络促进经济增长的集聚效应路径。

打破区域之间技术信息共享的壁垒，弱化知识溢出边界，降低企业沟通成本和信息交流成本，提高区域技术创新水平和技术溢出能力，扩大绿色技术创新投入，降低污染排放的同时加快技术更新升级，吸引绿色生产相关技术人才集聚，提升资本生产率和劳动生产率；促使跨区域要素自由流动和有效整合，促进产学研合作与交流，推动区域信息化发展和建设，增强区域创新能力，促进绿色产业发展和绿色技术升级，强化区域要素资源配置效率，充分发挥效率提升机制在区域经济网络中促进经济增长的重要作用。

第三节 研究不足与展望

本书的理论和实证研究还存在着一定的不足，主要体现在以下几个方面：

在研究尺度上，仅考虑了国内背景下的区域经济网络，尚未考虑国际网络关系对国内的影响，未来应加入国际经济贸易和技术合作交流等对中国区域经济增长的影响，这在某种程度上限制了本书的研究广度。

在实证研究上，由于区域经济网络是包含多种要素维度的网络，笔者考虑到数据的可获得性和连续性，仅纳入了具有代表性的企业联系、知识合作、技术合作、信息联系以及公路交通、铁路交通、航空交通和货运联系数据。囿于长时段交通数据的获取难度，对于公路、航空和货运方面的数据仅采用最近年份进行表征，同时论文和专利合作数据存在一定的时滞，因此，在交易成本网络整合、知识溢出网络对经济增长影响的时间滞后性等方面存在一定的局限性。出于研究尺度的统一性考虑，可能未将其他类型的网络关系纳入分析，如基于产业前向—后向联系的投入产出网络考虑不足；出于网络统计模型精简和连续性数据的可获得性考虑，同时避免指标之间的信息重复和冗余，暂未将城镇体系和要素流动等因素纳入区域经济网络演化机制分析，这在某种程度上限制了本书的研究深度。

在指标测算上，同一种指标在已有研究中具有不同的测算方法，仅考虑了研究中常用的计算方式，在某种程度上具有一定的局限性。限于数据获取难度和面板计量模型的构建需要，针对环境污染的测算仅考虑了研究中常用的空气污染数据，后续研究亟待加入其他类型数据，以便更全面地识别环境污染效应，对区域经济网络的增长效应进行更深入的研究。

未来研究有必要拓宽研究数据的获取渠道，亟待加入多源集成数据，丰富研究的时间和空间尺度，考虑长时序和多尺度的延伸性研究，细化有关区域经济网络演化机制以及区域经济网络驱动经济增长的拓展性分析，进一步深化研究内容。

参考文献

［1］ Anderson W P. Economic geography ［M］. New York: Routledge, 2012.

［2］ Aoyama Y, Murphy J T, Hanson S. Key concepts in economic geography ［M］. London: Sage Publication Ltd, 2010.

［3］ Balassa B, Bauwens L. The determinants of intra-European trade in manufactured goods ［J］. European Economic Review, 1988, 32（7）: 1421-1437.

［4］ Baldwin R E, Martin P, Ottaviano G. Global income divergence, trade and industrialization: The geography of growth take-off ［J］. Journal of Economic Growth, 2001（6）: 5-37.

［5］ Baldwin R, Forslid R, Martin P, et al. Economic geography and public policy ［M］. Princeton: Princeton University Press, 2003.

［6］ Balland P-A, Boschma R, Frenken K. Proximity and innovation: From statics to dynamics ［J］. Regional Studies, 2015, 49（6）: 907-920.

［7］ Balland P-A. Proximity and the evolution of collaboration networks: Evidence from research and development projects within the global navigation satellite system（GNSS）industry ［J］. Regional Studies, 2012, 46（6）: 741-756.

［8］ Barabási A-L. Network science ［M］. Cambridge: Cambridge University Press, 2016.

［9］ Barabási A-L, Albert R. Emergence of scaling in random networks ［J］. Science, 1999, 286（5439）: 509-512.

［10］ Batten D F. Network cities: Creative urban agglomerations for the 21st century ［J］. Urban Studies, 1995, 32（2）: 313-327.

［11］ Batty M. The new science of cities ［M］. Cambridge: The MIT Press, 2013.

［12］ Baum-Snow N, Brandt L, Henderson J V, et al. Roads, railroads and decentralization of Chinese cities [J]. Review of Economics and Statistics, 2017, 99 (3): 435-448.

[13] Blondel V D, Guillaume J L, Lambiotte R, et al. Fast unfolding of communities in large networks [J]. Journal of Statistical Mechanics: Theory and Experiment, 2008, 10: P10008.

[14] Boix R, Trullen J. Knowledge, networks of cities and growth in regional urban systems [J]. Papers in Regional Science, 2007, 86 (4): 551-574.

[15] Borgatti S P, Everett M G, Freeman L C. UCINET 6 for Windows: Software for social network analysis [M]. Harvard: Analytic Technologies, 2002.

[16] Borgatti S P, Halgin D S. On network theory [J]. Organization Science, 2011, 22 (5): 1168-1181.

[17] Boschma R A. Proximity and innovation: A critical assessment [J]. Regional Studies, 2005, 39 (1): 61-74.

[18] Brass D J. New developments in social network analysis [J]. Annual Review of Organizational Psychology and Organizational Behavior, 2022, 9: 225-246.

[19] Broekel T, Balland P A, Burger M, et al. Modeling knowledge networks in economic geography: A discussion of four empirical strategies [J]. The Annals of Regional Science, 2014, 53 (2): 423-452.

[20] Broekel T, Boschma R. Knowledge networks in the Dutch aviation industry: The proximity paradox [J]. Journal of Economic Geography, 2012, 12 (2): 409-433.

[21] Burger M J, Meijers E J, Hoogerbrugge M M, et al. Borrowed size, agglomeration shadows and cultural amenities in North-West Europe [J]. European Planning Studies, 2015, 23 (6): 1090-1109.

[22] Burger M J, Meijers E J. Agglomerations and the rise of urban network externalities [J]. Papers in Regional Science, 2016, 95 (1): 5-16.

[23] Burger M J, Van der Knaap B, Wall R S. Polycentricity and the multiplexity of urban networks [J]. European Planning Studies, 2014, 22 (4): 816-840.

[24] Burt R S. Structural holes: The social structure of competition [M]. Cambridge: Harvard University Press, 1992.

[25] Camagni R P, Salone C. Network urban structures in northern Italy: Elements for a theoretical framework [J]. Urban Studies, 1993, 30 (6): 1053-1064.

［26］Camagni R, Capello R, Caragliu A. Static vs. dynamic agglomeration economies: Spatial context and structural evolution behind urban growth ［J］. Papers in Regional Science, 2016, 94 （1）: 133−159.

［27］Capello R, Nijkamp P. Urban dynamics and growth: Advances in urban economics ［M］. Amsterdam: Elsevier, 2004.

［28］Capello R. The city network paradigm: Measuring urban network externalities ［J］. Urban Studies, 2000, 37 （11）: 1925−1945.

［29］Caragliu A, Nijkamp P. Space and knowledge spillovers in European regions: The impact of different forms of proximity on spatial knowledge diffusion ［J］. Journal of Economic Geography, 2016, 16 （3）: 749−774.

［30］Castells M. Grassrooting the space of flows ［J］. Urban Geography, 1999, 20 （4）: 294−302.

［31］Castells M. The rise of the network society, 2nd edition ［M］. New York: Wiley−Blackwell, 2010.

［32］Chen Z Q, Yu B L, Yang C S, et al. An extended time series （2000−2018） of global NPP−VIIRS−like nighttime light data from a cross−sensor calibration ［J］. Earth System Science Data, 2021, 13 （3）: 889−906.

［33］Chong Z H, Pan S. Understanding the structure and determinants of city network through intra−firm service relationships: The case of Guangdong−Hong Kong−Macao Greater Bay Area ［J］. Cities, 2020, 103: 102738.

［34］Coleman J S. Social capital in the creation of human capital ［J］. American Journal of Sociology, 1988, 94: 95−120.

［35］Dai L, Derudder B, Cao Z, et al. Examining the evolving structures of intercity knowledge networks: The case of scientific collaboration in China ［J］. International Journal of Urban Sciences, 2022: 1−19.

［36］Derudder B, Taylor P J. Central flow theory: Comparative connectivities in the world−city network ［J］. Regional Studies, 2017, 52 （8）: 1029−1040.

［37］Derudder B, Taylor P J. Change in the world city network, 2000−2012 ［J］. Professional Geographer, 2016, 68 （4）: 624−637.

［38］Du W B, Zhou X L, Lordan O, et al. Analysis of the Chinese airline network as multi − layer networks ［J］. Transportation Research Part E: Logistics and Transportation Review, 2016, 89 （5）: 108−116.

[39] Elhorst J P. Spatial econometrics: From cross-sectional data to spatial panels [M]. London: Springer, 2014.

[40] Ellison G, Glaeser E L. Geographic concentration in US manufacturing industries: A dartboard approach [J]. Journal of Political Economy, 1997, 105 (5): 889-927.

[41] Ertur C, Koch W. Growth, technological interdependence and spatial externalities: Theory and evidence [J]. Journal of Applied econometrics, 2007, 22 (6): 1033-1062.

[42] Fischer M M. A spatial Mankiw-Romer-Weil model: Theory and evidence [J]. The Annals of Regional Science, 2011, 47 (2): 419-436.

[43] Fritsch M, Kauffeld-Monz M. The impact of network structure on knowledge transfer: An application of social network analysis in the context of regional innovation networks [J]. The Annals of Regional Science, 2010, 44 (1): 21-38.

[44] Fuenfgelt J, Schulze G G. Endogenous environmental policy for small open economies with transboundary pollution [J]. Economic Modelling, 2016 (57): 294-310.

[45] Giuliani E. Network dynamics in regional clusters: Evidence from Chile [J]. Research Policy, 2013, 42 (8): 1406-1419.

[46] Glaeser E L, Kallal H D, Scheinkman J A, et al. Growth in cities [J]. Journal of Political Economy, 1992, 100 (6): 1126-1152.

[47] Glaeser E L, Ponzetto G A, Zou Y M. Urban networks: Connecting markets, people, and ideas [J]. Papers in Regional Science, 2016, 95 (1): 17-59.

[48] Goldsmith-Pinkham P, Sorkin I, Swift H. Bartik instruments: What, when, why, and how [J]. American Economic Review, 2020, 110 (8): 2586-2624.

[49] Granovetter M S. Economic action and social structure: The problem of embeddedness [J]. American Journal of Sociology, 1985, 91 (3): 481-510.

[50] Grossman G M, Helpman E. Quality ladders in the theory of growth [J]. Review of Economic Studies, 1991, 58 (1): 43-61.

[51] Guo L, Luo J, Yuan M, et al. The influence of urban planning factors on PM2. 5 pollution exposure and implications: A case study in China based on remote sensing, LBS, and GIS data [J]. Science of the Total Environment, 2019, 659:

1585-1596.

[52] Hakansson H. Industrial technological development: A network approach [J]. International Journal of Research in Marketing, 1987, 4 (2): 157-159.

[53] Hammer M S, Van Donkelaar A, Li C, et al. Global estimates and long-term trends of fine particulate matter concentrations (1998-2018) [J]. Environmental Science and Technology, 2020, 54 (13): 7879-7890.

[54] Hayter C S. Conceptualizing knowledge-based entrepreneurship networks: Perspectives from the literature [J]. Small Business Economics, 2013, 41 (4): 899-911.

[55] He D, Chen Z, Pei T, et al. Analysis of structural evolution and its influencing factors of the high-speed railway network in China's three urban agglomerations [J]. Cities, 2023, 132: 104063.

[56] Henderson J V, Thisse J F. Handbook of regional and urban economics: Cities and geography [M]. Amsterdam: Elsevier, 2004.

[57] Henderson J V. Understanding knowledge spillovers [J]. Regional Science and Urban Economics, 2007, 37 (4): 497-508.

[58] Herzog I. National transportation networks, market access, and regional economic growth [J]. Journal of Urban Economics, 2021, 122: 103316.

[59] Howitt P, Aghion P. Capital accumulation and innovation as complementary factors in long-run growth [J]. Journal of Economic Growth, 1998, 3 (2): 111-130.

[60] Huang Y, Hong T, Ma T. Urban network externalities, agglomeration economies and urban economic growth [J]. Cities, 2020, 107 (3): 102882.

[61] Huggins R, Johnston A. Knowledge flow and inter-firm networks: The influence of network resources, spatial proximity and firm size [J]. Entrepreneurship and Regional development, 2010, 22 (5): 457-484.

[62] Huggins R, Thompson P. A network-based view of regional growth [J]. Journal of Economic Geography, 2014, 14 (3): 511-545.

[63] Huggins R, Thompson P. Networks and regional economic growth: A spatial analysis of knowledge ties [J]. Environment and Planning A: Economy and Space, 2017, 49 (6): 1247-1265.

[64] Karlsson C, Westin L. Patterns of a network economy: An introduction [M].

Heidelberg: Springer, 1994.

[65] Krugman P. Geography and trade [M]. Cambridge: The MIT Press, 1991.

[66] Lange A, Quaas M F. Economic geography and the effect of environmental pollution on agglomeration [J]. The B. E. Journal of Economic Analysis and Policy, 2007, 7 (1): 1-31.

[67] Lesage J, Pace R K. Introduction to spatial econometrics [M]. London: CRC Press, 2009.

[68] Leydesdorff L. On the normalization and visualization of author co-citation data: Salton's Cosine versus the Jaccard index [J]. Journal of the American Society for Information Science and Technology, 2008, 59 (1): 77-85.

[69] Li H, Fang K, Yang W, et al. Regional environmental efficiency evaluation in China: Analysis based on the Super-SBM model with undesirable outputs [J]. Mathematical and Computer Modelling, 2013, 58 (5-6): 1018-1031.

[70] Li X. Specialization, institutions and innovation within China's regional innovation systems [J]. Technological Forecasting and Social Change, 2015, 100: 130-139.

[71] Lin N. Social capital: A theory of social structure and action [M]. Cambridge: Cambridge University Press, 2001.

[72] Liu X J, Derudder B, Wu K. Measuring polycentric urban development in China: An intercity transportation network perspective [J]. Regional Studies, 2015a, 50 (8): 1302-1315.

[73] Liu X J, Derudder B, Liu Y. Regional geographies of intercity corporate networks: The use of exponential random graph models to assess regional network-formation [J]. Papers in Regional Science, 2015b, 94 (1): 109-126.

[74] Lucas R E. On the mechanics of economic development [J]. Journal of Monetary Economics, 1988, 22 (1): 3-42.

[75] Lüthi S, Thierstein A, Hoyler M. The world city network: Evaluating top-down versus bottom-up approaches [J]. Cities, 2018, 72: 287-294.

[76] Martin P, Ottaviano G I P. Growing locations: Industry location in a model of endogenous growth [J]. European Economic Review, 1999, 43 (2): 281-302.

[77] Martin P, Ottaviano G I P. Growth and agglomeration [J]. International

Economic Review, 2001, 42 (4): 947-968.

[78] Meijers E J, Burger M J, Hoogerbrugge M M. Borrowing size in networks of cities: City size, network connectivity and metropolitan functions in Europe [J]. Papers in Regional Science, 2016, 95 (1): 181-198.

[79] Meijers E J, Burger M J. Spatial structure and productivity in US metropolitan areas [J]. Environment and Planning A: Economy and Space, 2010, 42 (6): 1383-1402.

[80] Meijers E J, Hoogerbrugge M, Cardoso R. Beyond polycentricity: Does stronger integration between cities in polycentric urban regions improve performance? [J]. Tijdschrift Voor Economische En Sociale Geografie, 2017, 109 (1): 1-21.

[81] Meijers E J. From central place to network model: Theory and evidence of a paradigm change [J]. Tijdschrift Voor Economische En Sociale Geografie, 2007, 98 (2): 245-259.

[82] Meijers E J. Polycentric urban regions and the quest for synergy: Is a network of cities more than the sum of the parts? [J]. Urban Studies, 2005, 42 (4): 765-781.

[83] Newman M E J. The structure and function of complex networks [J]. SIAM Review, 2003, 45 (2): 167-256.

[84] Ning L, Wang F, Li J. Urban innovation, regional externalities of foreign direct investment and industrial agglomeration: Evidence from Chinese cities [J]. Research Policy, 2016, 45 (4): 830-843.

[85] Orozco Pereira R A, Derudder B. Determinants of dynamics in the world city network, 2000-2004 [J]. Urban Studies, 2010, 47 (9): 1949-1967.

[86] Otsuka A. Inter-regional networks and productive efficiency in Japan [J]. Papers in Regional Science, 2020, 99 (1): 115-133.

[87] Pan X F, Pan X Y, Ai B W, et al. Structural heterogeneity and proximity mechanism of China's inter-regional innovation cooperation network [J]. Technology Analysis and Strategic Management, 2020, 32 (9): 1066-1081.

[88] Powell W W. Neither markets nor hierarchy: Network forms of organization [J]. Research in Organizational Behaviour, 1990, 12: 295-336.

[89] Proost S, Thisse J-F. What can be learned from spatial economics? [J]. Journal of Economic Literature, 2019, 57 (3): 575-643.

［90］ Putnam R D. Making democracy work: Civic traditions in modern Italy ［M］. Princeton: Princeton University Press, 1993.

［91］ Richardson J G. Handbook of theory and research for the sociology of education ［M］. New York: Greenwood Press, 2011.

［92］ Romer P M. Endogenous technological change ［J］. Journal of Political Economy, 1990, 98 （5）: S71-S102.

［93］ Romer P M. Growth based on increasing returns due to specialization ［J］. The American Economic Review, 1987, 77 （2）: 56-62.

［94］ Romer P M. Increasing returns and long-run growth ［J］. Journal of Political Economy, 1986, 94 （5）: 1002-1037.

［95］ Romer P M. The origins of endogenous growth ［J］. Journal of Economic Perspectives, 1994, 8 （1）: 3-22.

［96］ Shi S, Wong S K, Zheng C. Network capital and urban development: An inter-urban capital flow network analysis ［J］. Regional Studies, 2022, 56 （3）: 406-419.

［97］ Sigler T, Neal Z P, Martinus K. The brokerage roles of city-regions in global corporate networks ［J］. Regional Studies, 2023, 57 （2）: 239-250.

［98］ Sun Y T. The structure and dynamics of intra- and inter-regional research collaborative networks: The case of China （1985-2008） ［J］. Technological Forecasting and Social Change, 2016, 108: 70-82.

［99］ Taylor P J, Evans D M, Pain K. Application of the interlocking network model to mega-city-regions: Measuring polycentricity within and beyond city-regions ［J］. Regional Studies, 2008, 42 （8）: 1079-1093.

［100］ Taylor P J, Hoyler M, Verbruggen R. External urban relational process: Introducing central flow theory to complement central place theory ［J］. Urban Studies, 2010, 47 （13）: 2803-2818.

［101］ Taylor P J. World city network: A global urban analysis ［M］. London: Routledge, 2004.

［102］ Thissen M, De Graaff T, Van Oort F. Competitive network positions in trade and structural economic growth: A geographically weighted regression analysis for European regions ［J］. Papers in Regional Science, 2016, 95 （1）: 159-180.

［103］ Thompson G F. Between hierarchies and markets: The logic and limits of network forms oforganization [M]. Oxford: Oxford University Press, 2003.

[104] Tong L Y, Hu S G, Frazier A E. Hierarchically measuring urban expansion in fast urbanizing regions using multi-dimensional metrics: A case of Wuhan metropolis, China [J]. Habitat International, 2019, 94: 102070.

[105] Torre A, Gallaud D. Handbook of proximity relations [M]. Cheltenham: Edward Elgar Publishing Limited, 2022.

[106] Van Donkelaar A, Martin R V, Li C, et al. Regional estimates of chemical composition of fine particulate matter using a combined geoscience-statistical method with information from satellites, models, and monitors [J]. Environmental Science and Technology, 2019, 53 (5): 2595-2611.

[107] Van Oort F G, Burger M J, Raspe O. On the economic foundation of the urban network paradigm: Spatial integration, functional integration and economic complementarities within the dutch randstad [J]. Urban Studies, 2010, 47 (4): 725-748.

[108] Wang H K, Lu X, Deng Y, et al. China's CO_2 peak before 2030 implied from characteristics and growth of cities [J]. Nature Sustainability, 2019, 2 (8): 748-754.

[109] Wang J, Ye X, Wei Y. Effects of agglomeration, environmental regulations, and technology on pollutant emissions in China: Integrating spatial, social, and economic network analyses [J]. Sustainability, 2019, 11 (2): 363.

[110] Wang L, Xue X L, Zhou X, et al. Analyzing the topology characteristic and effectiveness of the China city network [J]. Environment and Planning B: Urban Analytics and City Science, 2021, 48 (9): 2554-2573.

[111] Wang T, Yue W, Ye X, et al. Re-evaluating polycentric urban structure: A functional linkage perspective [J]. Cities, 2020, 101: 102672.

[112] Watts D J, Strogatz S H. Collective dynamics of 'small-world' networks [J]. Nature, 1998, 393 (6684): 440-442.

[113] Williamson O E. Transaction-cost economics: The governance of contractual relations [J]. The journal of Law and Economics, 1979, 22 (2): 233-261.

[114] Wu J, Reimer J J. Pollution mobility, productivity disparity, and the spatial distribution of polluting and nonpolluting firms [J]. Journal of Regional Science, 2016, 56 (4): 615-634.

［115］Xu X L, Dong X B, Chi R N, et al. How does heterogeneous spillover of knowledge affect economic geography? ——An extended local spillover model ［J］. Socio-Economic Planning Sciences, 2022, 83: 101153.

［116］Yeung H W C. Critical reviews of geographical perspectives on business organizations and the organization of production: Towards a network approach ［J］. Progress in Human Geography, 1994, 18 (4): 460-490.

［117］Zacchia P. Knowledge spillovers through networks of scientists ［J］. Review of Economic Studies, 2020, 87 (4): 1989-2018.

［118］Zeng D Z, Zhao L. Pollution havens and industrial agglomeration ［J］. Journal of Environmental Economics and Management, 2009, 58 (2): 141-153.

［119］Zhang W Y, Derudder B, Wang J H, et al. An analysis of the determinants of the multiplex urban networks in the Yangtze River Delta ［J］. Tijdschrift Voor Economische En Sociale Geografie, 2019, 111 (2): 117-133.

［120］Zhu B, Pain K, Taylor P J, et al. Exploring external urban relational processes: Inter-city financial flows complementing global city-regions ［J］. Regional Studies, 2022, 56 (5): 737-750.

［121］安頔, 胡映洁, 万勇. 中国城市网络关联与经济增长溢出效应——基于大数据与网络分析方法的研究 ［J］. 地理研究, 2022, 41 (9): 2465-2481.

［122］安虎森, 等. 高级区域经济学 (第四版) ［M］. 大连: 东北财经大学出版社, 2020.

［123］安虎森, 等. 新经济地理学原理 (第二版) ［M］. 北京: 经济科学出版社, 2009.

［124］安虎森. 有关区域经济学基本理论的一些思考 (下) ［J］. 西南民族大学学报 (人文社科版), 2008 (2): 110-115.

［125］曹骥赟. 知识溢出双增长模型和中国经验数据的检验 ［D］. 天津: 南开大学, 2007.

［126］曹文超, 韩磊. 产业集聚外部性、城市网络外部性与城市生产效率——基于中国285个城市和十大城市群的多地域尺度分析 ［J］. 西部论坛, 2022, 32 (1): 16-33.

［127］曹贤忠, 曾刚, 司月芳. 网络资本、知识流动与区域经济增长: 一个文献述评 ［J］. 经济问题探索, 2016, 407 (6): 175-184.

［128］曹湛, 戴靓, 杨宇, 等. 基于"蜂鸣—管道"模型的中国城市知识

合作模式及其对知识产出的影响 [J]. 地理学报, 2022, 77 (4): 960-975.

[129] 岑咏华, 陶琳玲, 马丹丹, 等. 社会网络中的行为扩散综述: 理论、影响因素与双层研究框架 [J]. 情报理论与实践, 2016, 39 (8): 133-138.

[130] 陈乐. 集聚经济影响城市经济增长的理论基础与实证研究: 文献述评与展望 [J]. 地理科学进展, 2022, 41 (7): 1325-1337.

[131] 陈俐锦, 欧国立, 范梦余, 等. 高铁流视角下的中国县域网络结构特征与演化研究 [J]. 地理科学进展, 2021, 40 (10): 1639-1649.

[132] 陈晓红, 周宏浩. 城市化与生态环境关系研究热点与前沿的图谱分析 [J]. 地理科学进展, 2018, 37 (9): 1171-1185.

[133] 陈晓红, 周宏浩. 城市精明发展与生态效率的协同测度及交互响应——以中国 276 个地级以上城市为例 [J]. 地理研究, 2019, 38 (11): 2653-2665.

[134] 陈晓佳, 徐玮, 安虎森. 交通结构、市场规模与经济增长 [J]. 世界经济, 2021, 44 (6): 72-96.

[135] 程名望, 贾晓佳, 仇焕广. 中国经济增长 (1978—2015): 灵感还是汗水? [J]. 经济研究, 2019, 54 (7): 30-46.

[136] 程玉鸿, 苏小敏. 城市网络外部性研究述评 [J]. 地理科学进展, 2021, 40 (4): 713-720.

[137] 崔日明, 陈永胜, 李丹. 自贸试验区设立与区域经济增长: 基于动力机制与空间带动效应的研究 [J]. 国际贸易问题, 2021 (11): 1-20.

[138] 戴靓, 曹湛, 朱青, 等. 中国城市群知识多中心发展评价 [J]. 资源科学, 2021, 43 (5): 886-897.

[139] 戴靓, 纪宇凡, 王嵩, 等. 中国城市知识创新网络的演化特征及其邻近性机制 [J]. 资源科学, 2022, 44 (7): 1494-1505.

[140] 邓慧慧, 刘宇佳, 王强. 中国数字技术城市网络的空间结构研究——兼论网络型城市群建设 [J]. 中国工业经济, 2022 (9): 121-139.

[141] 邓慧慧, 杨露鑫. 雾霾治理、地方竞争与工业绿色转型 [J]. 中国工业经济, 2019 (10): 118-136.

[142] 邓玉萍, 王伦, 周文杰. 环境规制促进了绿色创新能力吗? ——来自中国的经验证据 [J]. 统计研究, 2021, 38 (7): 76-86.

[143] 邓仲良, 张可云. 中国经济增长的空间分异为何存在? ——一个空间经济学的解释 [J]. 经济研究, 2020, 55 (4): 20-36.

[144] 丁焕峰，孙小哲，刘小勇．区域扩容能促进新进地区的经济增长吗？——以珠三角城市群为例的合成控制法分析 [J]．南方经济，2020（6）：53-69．

[145] 丁如曦，刘梅，李东坤．多中心城市网络的区域经济协调发展驱动效应——以长江经济带为例 [J]．统计研究，2020，37（11）：93-105．

[146] 段德忠，杜德斌，谌颖，等．中国城市创新网络的时空复杂性及生长机制研究 [J]．地理科学，2018，38（11）：1759-1768．

[147] 樊杰，王亚飞．40年来中国经济地理格局变化及新时代区域协调发展 [J]．经济地理，2019，39（1）：1-7．

[148] 桂钦昌，杜德斌，刘承良，等．基于随机行动者模型的全球科学合作网络演化研究 [J]．地理研究，2022，41（10）：2631-2647．

[149] 郭丽燕，黄建忠，庄惠明．人力资本流动、高新技术产业集聚与经济增长 [J]．南开经济研究，2020（6）：163-180．

[150] 韩峰，李玉双．产业集聚、公共服务供给与城市规模扩张 [J]．经济研究，2019，54（11）：149-164．

[151] 何凌云，马青山．智慧城市试点能否提升城市创新水平？——基于多期 DID 的经验证据 [J]．财贸研究，2021，32（3）：28-40．

[152] 何雄浪，叶连广．技术溢出、环境污染与经济增长 [J]．南开经济研究，2022（1）：56-73．

[153] 贺灿飞，周沂．环境经济地理研究 [M]．北京：科学出版社，2016．

[154] 侯传璐，覃成林．中国省际贸易网络的特征及影响因素——基于铁路货运流量数据及指数随机图模型的分析 [J]．财贸经济，2019，40（3）：116-129．

[155] 胡杨，李郇．地理邻近对产学研合作创新的影响途径与作用机制 [J]．经济地理，2016，36（6）：109-115．

[156] 黄群慧，余泳泽，张松林．互联网发展与制造业生产率提升：内在机制与中国经验 [J]．中国工业经济，2019（8）：5-23．

[157] 黄晓东，马海涛，苗长虹．基于创新企业的中国城市网络联系特征 [J]．地理学报，2021，76（4）：835-852．

[158] 李金培，徐丽群，唐方成，等．公共交通服务效能如何影响城市绿色经济增长？[J]．经济与管理研究，2022，43（6）：90-105．

[159] 李金滟，宋德勇．专业化、多样化与城市集聚经济——基于中国地级

单位面板数据的实证研究［J］．管理世界，2008（2）：25-34．

［160］李敬，陈澍，万广华，等．中国区域经济增长的空间关联及其解释——基于网络分析方法［J］．经济研究，2014，49（11）：4-16．

［161］李敬，刘洋．中国国民经济循环：结构与区域网络关系透视［J］．经济研究，2022，57（2）：27-42．

［162］李琬，孙斌栋，刘倩倩，等．中国市域空间结构的特征及其影响因素［J］．地理科学，2018，38（5）：672-680．

［163］林柄全，谷人旭，王俊松，等．从集聚外部性走向跨越地理边界的网络外部性——集聚经济理论的回顾与展望［J］．城市发展研究，2018，25（12）：82-89．

［164］林伯强，谭睿鹏．中国经济集聚与绿色经济效率［J］．经济研究，2019，54（2）：119-132．

［165］刘冲，吴群锋，刘青．交通基础设施、市场可达性与企业生产率——基于竞争和资源配置的视角［J］．经济研究，2020，55（7）：140-158．

［166］刘军．整体网分析——UCINET软件使用指南（第二版）［M］．上海：格致出版社，2014．

［167］刘修岩，邵军，薛玉立．集聚与地区经济增长：基于中国地级城市数据的再检验［J］．南开经济研究，2012（3）：52-64．

［168］柳卸林，杨博旭．多元化还是专业化？产业集聚对区域创新绩效的影响机制研究［J］．中国软科学，2020（9）：141-161．

［169］鲁嘉颐，孙东琪．"本地和非本地"的北京企业联系：时空格局与影响因素［J］．地理科学进展，2022，41（7）：1168-1182．

［170］陆军，毛文峰．城市网络外部性的崛起：区域经济高质量一体化发展的新机制［J］．经济学家，2020（12）：62-70．

［171］罗伯特·J．巴罗，夏威尔·萨拉-伊-马丁．经济增长（第二版）［M］．夏俊，译．上海：格致出版社，2010．

［172］罗能生，徐铭阳，王玉泽．空气污染会影响企业创新吗？［J］．经济评论，2019（1）：19-32．

［173］罗茜，庄缘，顾晓燕，等．中国绿色技术创新效率异质性环境规制影响与时空跃迁研究［J］．科技进步与对策，2022，39（14）：52-62．

［174］马涛，常晓莹，黄印．高铁网络接入、企业绩效提升与创新促进——基于准自然实验的上市公司样本分析［J］．经济与管理研究，2020，41（3）：

106-116.

[175] 毛渊龙, 袁祥飞. 集聚外部性、城市规模和环境污染 [J]. 宏观经济研究, 2020 (2): 140-153.

[176] 年猛, 王垚. "新" 新经济地理学: 继承与创新 [J]. 西部论坛, 2017, 27 (1): 10-17.

[177] 牛彩澄, 刘承良, 殷美元. 长江经济带多元客流城市网络的空间格局及影响因素 [J]. 经济地理, 2022, 42 (11): 45-53.

[178] 牛子恒, 崔宝玉. 网络基础设施建设与劳动力配置扭曲——来自 "宽带中国" 战略的准自然实验 [J]. 统计研究, 2022, 39 (10): 133-148.

[179] 秦蒙, 刘修岩, 李松林. 城市蔓延如何影响地区经济增长?——基于夜间灯光数据的研究 [J]. 经济学 (季刊), 2019, 18 (2): 527-550.

[180] 秦蒙, 刘修岩, 仝怡婷. 蔓延的城市空间是否加重了雾霾污染——来自中国 PM2.5 数据的经验分析 [J]. 财贸经济, 2016 (11): 146-160.

[181] 秦娅风, 郭建科. 不同流要素视角下沿海港口城市体系的网络空间联系 [J]. 地理科学, 2022, 42 (11): 1867-1878.

[182] 桑曼乘. 区域经济网络的增长效应研究 [D]. 广州: 暨南大学, 2015.

[183] 邵帅, 张可, 豆建民. 经济集聚的节能减排效应: 理论与中国经验 [J]. 管理世界, 2019, 35 (1): 36-60+226.

[184] 沈丽珍, 甄峰, 席广亮. 解析信息社会流动空间的概念、属性与特征 [J]. 人文地理, 2012, 27 (4): 14-18.

[185] 沈丽珍. 流动空间理论研究 [D]. 南京: 南京大学, 2009.

[186] 盛科荣, 杨雨, 孙威. 中国城市网络中心性的影响因素及形成机理——基于上市公司 500 强企业网络视角 [J]. 地理科学进展, 2019a, 38 (2): 248-258.

[187] 盛科荣, 王云靓, 樊杰. 中国城市网络空间结构的演化特征及机理研究——基于上市公司 500 强企业网络视角 [J]. 经济地理, 2019b, 39 (11): 84-93.

[188] 盛科荣, 张红霞, 赵超越. 中国城市网络关联格局的影响因素分析——基于电子信息企业网络的视角 [J]. 地理研究, 2019c, 38 (5): 1030-1044.

[189] 盛科荣, 张杰, 张红霞. 上市公司 500 强企业网络嵌入对中国城市经

济增长的影响 [J]. 地理学报, 2021a, 76 (4): 818-834.

[190] 盛科荣, 王丽萍, 孙威. 网络权力、知识溢出对中国城市绿色经济效率的影响 [J]. 资源科学, 2021b, 43 (8): 1509-1521.

[191] 盛彦文, 苟倩, 宋金平. 城市群创新联系网络结构与创新效率研究——以京津冀、长三角、珠三角城市群为例 [J]. 地理科学, 2020, 40 (11): 1831-1839.

[192] 司明. 空间经济网络的作用机理及效应研究 [D]. 天津: 南开大学, 2014.

[193] 孙博文. 环境经济地理学研究进展 [J]. 经济学动态, 2020 (3): 131-146.

[194] 孙久文, 原倩. "空间" 的崛起及其对新经济地理学发展方向的影响 [J]. 中国人民大学学报, 2015, 29 (1): 88-95.

[195] 孙伟增, 郭冬梅. 信息基础设施建设对企业劳动力需求的影响: 需求规模、结构变化及影响路径 [J]. 中国工业经济, 2021 (11): 78-96.

[196] 覃成林, 黄龙杰. 粤港澳大湾区城市间协同创新联系及影响因素分析 [J]. 北京工业大学学报 (社会科学版), 2020, 20 (6): 56-65.

[197] 覃成林, 桑曼乘. 城市网络与城市经济增长 [J]. 学习与实践, 2015, 374 (4): 2+5-11.

[198] 唐锦玥, 张维阳, 王逸飞. 长三角城际日常人口移动网络的格局与影响机制 [J]. 地理研究, 2020, 39 (5): 1166-1181.

[199] 藤田昌久, 雅克-弗朗斯瓦·蒂斯. 集聚经济学: 城市、产业区位与全球化 (第二版) [M]. 石敏俊, 等译, 曾道智, 校. 上海: 格致出版社, 2016.

[200] 汪小帆, 等. 网络科学导论 [M]. 北京: 高等教育出版社, 2012.

[201] 王春杨, 兰宗敏, 张超, 等. 高铁建设、人力资本迁移与区域创新 [J]. 中国工业经济, 2020 (12): 102-120.

[202] 王方方, 李香桃. 粤港澳大湾区城市群空间结构演化机制及协同发展——基于高铁网络数据 [J]. 城市问题, 2020, 294 (1): 43-52.

[203] 王海江, 朱佳鸿, 张硕, 等. 公路客流视域下中国城市网络的空间集聚、层级体系与演化模式 [J]. 地理研究, 2023, 42 (1): 53-68.

[204] 王晗, 何枭吟, 许舜威. 创新型城市试点对绿色创新效率的影响机制 [J]. 中国人口·资源与环境, 2022, 32 (4): 105-114.

[205] 王姣娥, 杜德林, 金凤君. 多元交通流视角下的空间级联系统比较与

地理空间约束［J］. 地理学报，2019，74（12）：2482-2494.

［206］王录仓，刘海洋，刘清. 基于腾讯迁徙大数据的中国城市网络研究［J］. 地理学报，2021，76（4）：853-869.

［207］王士君，廉超，赵梓渝. 从中心地到城市网络——中国城镇体系研究的理论转变［J］. 地理研究，2019，38（1）：64-74.

［208］王贤彬，黄亮雄，徐现祥，等. 中国地区经济差距动态趋势重估——基于卫星灯光数据的考察［J］. 经济学（季刊），2017，16（3）：877-896.

［209］王晓红，李宣廷，张少鹏. 多中心空间结构是否促进城市高质量发展？——来自中国地级城市层面的经验证据［J］. 中国人口·资源与环境，2022，32（5）：57-67.

［210］王垚，钮心毅，宋小冬. "流空间"视角下区域空间结构研究进展［J］. 国际城市规划，2017，32（6）：27-33.

［211］沃尔特·艾萨德. 区位与空间经济——关于产业区位、市场区、土地利用、贸易和城市结构的一般理论［M］. 杨开忠，沈体雁，方森，等译. 北京：北京大学出版社，2011.

［212］吴江. 社会网络计算基础理论与实践［M］. 北京：科学出版社，2015.

［213］席强敏，李国平. 超大城市规模与空间结构效应研究评述与展望［J］. 经济地理，2018，38（1）：61-68.

［214］夏丽娟，谢富纪，王海花. 制度邻近、技术邻近与产学协同创新绩效——基于产学联合专利数据的研究［J］. 科学学研究，2017，35（5）：782-791.

［215］修春亮，魏冶. "流空间"视角的城市与区域结构［M］. 北京：科学出版社，2015.

［216］徐斌，陈宇芳，沈小波. 清洁能源发展、二氧化碳减排与区域经济增长［J］. 经济研究，2019，54（7）：188-202.

［217］徐志伟. 工业经济发展、环境规制强度与污染减排效果——基于"先污染，后治理"发展模式的理论分析与实证检验［J］. 财经研究，2016，42（3）：134-144.

［218］严成樑. 现代经济增长理论的发展脉络与未来展望——兼从中国经济增长看现代经济增长理论的缺陷［J］. 经济研究，2020，55（7）：191-208.

［219］晏龙旭. 流空间结构性影响的理论分析［J］. 城市规划学刊，

2021 (5)：32-39.

[220] 杨本建，张立龙. 中国城市人口密度过高了吗：经济增长的视角 [J]. 南方经济，2019 (5)：78-96.

[221] 杨浩然，王潇萌，张钦然，等. 基于航空和高铁流的中国城市网络格局及演化 [J]. 地理科学，2022，42 (3)：436-445.

[222] 杨开忠，董亚宁，薛领，等. "新"新经济地理学的回顾与展望 [J]. 广西社会科学，2016 (5)：63-74.

[223] 杨永春，冷炳荣，谭一洺，等. 世界城市网络研究理论与方法及其对城市体系研究的启示 [J]. 地理研究，2011，30 (6)：1009-1020.

[224] 姚常成，宋冬林. 借用规模、网络外部性与城市群集聚经济 [J]. 产业经济研究，2019，99 (2)：76-87.

[225] 姚常成，吴康. 集聚外部性、网络外部性与城市创新发展 [J]. 地理研究，2022，41 (9)：2330-2349.

[226] 张可，汪东芳. 经济集聚与环境污染的交互影响及空间溢出 [J]. 中国工业经济，2014 (6)：70-82.

[227] 张可. 环境污染对城市网络结构的影响研究 [J]. 社会科学，2016 (12)：46-58.

[228] 张明斗，李学思. 网络节点特征与城市绿色创新效率提升——基于节点枢纽性与节点聚集度视角 [J]. 西部论坛，2022，32 (2)：1-15.

[229] 张伟丽，叶信岳，李栋，等. 网络关联、空间溢出效应与中国区域经济增长——基于腾讯位置大数据的研究 [J]. 地理科学，2019，39 (9)：1371-1377.

[230] 赵渺希，钟烨，徐高峰. 中国三大城市群多中心网络的时空演化 [J]. 经济地理，2015，35 (3)：52-59.

[231] 郑文升，熊亚骏，王晓芳. 长江中游城市群铁路流网络演化特征——基于博弈交叠社区模型的分析 [J]. 经济地理，2022，42 (11)：9-18.

[232] 种照辉，覃成林，叶信岳. 城市群经济网络与经济增长——基于大数据与网络分析方法的研究 [J]. 统计研究，2018，35 (1)：13-21.

[233] 种照辉，覃成林. "一带一路"贸易网络结构及其影响因素——基于网络分析方法的研究 [J]. 国际经贸探索，2017，33 (5)：16-28.

[234] 周春山，叶昌东. 中国城市空间结构研究评述 [J]. 地理科学进展，2013，32 (7)：1030-1038.

［235］周宏浩，陈晓红．东北地区可持续生计安全时空分异格局及障碍因子诊断［J］．地理科学，2018，38（11）：1864-1874．

［236］周宏浩，陈晓红．中国资源型城市精明发展与环境质量的耦合关系及响应机制［J］．自然资源学报，2019，34（8）：1620-1632．

［237］周宏浩，谷国锋．东北地区城市空间结构演进对环境影响的空间效应及门槛特征［J］．经济地理，2021，41（2）：62-71．

［238］周宏浩，谷国锋．外部性视角下中国城市网络演化及其环境效应研究［J］．地理研究，2022，41（1）：268-285．

［239］周宏浩，谷国锋．资源型城市可持续发展政策的污染减排效应评估——基于PSM-DID自然实验的证据［J］．干旱区资源与环境，2020，34（10）：50-57．

［240］周锐波，邱奕锋，胡耀宗．中国城市创新网络演化特征及多维邻近性机制［J］．经济地理，2021，41（5）：1-10．

［241］周圣强，朱卫平．产业集聚一定能带来经济效率吗：规模效应与拥挤效应［J］．产业经济研究，2013（3）：12-22．

［242］左大培，杨春学．经济增长理论模型的内生化历程［M］．北京：中国经济出版社，2007．